中国
好采购

（2015/2016）

TOP
PURCHASER
IN CHINA

宫迅伟◎主编
汪亮 汪浩◎副主编

机械工业出版社
China Machine Press

图书在版编目（CIP）数据

中国好采购 / 宫迅伟主编 . —北京：机械工业出版社，2017.12（2022.11 重印）

ISBN 978-7-111-58520-6

I. 中…　II. 宫…　III. 企业管理－采购管理－案例－中国　IV. F279.23

中国版本图书馆 CIP 数据核字（2017）第 280389 号

中国好采购

出版发行：机械工业出版社（北京市西城区百万庄大街 22 号　邮政编码：100037）

责任编辑：董凤凤　　　　　　　　　　　　　责任校对：李秋荣

印　　刷：固安县铭成印刷有限公司　　　　　版　　次：2022 年 11 月第 1 版第 8 次印刷

开　　本：170mm×242mm　1/16　　　　　　印　　张：17

书　　号：ISBN 978-7-111-58520-6　　　　　定　　价：49.00 元

客服电话：（010）88361066　68326294

采购管理是一个实践性很强的专业领域，为发挥优秀企业的榜样示范作用，提升企业采购管理水平，由中国采购商学院主办的"中国好采购"活动得到了广泛的支持和好评。经过国内顶级专家、教授、企业掌门人等的评审，优秀案例将被编入《中国好采购》，入选的案例分布在国内优秀的制造商、矿业、医疗制药、银行服务等领域。这些案例主要围绕采购管理模式创新及应用、新技术在采购中的应用、采购平台建设及应用等方面展开，并且这些方面在实施推广过程中得到了检验，取得了明显的经济效益和社会效益。

当今企业之间的竞争已经演变为供应链之间的竞争，采购管理是供应链网络中的一个关键环节：衔接供应商与制造商，实现供应链系统的无缝联结，提高供应链企业之间的协同运作效率。供应链中各制造商通过外购、外包、多源采购、混合采购等方式从众多供应商中获取生产原料和生产信息，采购已经从单个企业的采购发展成供应链上的采购。在供应链一体化管理模式下，采购管理要做到：恰当的数量、恰当的时间、恰当的地点、恰当的价格、恰当的来源。

随着工业 4.0 及中国制造 2025 的推进，传统的以产品为中心的制造模式正朝着以用户为中心的定制化模式转变。相应地，采购的方式也日益与用户定制化的订单紧密地联系在一起，采购模式需要更加柔性化地选择供应商，使整个过程一体化。采购管理在集成的供应链体系下，真正地做到对用户的需求准时响应，从而使库存成本得到大幅度的降低，提高物流的速度和库存周转的速度，提高库存周转率。

在传统的采购模式中，各部门之间不互通信息，各企业之间更是屏蔽采购信息，因此导致采购行为具有盲目性。大数据和IT技术的发展加速了采购管理中供应链企业之间的信息共享，而采购过程的数字化和可视化使得上下游企业之间可以共同制订合理的采购计划，降低采购成本，实现精准采购，提升整个供应链的竞争力。

在供应链体系中，供应商和制造商之间的战略伙伴关系对采购管理至关重要，因为这种战略合作伙伴关系不仅可以降低采购风险，还可以使供应合同更加柔性化，无论是在时间还是价钱上，都使交易成本大大降低。同时，这种战略合作伙伴关系还可以提升企业的社会责任，协同上下游企业形成合作共赢的供应链生态圈。

本次案例评选坚持创新与应用实践为主的原则，突出采购管理发展的最新方向。近年来，供应链采购管理发展迅猛，通过供应链协同，可以实现上下游企业采购整合，推进企业合作共赢；通过大数据和IT技术，可以实现供应链内部采购数据的共享和业务信息的交换，降低采购整体运营成本；通过采购战略合作伙伴关系，提高供应链上企业的盈利能力和竞争力，并最终提高整个供应链的效率。

这些优秀的案例很好地反映了我国采购管理的发展浪潮和趋势，相信这本案例集能够从采购创新与应用实践方面给读者带来思想上的启发，为读者提供一些新的视角。

董明

上海交通大学安泰经济与管理学院副院长、教授
中国物流与采购联合会采购与供应链管理专业委员会委员
上海市运筹学会运输与物流专业委员会副主任
上海市管理科学学会物流专业委员会副主任

推荐序二　专业、靠谱，中国好采购是个好例证

TOP PURCHASER
IN CHINA

　　菲尼克斯讲究专业、靠谱，我欣赏一切专业、靠谱的人，更支持一切专业、靠谱的事儿。

　　我结识宫迅伟老师，是在他给北大纵横后 MBA/EMBA 班讲课的时候。我发现他是一个非常专业、靠谱的人，把看似复杂无趣的采购工作讲得头头是道，对我这个外行而言启发很大。在这一天的培训中，宫老师几乎不看讲稿，寓教于乐，寓理于例，幽默风趣，条理清晰。与其说是讲课，不如说是他多年丰富的采购工作经验的分享。

　　"2015 年中国好采购"，宫老师邀请我去演讲，因时间冲突，我没有参加；"2016 年中国好采购"，宫老师再次邀请我，我欣然接受了，并在上千人的大会上做了题为"好采购要懂工业 4.0"的演讲，我坚信真正专业的采购远不是简单的砍价，一定是与公司短期、中期、长期的战略相结合的。宫老师创立的"中国好采购"与菲尼克斯追求工匠精神和价值创造的理念不谋而合，菲尼克斯是一家真正扎根中国的德国家族企业，是德国隐形冠军和工匠精神的优秀代表；同时，菲尼克斯在工业 4.0 和智能制造方面进行了积极的探索、推动和实践，并逐步形成了助力中国制造 2025 的菲尼克斯"智造观"："品质、创新、精益和智能"；我们一贯秉持专业、严谨的精神做好每一件产品，做好每一件小事，服务好每一个客户。

　　宫老师在朋友圈经常发"专业采购 4 大核心能力""G16 采购情景工作坊"

等专业采购内容，还申请获得了国家版权，又创立了中国采购商学院来推动中国采购专业化，我被宫老师和其团队的专业精神深深打动；我们公司也派员工参加了宫老师的培训，这些学员回来后一致反馈：培训效果好，专业和实用，特别是对菲尼克斯近期的采购组织和流程优化有非常大的推动作用；我想这些成功源于宫老师专业严谨和执着的精神！中国好采购案例大赛，从演讲内容的策划到会务的组织，包括评选的流程都非常的专业、严谨，听说这一切都是志愿者完成的，很钦佩他们的行为；6个初赛优胜者上台参加案例大赛，由现场1000多位观众和10多位国内一流的采购专家共同进行打分，现场直接出结果，整个过程专业、严谨、公正透明，其权威性毋庸置疑；我相信，他们严谨、专业的精神，一定会影响更多的采购人。

现在他们要出版《中国好采购》一书，邀请我作序，我感到非常荣幸和高兴。

《中国好采购》不仅展示企业采购管理的真实案例，还邀请专家和采购实践者进行点评，我想每一个读者都会从中感受到编者的良苦用心，也一定会从每一个案例中找到自己公司采购人的影子，为自己的工作提供重要参考。哈佛商学院等众多商学院都是采用案例教学，不是由教授给出标准答案，而是由学生在案例讨论中找到自己的答案。我想，这可能就是《中国好采购》编者的用意。

在此，衷心祝愿中国好采购，越办越成功，越办越专业，成功属于每一个专业、靠谱的人！

德国菲尼克斯电气（中国）投资公司总裁

推荐序三　成长性的中国企业需要好采购

TOP PURCHASER
IN CHINA

"总经理在采购管理中常犯的 8 个错误"，这是大约 5 年前，我与宫迅伟老师第一次见面时，他给我讲的观点。那时，他在杭州讲课，我带领负责采购的副总专程到杭州去见他，想听听他对企业采购管理的一些建议。结果，他一见面就讲"总经理在采购管理中常犯的 8 个错误"。当时，我心里很不服气，也不以为然。但是后来慢慢接触多了，我在工作中也仔细品味了这 8 个错误，发现有时真的对采购工作重视不够，没有充分发挥采购的价值。

也正是因为这一点，我们邀请宫老师到我们企业做了"专业采购 4 大核心能力"系列培训，为每个采购人购买了宫老师的著作——《如何专业做采购》。后来，我们又邀请他到公司做了"采购工作坊"培训；在建厂 30 周年的大会上，我们邀请宫老师和中欧商学院教授同台演讲。宫老师演讲的主题还是"总经理在采购管理中常犯的 8 个错误"。他不断地在不同的场合讲这 8 个错误，我想，他是想提示企业管理者，要重视采购，发挥好采购的价值。30 周年大会那次演讲给我们留下了深刻的印象，效果非常好。他的演讲风趣幽默，让出席会议的供应商、老总印象深刻，那些采购人员挤着去听宫老师的演讲，可以说现场爆棚。

基于对宫老师的信任，也基于对 8 个错误的一些思考，我参加了"2015 年中国好采购"活动，会上我做了题为"总裁如何看采购"的演讲，跟现场大约600 位采购人谈了谈我作为总经理在采购管理中的一些体会。我觉得，作为好采购人，要在整个产品生命周期内做好质量、成本、交付、服务这 4 个永恒的主题。

"中国好采购"上展示的一个个案例，给我留下的印象非常深刻，因为这些案例都是企业真实发生的案例，由一个个企业采购人上台展示。我想，这种展示非常有意义，是对采购人的肯定，也为其他公司的采购人提供了一个非常好的参照。

宫老师跟我说要出版《中国好采购》一书，我觉得这是一件非常有意义的事情。在中国经济快速发展的时代背景下，我们卧龙电气的发展速度也非常快，经过 30 多年的发展，由一家民营企业已经成为一家上市公司、一家跨国的企业集团，下属 20 家子公司，销售额 100 多亿元，我们的目标是成为东方的西门子。目前，我们正在转型升级，企业的组织架构、流程也在被重塑。采购在其中的价值不可低估，供应链的整合离不开专业采购人的努力。我们期待《中国好采购》能为成长性的中国企业提供一些借鉴和参考，也非常期待中国采购商学院能推出更多更专业的作品。

卧龙电气总经理

推荐序四　中国好采购，好在哪儿

TOP PURCHASER
IN CHINA

我认识宫迅伟已经有 25 年了，那时，他在中国第一汽车集团公司总部工作，给我的印象是，干一行、爱一行、专一行、成一行。

记得，一汽当时要选派一位知识面较宽、政治素质高、外语水平较好的同志派驻莫斯科办事处任首席代表。他是具备条件的人选之一，通过各方面考试，他以第一名的成绩被选中，为自己赢得了在海外工作的机会。在莫斯科工作 3 年，为开拓一汽在俄罗斯汽车市场做出了成绩，受到了一汽集团嘉奖；回国后，组织上派他到一汽的一家合资企业做采购部长；工作期间，组织人事部门对他的考核中，一致评价，在采购战线上，他是有很高建树的专业人才，被列为高端人才进行培养。后来，他去上海工作，在一家中外合资企业做采购职业经理人。几年实践的锤炼，他已成长为采购专家，又出版了专业书籍，并且开发了一些版权课程，还成立了中国采购商学院。25 年的不懈努力，25 年的不断求索，25 年的艰辛拼争，使他在采购事业中获得了初步成功，我为他鼓劲，为他点赞，从他身上，我感受到一种精神，那就是踏实的精神、向上的精神、进取的精神、敢为人先的精神，也就是现在倡导的匠人精神。这是一汽人"争第一、创新业"，为民族争光精神的体现，更是中国人自强不息、民族复兴精神的体现。实现中华民族伟大复兴的中国梦，我们现在比任何时候都需要这种精神。

一汽集团在中国与国际上都是很有影响力的企业，有很多下属子公司，如一汽大众、一汽丰田、一汽轿车、一汽解放等。一汽集团每年采购资金达几千亿元，多么可观的数字，如果采购再专业一点，管理水平再提升一点，对提高整车的品质、降低整车的成本、提升整车的竞争能力以及对中国汽车工业立于世界汽车工业之林将会带来难以估量的影响。一汽作为一家老的国企，正在变革，正在突破，正在超越，正在为实现"国内第一，世界一流"的企业愿景而努力，我想，它更需要这种匠人精神。

我得知，宫迅伟经常回一汽给一些子公司培训，传授新的采购理念和专业知识。按照组织行为学上的观点，行为是具有一致性的，我相信他会一直专下去，未来必有大成。作为企业的管理者，我们深知，给予荣誉和肯定是最好的奖励。中国好采购，通过案例大赛，让采购人去展示自己，通过评选，给采购人荣誉，这就是对采购人员最好的激励。

我有幸出席了"2015年中国好采购"会议，亲身体会了专业工作者做事认真的态度。从嘉宾邀请到演讲主题，再到会务组织，我感觉这是一场非常专业的会议、创新的会议、给人耳目一新的会议。从嘉宾签到到桌牌，从话筒到讲台，到处都有"中国好采购"的标识，不仅让人感觉专业，而且让人振奋。宫迅伟给我讲，这些都是志愿者做的，这让我非常惊讶，要知道没有一点匠人精神是做不到的，也是做不成的。在职时，我参加过无数场大会，其中专业会也很难历数，但参加"中国好采购"会议受益匪浅。

我觉得"中国好采购"这个活动意义非凡，通过论坛总结最新的采购理论；通过案例评选交流采购实践；通过出版《中国好采购》扩大影响，这些成果都是无数个实践成果的集成，是无数个优秀采购工作者智慧的结晶。我们要让这些经验变为企业经济发展、获取效益的最好借鉴，使之焕发出更有经济价值的光彩。

要问我"中国好采购"好在哪儿？我觉得"专心、专注、专业"是最好的回答。

这是一场年度会议，我坚信，它会越办越好，为推动中国采购专业化尽一份力，为中国的经济腾飞添一份彩。

中国第一汽车集团原副总经理
长春市委常委、汽车产业开发区党工委书记

为何要开展"中国好采购"

为何要开展"中国好采购"，是看了"中国好声音"追时髦吗？不是，是想借时髦的东风宣传采购！

1. 为何宣传采购？是因为很多人对采购还没有正确认知。

"采购不就是花钱买东西吗""采购是肥差"……各种对采购不正确的认识严重阻碍了采购人的职业发展。为此，我写过一篇文章《采购腐败不等于采购人员腐败》，希望能改变大家对采购的一些认识。这篇文章被很多媒体转载，使很多采购人产生了共鸣。我还写过一篇文章《总经理采购管理常犯的 8 个错误》，就是希望唤起老总对采购管理的重视。

2. 为何宣传采购？是因为很多人对采购专业性的认识还不够。

在美国有 143 所大学有采购专业，世界上的很多国家有专业的采购经理人认证，如美国的 CPM/CPSM、英国的 CIPS 等。作为 GDP 全球第二的制造业大国，时代呼唤中国采购专业化，我们希望同全国各个采购组织一道为此努力，我们确立的中国采购商学院的宗旨就是：**推动中国采购专业化**。可喜的是，中国现在已有 5 所大学开设了采购专业。我为采购本科生讲过课，我写的一本书《如何专业做采购》也荣幸地进了大学，成为他们的重要参考书。

3. 为何宣传采购？是因为采购的价值还没有被充分挖掘。

一家公司的采购额占销售额的 54.3%，采购成本若能降低 10%，利润率可能会翻倍。我开发了"SCAN 专业采购 4 大核心能力"国家版权课程，在此基础上开发了"G16 采购情景工作坊""P3 实战项目"等"三步成为采购专家"的培训体系，这些培训是情景工作坊式的、问题导向型的，我在培训模式上做了一点突破，希望培训效果会更好。

为何要编"中国好采购"案例集

1. 是想"表现"一下吗？是的！

华为认可的绩效有 3 条标准：第一是对客户产生价值；第二是以结果为导向；第三是素质能力不等于绩效。华为不承认"茶壶里的饺子"，只有真正表现出绩效结果，公司才对其认可。很多采购人是"茶壶里的饺子"，非常不擅长表达自己的绩效。所以，"中国好采购"开展这个案例大赛，给各路英雄一个表现自己的平台，通过案例表现自己、通过案例宣传采购、通过案例传播采购价值。很多采购人最缺的一种才华就是展示自己才华的才华，这一点极大地影响了采购人的职业生涯。

2. 是向商学院学的吗？是的！

商界梵蒂冈——哈佛商学院的 MBA，是成功与富有的象征。为何这么牛？因为哈佛 MBA 学生要研读 800 多个案例，这些案例涵盖了任何企业可能出现的任何问题。**哈佛商学院不培养"知识分子"，而培养"能力分子"，能力是通过研读案例、情景演练形成的。**

这是我 20 年前看过的一本书——《哈佛商学院 MBA 案例教程》[一]上的一段话，我至今记忆犹新。

出版"中国好采购"案例集的目的就是"讲述采购故事，传播中国声音"。

3. 是采购常见问题吗？是的！

你读这些案例，或许有些不过瘾，不像"成功学"那样激动人心。是的，我们选取的案例，不够"高大上"，因为我们觉得阿里巴巴、苹果、通用的那些成功案例不见得对每个采购人都有很大的帮助，我们选取的案例让人感觉有些熟悉，又有些距离。我们的目的不是探讨别人如何成功，而是让你思考自己的

⊖ 圣丁．哈佛商学院 MBA 案例教程［M］．北京：经济日报出版社，1997．

答案。

这些获奖案例是从全国几百个案例中经过初选，再由现场 18 位专家评委和来自全国 23 个省市的 1000 多位采购经理人共同评选出来的。这本案例集由 47 位专家学者与高管点评，他们是大学教授、管理咨询专家、采购与供应链专家、各个行业的采购总监以及总经理，期望从不同角度给采购人以启发。

"中国好采购"定位为"聚焦专业，打造荣誉"，我们期待能够把"中国好采购"办成"年度群英会"，办成采购人跨界交流、老朋友见面、研讨发展趋势、获取最新资讯的年度聚会，期待采购同仁萃取工作所得，形成案例，参加"中国好采购"案例大赛，也非常期待你把对本案例集的点评意见发给我们，让我们一起努力，共同推动中国采购专业化，助力采购创造更大价值。

宫迅伟

"中国好采购"创始人

中国采购商学院院长

目录

TOP PURCHASER
IN CHINA

TOP PURCHASER
IN CHINA

利用剩余产能，实现成本最优

（2016 年一等奖　蔡高芳　天合光能）

推荐语
TOP PURCHASER
IN CHINA

对于这个案例，我想说两个亮点：

1. "产能过剩"，这是最近两年经常听到的一个词。作为采购人员，如何把供应商的过剩产能为我所用？这个案例提供了一个很好的例证，值得大家思考。

2. "机密"，与人合作就怕泄密，这也是很多人的顾忌。案例中说"团队协作才是真正的核心竞争力"，其实，一家企业的核心竞争力是一家企业的综合实力。参观丰田的人很多，但"一直被模仿，从未被超越"。

注意一下案例结尾的话：**所谓"领跑者"，有人跟着跑，你才是真正的领跑者！**我觉得这句话非常霸气，不愧是"中国好采购"冠军。

宫迅伟

我的微信订阅号   我的个人微信

　　自 2015 年开始，我担任企业的战略采购高级经理，负责电池片的战略采购。公司每年进行的生产物料采购数量特别大，而光伏电池是其中占比最多的一种物料，占组件成本比重达到 70% 左右，每年采购金额达到 80 亿元左右，这是一个庞大的金额。

　　如何保证企业的正常生产，同时又保证最优化的采购物料成本呢？经过长期的市场调研和理论探讨，我建议公司尝试采用一种新的采购模式——委托管理，我把它叫作"**温柔的扩张**"，即一种轻资产的扩张。它和重资产扩张相比，没有反反复复的谈判，没有重资金的投入，没有刀光剑影的并购，只是一种新的采购模式的探索和尝试，这样就可以将供应商的闲置生产能力进行资源整合和有效使用。

成本：追求最优

　　那时的我，已经大学毕业十几年了，经过从工厂的工艺助理到质量管理再到采购经理不同岗位的历练，对于企业的生产管理系统具有深刻的理解，再加上在供应链管理领域专业的培训，从事采购的工作已经可以做到"触类旁通、熟能生巧"，找到更优质的供应商，买到性价比高的生产物料，为企业创造更多的效益。当然，这也是作为一名采购经理人的使命。

　　那么，如何实现采购成本最优呢？对于电池片这样的战略物资，从理论上说，自己生产成本才会最低，但这势必要涉及产能扩充，也就意味着要进行重资产的投入，进行光伏电池生产线的增加和扩充。然而光伏电池生产线扩张速度较慢，从投资到建设、安装再到形成实际产能大约需要一年的时间。不仅所需时间长，而且资金投入较大，工艺质量管理要求比较高。

通过一段时间的市场调研，我发现实际上市场上存在一些企业，它们的生产管理和技术都相对要弱，有很多空闲的产能。这时候，我就在想，能不能成立一个团队，利用这些闲置产能进行委托管理，借助它们的生产线进行物料生产。从经济核算上来说，这样的采购成本是极有优势的，几乎等于自产成本。看到这样的数据，我和我的团队非常兴奋。心动不如行动，经过管理层评估批准，我们决定采用委托管理的模式，即利用公司的运营资金、管理和成本优势，到供应商工厂进行生产与管理，让供应商的产能变成企业的产能，同时能够实现成本的最优化。

筹划：完美准备

市场瞬息万变，说干就干，采购牵头，组建项目管理团队。这个团队涉及8个部门，有35人参与到项目中来，财务、法务、设施、EHS、产能扩张、制造、质量以及项目主管各部门的人进行通力合作，形成一个完美的团队。

"打铁还需自身硬"，这句话对于我们这个团队也完全适用。团队内部必须要有一个良好的沟通协调机制和友好交流的氛围，才可以将公司的管理输出到供应商的生产车间里去。

前期：合适的资源

团队成立之后，我们首先要到市场上去寻找合适的资源。其实我们团队对国内市场的熟悉度还是比较高的，找到这样的资源比较容易，但想找到符合我们要求的，还是需要花费一些功夫。这些资源需要满足我们的一些基本条件，比如合作意愿、环评、设备生产能力以及人力资源等方面的要求都要齐全。

一番寻找之后，我们找到了几家符合条件的生产厂家。这些物料生产厂因为管理运行、资金等导致经营和生产上出现种种问题。在和他们进行接触、沟通，以及相互了解并认可之后，双方最终达成合作的意向，这些生产厂家成为我们委托管理的供应商。

我们公司的企业文化之一是"**合作共赢**"，既然是合作伙伴，我们就要通过积极的协调沟通，按照公司的标准对供应生产商的生产管理进行改造，在生产设备、生产工艺等方面做必要的设置配备，对生产线管理进行严格的把关。

磨合：以情动人

委托管理实施前，规则先行。

通过周密严谨的考察，我们先期选定了两家供应商开展合作，对计划进行进一步的尝试。双方对于各自的权、责、利都有比较清晰的界定和划分，这是我们合作的基础。我们在公司管理团队进驻供应商车间之前，还将可能遇到的、会发生的困难都进行了设想，并制订了一套完整的应对方案。

"只有想不到，没有遇不到。"驻厂之初，供应商的生产车间负责人对于我们团队的态度不是很好，不是很配合。关于这一点，我其实能够理解——"好好的生产车间要由别人来指手画脚，这不是来争权夺利的吧！"接下来，我们团队中负责供应商 A 生产管理的负责人就用自己的实际行动证明了我们是专注于把产品质量做好、把效益做出来，并不会去牵扯其他方面。

记得有一次，因为对方不是特别配合，我们这位工厂负责人就亲自上手干了，而且手都流血了，在这种情况下，还将活儿干得特别漂亮，当时，他的努力付出感动了对方的生产管理负责人。从那以后，对方对我们的态度逐渐有了改变，对我们公司的管理方式有了信服的感觉，双方的配合越来越默契，也建立起了互相信任。

写到这里，我很自豪我们公司的企业文化和管理精神深入了每个员工的细胞，在我们的日常工作中展现出来！最后结束合作的时候，对方的管理团队和我们的团队成员建立起了深厚的友谊，至今还时常联系，成了朋友。

效果：达到双赢

我们团队在项目实施前就通过对各种物料的供应定位进行分析，认为电池片属于关键性的战略物资。与此同时，通过专业的分析考察，该物料的生产准入门槛较高，技术和管理的要求也较高。同时，通过对电池片市场进行分析，我们发现市场处于淡季的时候，供应商的公司运行状态实际上是处于产能不饱和的状态，会有很多产能空闲着。

我们采用委托管理的模式进行电池片这种生产物料的采购，可以最大限度地发挥企业自身的各种优势，通过团队的合作，以创新的合作模式不仅得到了可贵的产能，同时获得了等同于自己生产的低成本。而供应商通过合作，借鉴了我们公司先进的管理模式，将降本提效措施运用到其他生产线上，带来成本的节约和品牌的提升，达到双赢的效果。这种轻资产扩张，后来被业界借鉴效仿。

项目结束后，我们做了一个大概测算，**采用委托管理而增加的产能贡献达到 400MW（相当于 15% 的需求），实现毛利 5000 万元**，实现了企业经济效益的提升，保障了关键物料的供应，同时成本也达到了最优。

创新：部门融合

这个项目的成功在于公司跨部门团队的协作，不同部门之间的人参与同一个项目，打破部门间的隔阂，形成一个统一的生产组织部门，增强了团队凝聚力。对于社会上存在的一些闲置产能进行开发和利用，增加社会就业，达到经济性和社会性双赢的效果。

与此同时，我们打破了传统采购模式，不是采用现货采购的方式进行物料采购，而是通过输出管理模式和生产工艺，对供应商进行委托管理，也不同于OEM 的监管，强调了我们的主观能动性。我们的这一自发创新，带动了公司其他工段纷纷效仿，收效显著。

对物料采购进行委托管理，在一定程度上能够满足公司轻资产扩张的目标。实际上，这两个闲置的市场生产能力已成为我们公司的两条生产线。这个项目获得了我省的省长质量奖"供应链亮点"，这份荣誉恰恰说明了我们这个采购模式拥有较好的社会导向。

机密：管理为王

将公司的管理和技术输出到供应商生产车间，委托管理进行物料的采购，这中间，我们的管理和工艺技术会被不同程度地嫁接到供应商的生产过程中。或许有人会疑惑，电池技术会不会泄露，管理方式会不会泄露，这些会不会被供应商拷贝。其实，一家企业真正的竞争力远不止这些。相反，通过该方式，进一步提升了我们公司的品牌形象。我们探索和尝试的这个委托管理项目之所以最后取得了好的成果，团队协作才是真正的核心竞争力，管理模式与企业的文化管理精神才是最重要的核心。电池技术每年都在不断地更新换代，电池的效率和成本体现工艺、设备、环境、检测方法等综合管理的效果，不会轻易被别人拷贝。

所谓"领跑者"，有人跟着跑，你才是真正的领跑者！

经验总结

◆ 市场分析，了解市场的供需状态。

◆ 供应商分析，了解供应商的优劣势。

◆ 企业管理和技术优势、强大的团队协作能力和奉献精神。

◆ 供应商是企业的共同体，如同企业的员工需要得到重视。

◆ 不断创新，打造新的交易模式，实现双赢。

【点评1】

温柔的扩张——OEM 模式的创新

详细阅读了光伏电池组采购委托管理的案例，足可见采购组织者在采购管理实践中的功底：保证了公司产能的有效扩张、成本的有效控制、采购团队的高效统筹、组织的高效沟通。温柔的扩张实质上是供应管理实践的创新、OEM 采购模式的实践性突破。

针对光伏电池组采购的成功，我们也可以从组织者的总结中找到其成功的密码。首先，这是一个采购的案例，所以会体现采购的专业性。其次，采购组织者运用其专业影响力统筹采购团队，完成一个实践的创新。再次，组织者及其团队体现出来的创新精神，敢于吃螃蟹，敢于做领先者。最后，我们也可以看到项目的效益性，没有收益的采购活动无从谈起。下面我们逐项来回顾一下采购实践者的成功奥妙。

　　首先，我们来看一下组织者在采购实践中的专业性。组织者的专业性主要体现在以下三个方面：第一是对采购物资的分类管理、对产品的定位分析，即战略物资，成本领先；第二是对市场供求关系的分析，即产能扩张困难，投入大，收益慢；第三是供应商的感知力分析、SWOT 分析，分析供应商的需求及可行性。有了专业的供应市场分析，才有项目实施的关键出发点。采购方产能扩张需要高投入，供应商有空余产能的浪费，合作才是双方更好的出路。

　　接着，我们来看一下采购的影响力。正是基于上述采购给出的专业分析，让公司看到了供应链合作发展的机遇，进而才有项目的产生和实施。而在实施中同样体现出采购的影响力，那就是采购团队的成立统筹以及实施过程中的高效运作。在采购活动中，采购者就是要作为项目的统筹管理者，这是因为其具备专业性，且有高效的沟通手段。采购的影响力不仅仅是对内的协调，同样体现在对外的合作过程中。项目组织者提出的"动之以情"，也体现出采购者的影响力和沟通能力，以身作则，带动、影响合作方积极的配合。采购者的影响力是项目成功的有力保障。

　　采购者的创新性则体现在管理模式的不断应用过程中。公司的产能不足、投入大、收效慢，自然会让人想到 OEM 的采购模式，但是固有的模式在供应市场的分析中很快就发现其不足之处，这时必须创新模式解决公司需求困难。于是，需要结合供应商的 SWOT 分析和公司资源水平，此时也就是采购人发挥其创新能力的时机。而这种创新也只有在采购者既了解供方市场状况，又匹配公司资源能力时才会发展性地运用采购管理实践，创造出轻资产运营的温柔扩张。

　　效益性也是不得不说的关键要点，这种创新也必然会有良好的收益。公司产能得到有效扩张，满足市场需求，在资产投入上几乎为零，同时成本也得到有效控制。收入增加了，没有投入，成本被有效控制了，所以公司业绩实现了突飞猛进的增加。在采购过程中，往往还要看问题的另一个方面，那就是供应商又有什么样的收益呢？在合作过程中，供应商的空余产能被有效利用，采购方输入的工艺、技术、管理、资金，使得供应商的实力、收益同样大幅提升，真正实现了双赢。

综上所述，采购结合供需双方的资源创新采购模式，使供需双方都有明显的经济收益，足见采购在企业运营中不可或缺的作用。

当然，项目的组织者也阐述了企业外包过程中所担心的问题，那就是核心技术是否可以外包。组织者从实践中给出了自己的观点，企业真正的核心是企业的管理、企业的文化。采购与供应管理的从业者都要学习项目组织者在采购创新管理中有效地推动企业文化的延伸，推动采购在供应链上的影响力，供应链管理合作制胜！

赵平

九阳股份有限公司中式生活事业部采购部总监

中国采购商学院助理教练

【点评2】

"采购模式新主张：委托管理——轻资产扩张"的价值与启示

作为第二届"中国好采购"现场评委之一，在聆听该案例的第一时间就被其吸引和震撼。故而，在看到最后的评选结果显示出该案例为本届"中国好采购"冠军案例时，第一感觉就是"众望所归"和"实至名归"！

自从彼得·卡拉杰克在1984年发表了《采购必须升格为供应管理》一文起，采购与供应管理对于现代企业而言，就越来越多地体现出其战略地位与价值，而这种地位与价值，不可能仅仅依靠"下单、跟单、催货"之类的采购执行与运作管理职能加以奠定，它必须通过制定与企业战略甚或更高层面的战略保持高度一致性的采购与供应战略，并有效执行之，方可以充分展现。这个案例就是对这一观点的绝佳佐证。

首先，众所周知，中国政府在2015年年末到2016年年初，提出了"供给侧改革"的思想与方针，"去库存""去产能"成为供给侧结构性改革的重要手段。该案例基于时代背景而做出的供应战略选择，即不通过增加已经相对过剩的光伏组件的生产产能，而是通过对企业外部的现有产能加以充分利用，来满足自身客户的需求，毫无疑问地反映出企业在战略导向上与国家层面供应改革的大方向具有高度一致性。任何成功都与其历史背景密切相关，诚如是！

然后，在明确了供应战略的总体方向后，在经营层面上的供应战略选择上，该案例也发人深省。基于产品定位、市场供求关系、供应商等方面的全面分析，案例中该企业对各种不同采购模式的成本做出了理性判断，并给出了"现货采购、定额合同、OEM 代工、自制"这样从高到低的成本排序，并进一步权衡了 OEM 代工与自制的利弊，创造性地提出"委托管理"这一"采购模式新主张"！这无疑是整个项目成功的关键所在，也是该案例的亮点所在！

在中国光伏行业中，具有举足轻重的地位和独到丰富经验的业内巨擘——天合公司通过"委托管理"这一新模式，在充分利用合作供应商的现有设备和产能的同时，还积极输出其经年累积下来的运营管理经验，并深入参与合作供应商的内部管理。这样做既能够帮助被委托的合作方迅速有效地提升其管理能力，又能够提高合作方相对于天合的可视度，有利于运营改善、成本管控，并为天合带来可观的收益：利用合作方的产能，增加了 15% 的组件产量，创造了 5000 万元的营业利润！

另外，从该案例中可以看到，天合团队在制定供应战略时，熟练而恰当地应用各种经典的战略计划分析方法和实施手段，如产品定位分析、市场供求关系分析、产能分析、供应商感知分析、供应商 SWOT 分析、电池成本动因分析、KPI 设定与分解、项目组织架构及职责分配、项目计划甘特图法、风险分析等，不一而足。这些都充分说明，良好的职业训练带来的专业素养，对所有采购管理的同仁来说，都颇有实用价值。

该案例中还有一点非常关键的启示，即在何为企业核心竞争力这一理念上的一致性，及达成一致性后带来的团队协同与协作，对于案例中项目的成功，居功至伟！

最后，以**"付出越多得到的越多"**作为该点评的结语，并与大家共勉：没有随随便便的成功，冰冻三尺，非一日之寒；一分耕耘，一分收获！

汪希斌

中国物流与采购联合会采购委核心专家

【点评3】

"温柔的扩张"——MoB 的中间模式

自制（make）还是外包（buy）？这是企业经常面临的一个问题，也是战略采购人员的一个重点工作课题。大多数企业会通过企业总成本分析来决定非核心产品或服务自制还是外包，却忽略很多战略上的考量。企业管理层内部多数时候也会由于分析问题的视角不同在自制还是外包上面意见不统一。

"温柔的扩张"恰巧应用了自制和外包两个方面的优势，找到 MoB 的一种最佳结合方式。委托管理的方式使得企业内部的管理体系、技术积累和质量过程控制保持自制的原态。同时，这也可以节制企业固定资产投入，合理利用供应商产能，增加供应链的柔性（flexibility），在今后市场动荡的情况下，战略上达到了进可"攻"（供应商产能进一步开发），退可"守"（收缩供应商的订单量），这正是外包的优势之一。

这里值得一提的是作者提到了两个重点问题的风险规避。

1. 企业人员和供应商人员权限与责任的清晰定义。大家可以想象这样一个模式，很容易造成供需双方"大家都干，大家都不干"的混沌局面，最后双方矛盾重重，却没有产生业绩。如果花大力气、大精力、大时间在签署合同之前，那时双方一起讨论、定义、确认人员的义务职责和权限，并制定出相同的 KPI，就可以规避很多运作层面的风险。

2. 作者强调了供需双方人员磨合的问题。任何一种商业合作模式，在执行层面的首要成功因素都是人。在委托管理的模式下，供需双方的人员放在一起才是一个完整的工作团队，如何实现 1+1>2 理论的工作绩效的前提是双方队员心理上要融为一体，这才是该模式成功的基石。

很高兴能看到这样的成功案例，再次祝贺作者在当今中国社会资源再配置的潮流下，探索出一个 MoB 的最佳结合模式，合理利用自制和外包的优势达到一个供需双赢的局面。

闻宝宏

费森尤斯医药研发（上海）有限公司亚太区采购副总裁

讨论与思考

○ 中国产能过剩，如何利用社会剩余资源？如何使用互联网＋的技术利用这些资源？

○ 轻资产运营，需要综合考虑哪些方面的问题？有什么利弊？

○ 如何管理好这样的供应商？

TOP PURCHASER
IN CHINA

有效使用采购技术，确保机械手项目落地

（2016 年二等奖　唐正来　膳魔师）

推荐语
TOP PURCHASER
IN CHINA

　　"人工成本快速上升""用工荒"推动"工业 4.0"和"中国制造 2025"快速发展。

　　"机器换人"在服务业、金融业等各行各业随处可见。大数据、云计算、比特币等新概念不断冲击眼球，互联网、物联网、人工智能等新技术不断改变你身边的人和事。

　　作为采购，尤其是制造业的"专业采购"和"中国好采购"，如何主动迎接这场变革是你不得不考虑的问题。

宫迅伟

我的微信订阅号　　　　我的个人微信

我在大学里学的是项目管理专业，自 2007 年起从事采购管理工作，曾任职于世界知名运动自行车企业 GIANT 集团，于 2011 年加入保温杯的创始者 THERMOS 集团。THERMOS 作为全球最大高真空系列产品的领导者，于 1995 年由中国香港和日本合资，进入中国内地。产品主要有高真空不锈钢保温杯、保温瓶、保温壶、保温罐、焖烧锅等。目前我担任设备、庶务采购课负责人。

多年以来，积累了较为丰富的采购管理经验，也让我对采购工作有了自己独特的认知：

1. 做采购最必要的技能是沟通协调能力。

2. 从事采购职业最大的优势就是能认识比你更成功的人。

3. 作为采购人最必要的素质是谦逊，必要的时候要勇于对自己下刀。

在我的在职业生涯中，有一个案例有着较为广泛的推广价值。在此，我与大家分享一下这个真实的采购案例——导入 200 只机械手，实现全生产工序自动化的项目。

项目开展的背景和意义

随着现代化工业的不断发展以及生产过程机械化和自动化水平的提升，工业机械手凭借其自身显著的特点得到了广泛的应用。例如，应用机械手可以减轻劳动强度，提高产品质量，改善劳动条件，避免人身事故的发生。在高温、高压、低温、低压、有灰尘、噪声和有放射性以及毒性污染的恶劣环境中，应用机械手可以部分或全部地替代人来安全地完成作业，有节奏地进行生产等。

为了提高企业生产效率达到工厂自动化，公司自 2012 年起探索引进机械手来达到生产线的自动化。在采购过程中为了获得科学、合理的采购管理，公司采购部门进行了认真的分析，以 THERMOS 机械手采购为研究内容，分析企业的生产现状及实现自动化的必要性。然后在项目采购过程中暴露出了一些问题，我们通过采取科学合理的方案予以解决，实现企业自动化生产能力的最终提升。

机械手的采购不同于普通生产原材料及企业易耗品的采购，具有一定的科学性，对于供应商的选择也需要花费时间甄选，并且项目金额比较高，后期调试、试运行、试生产环节需要花费大量的精力。

2012 年，工厂计划上一套机械手的方案在董事会提出后，作为工厂设备庶务采购的负责人，我针对该项目进行了一系列的市场调研，找出适合公司流水线的供应商来进行技术应用上的交流，从而对机械手在导入生产的操作上，花费大量的时间进行市场分析，科学、全面地了解学习。

在公司敲定购买机械手后，采购课开始进行采购计划的制订、供应商的二次分析、价格的谈判以及技术服务的跟踪。通过 3 年多的努力，公司顺利使用机械手来进行生产，但是在采购期间也遇到了一些问题，通过我们和供应商的磨合一起努力，化解了很多问题，最后达到全线顺利运行。

对于我本人来说，对整个项目的进展及结束做一份汇总资料，也是我对学习、运用、改善、再学习的一个有意义的总结。

你知道目前实体制造业现状吗

从事制造业的朋友都知道，在国内，目前的实体制造业严重依赖工人的流水生产线，同时员工的维权意识在加强，年底还将面临用工荒。在中国的五金之都——永康，存在众多的作坊式工厂，这几年它们对整个保温杯市场的产品质量及价格有着非常大的冲击，再加上 2014 年 8 月 2 日昆山中荣金属制品有限公司发生爆炸事故，当天造成 75 人死亡、185 人受伤的惨痛结果，引起了政府对所有实体工厂环境整改的反思。

随着 THERMOS 集团在中国的不断扩张，劳工保护、环境保护、品质再提升、一线用工压力等问题日益突显，THERMOS 决定未雨绸缪，提前变革自己。

如何改变

最近几年，在李克强总理的号召下，我们响应"智造"中国的战略方向，在工业 4.0 蓄势发展的大形势下，启动了 200 只机械手对工厂全生产工序自动化改善的专案。历时 4 年，我们与供应商共同开发，采用了采购四项限的方法和工具，花费人民币 1450 万元，投入 200 只机械手在全公司生产线上，解决了用工难、工伤管控难、品质管控难、环境压力增大等现实难题，取得了较好的商业效果。

启动专案

为解决用工难的问题，实现相对稳定的生产品质，改善工厂生产环境，我们启动了这个采购专案，希望通过在生产线上引入 200 只机械手，改变目前现状，防患于未然。

我们专案小组由多个部门联合组成，实行专人专责，确保各环节不出纰漏。其中，采购副总负责采购战略的制定，生产部技术经理提供生产技术支持，品质保证部经理进行品质验证，设备采购课长细化采购步骤，采购担当执行采购流程，厂商执行总裁负责方案研发及与生产的配合。

项目开始前，我们面临着不少挑战和困难，比如前期对机械手供应商没有任何资料，现场各异形工序的设备与机械手配合设计较难，在杯壶行业没有先例可循，现场各部门的配合较难，再加上机械手高昂的价格，使得我们的项目困难重重。但我们并没有因此而退缩，选择了积极面对，迎难而上。

前期采购规划统筹

2012 年 5 月，我们经过内部沟通，将项目确立下来，确定了机械手导入的目的、预计时间、计划数量、预算确认等具体内容。在前期采购规划中，从制度上解决了各部门思路统一的问题，成立了项目领导小组，明确了团队各级成员、各工作组的分工，也明确了各小组长的职责和联络人的职责。

我们的采购专案获得了公司最高管理层的统筹支持，设备采购组专门负责确定采购方向、规划采购策略、主导采购价格及交期，生产部门选定由易到难的生产、工序有序导入并进行产能确认，研发中心设备管理部负责对设备、工序与机械手配合的设计，品保部负责对机械手产出品质及难点进行指导。正是在管理高层的指导下，我们各部门间才达到了紧密有序的合作，这为之后的每个环节和流程都奠定了很好的基础。

通过对采购风险等级评估，决定对此专案实施"战略采购"

根据影响供应机会的风险等级，我们按照采购四象限进行分类，优先级别低的现货采购是日常项目，对此进行维持和发展；瓶颈项目是发展的关键，供应商需要与我们形成长期合同关系；战略项目是核心，供应商需要与我们形成合伙关系；杠杆项目采购风险低，供应商认为利润低，通常将这类客户盘剥出来，仅签订现货或定期合同。

通过采购四象限分析，我们要采购的200只机械手采购金额高，供应商数量少，采购风险等级高，属于战略采购项目。针对这类项目，我们制定了采购对策，即因采购风险高，必须选择研发技术能力强、现场配合能力强的供应商；此为关键采购物品，涉及公司各生产工艺流程，从公司利益角度考虑，不适合两家以上的供应商参与；在工艺改善上，需与供应商共同开发，建议与供应商建立合作伙伴关系，以降低未来采购风险；在采购谈判时，从战略全局出发，仔细分析对方成本，制定相互兼容的供应战略。

通过以上分析，认定了本案的采购物资为"战略物资"，确定采购思路为"优选厂商、密保协议、共同研发、共同成长"。

2012年9月，我们开始寻找机械手的厂商资源，运用采购工具，科学开发机械手厂商，对厂商研发和设计能力进行评估，最终从14家中优选4家进行正式项目洽谈，解决此类厂商匮乏问题。

其间，我们采用了采购四象限、SWOT模型、采购四比（质量价格、客制研发能力、技术配合度、资质）的工具及方法。

2013 年 2 月，专案组做了方案的设计及检讨：选取两道工序，邀请 4 家厂商进行方案设计及方案检讨、修正。我们参考、引用了 SWOT 模型，对机械手各主流品牌的优势、劣势、我们的机会、风险进行了分析，并去厂商现场走访进行四比资料收集，最终于 2013 年 6 月落地方案，从 4 家的方案中，优选两家进行试做，对机械手稳定性、厂商研发设计能力、现场机械手的试用等进行实测。11 月，我们对效果进行评估，对两家试做结果进行对比，评估双方的优势及不足。2014 年 1 月，我们选定了合作供应商，制定了战略供应合作计划，通过谈判及最大诚意地帮助厂商，实现机械手的最优价格，还对机械手成本进行分析及改善战略合作供应，建立起紧密的战略供应商关系。

非标机械手的 PDCA 研发和循环上升

2015 年 12 月，在机械手的实际使用中，出现了非标机械手研发的问题，因此，我们对瓶颈工序进行攻克：运用 PDCA 循环对其他复杂工序的机械手试做、克服难点、合作开发，并横向对比、纵深开发，得到了机械手各阶段的开发成果。

采用 PDCA 循环对此问题的解决思路如下：首先是 P（计划），从问题的定义到行动计划；其次是 D（实施）；接着是 C（检查），得出评估结果；最后是 A（处理），进行标准化和进一步的推广。此外，PDCA 循环是爬楼梯上升式的循环，每转动一周，质量就提高一步。我们运用各个步骤解决非标机械手的研发。

我们从 2013 年 6 月开始，最早试验第一代机械手，边试验边学习，到 2014 年 2 月开发出第二代机械手，同年 7 月研发出第三代机械手，到 2015 年 5 月开始运用第四代机械手，一直到 2016 年 9 月，解决了非标机械手的难题，研发出最终的适应我公司的第五代机械手。至此，开始全面开展各工序的机械手导入，重新安排生产线，将各难点工序全部贯通，用机械手联结，真正实现了无人化生产。

实现了世界首条保温杯无人化生产线

经过长达 5 年的研发和实践，两个兄弟工厂的不间断开发和应用，膳魔师国内生产线终于实现了世界首条保温杯无人化生产线，引领杯壶行业向工业 4.0 升级换代。

实现项目降本 1850 万元

在机械手导入生产线的实施前后，具体数据有明显变化，通过与厂商联合开发，签订战略合作协议，考察并筛选国内供应商，与选中的供应商联合开发，针对我们的保温杯工艺，优化机械手的设计，最后完成国产化进程，把机械手的价格由最早的进口品牌单价 16.5 万元一只降为 7.25 万元一只，直接节省人民币 1850 万元。

实现投资收益 4250 万元

原杯身生产线用工人数由约 500 人，降到了约 300 人。以机械手使用年限暂定 5 年，前两年厂商质保包含维保，后三年维保费预算 5000 元 / 台 / 年，维保费为 300 万元，每年节约用工 200 人，以工资 6 万元 / 年计，用工成本直接下降人民币 6000 万元，5 年的投资收益为 4250 万元（=6000-1450-300）。

实现生产效率提升 20%

此外，该项目也实现了企业生产效率的提升。现场生产报告显示，除了用工减少之外，因为流程标准化、设备自动化，实现了生产效率的提升，较人工作业提升产能约 20%。

对工业 4.0 的推动

除了对膳魔师自身的影响外，机械手的导入也对我国制造业向工业 4.0 进化起到一定的推动作用。

工人从此成了"指挥员"和"医生"，解放了劳动力，让原来的动手变为现在的动脑；机械手可以深度感知、自动执行，通过每个机械手之间的通信协议，实现每个生产动作的自动感应，使下一道工序自动执行；在智慧决策方面，加入 CCD 自动识别系统，实现不良自动检测并报警，避免批量误生产，比如某个产品的保温性能出现问题了，合格试温为 65℃，实际只达到 60℃，此时自动识别系统会立即导引机器人，剔除不良品至分支工序进行修复。

项目小结：科学采购方法助力项目实现

在这次采购专案中，我们使用了科学的分析方法、工具和手段，解决了项目执行过程中遇到的四个主要的挑战和问题。

一是在前期采购规划时，成立项目领导小组，明确各组成人员的分工和职责，从制度上解决了各部门思路统一以及协作的问题。

二是在供应商开发阶段，运用采购工具，建立采购模型，根据专业的采购知识，对供应商进行等级分类，然后正确地确定出机械手的采购重要性是战略采购，并据此对机械手供应商采取响应的方式方法，即采购四象限、SWOT 模型、四比（质量价格、客制研发能力、技术配合度、资质）等工具，科学开发机械手厂商，解决此类厂商匮乏问题。

三是针对非标机械手的研发，运用 PDCA 循环及其他工具，横向对比、纵深开发，与厂商一起解决机械手与各设备的兼容问题，研发出了第一代、第二代一直到第五代产品，很好地解决了机械手的适应性问题，更好地为企业生产服务。

四是与供应商达成战略合作，通过多次真诚的沟通和交流，我们帮助供应商进行机械手的成本分析，并帮助他们进行产品的升级和改善；在此过程中，供应商也感受到了我们的真诚，认可我们所做的努力，给予我们优惠的价格和大力的支持，我们之间达成了很好的沟通与合作，实现了双赢。

经验总结

◆ 经验教训：在整个开发过程中，试验到量化的过程太慢，出于谨慎考虑（涉及保温杯全套生产工艺及技术），没有同时邀请多家共同开发。

◆ 借鉴意义：此采购流程适用于任何新设备的开发作业，与供应商合作开发瓶颈工序攻克后期的保密性管控。

◆ 总体评价：在此项目从无到有的整个过程中，团队对机械手完全不懂，从采购策略制定、厂商开发、谈判、战略合作实施及机械手部件、控制系统、刹车定位等进行学习，最终协同开发出最适应杯壶行业的 4 轴双工位非标机械手，以低成本、高定制率实现机器换人，总体是成功的。

【点评 1】

一般情况下，对于固定资产的采购尤其是需要定制的高精尖技术的设备采购而言，采购只起着从属作用，绝大多数都由设备或工艺部门主导，但由设备部门主导的话有可能在采购成本的控制方面就会失控，因为使用部门可能首先考虑的是设备的先进性，而且可能只是在战术方面针对单一项目的运作。这个案例给我很大的触动，因为它很清晰地表明采购在该过程中起着主导作用。

第一，此采购决策是站在公司的角度做出的。作者能够清晰地看出公司目前存在的招工难现象带来的问题并提出了针对性的解决方案，从这点就可以看出采购战略和企业战略的匹配性。

第二，该案例真正地体现出了采购的综合能力。首先，体现了对设备的专业理解能力，对整个机器人市场的了解很清楚；其次，体现了采购的专业能力，对于固定资产也可以灵活运用产品四象限划分，确定该设备的采购策略，并制定可实施的采购步骤，同时灵活使用 SWOT 分析工具，最可贵的是真正做到了采购的最高境界，体现了采购的领导力，采购真正地起到了项目经理的职责，制定了详细的项目节点，针对开发过程中出现的问题能够沉着应对，集体决策；最后，体现了采购的沟通能力，在供应商和使用部门之间起到了很好的润滑作用，确保了供应商能够积极配合企业的工作，以确保项目的顺利实施。

这个案例对于投资类采购工作者明确自己的工作思路大有裨益。

陈文忠

上海加冷松芝汽车空调股份有限公司采购总监

中国采购商学院助理教练

【点评2】

　　阅读该案例让我马上想起的是埃里克·布林约尔松和安德鲁·麦卡菲合著的《与机器赛跑》，诚如案例作者在文中首先剖析的国内目前实体制造业面临的诸多危机与挑战，如用工难、工伤管控难、品质管控难、环境压力增大等现实难题，数字技术的飞速发展让大量重复性、机械性、重体力以及高危性的工作由机器替代成为可能，也成为经济发展的必然趋势。计算机会迅速而深入地蚕食人类的领土，而数字化进程的经济后果将是一方面提高生产力，做大整个经济的馅饼，另一方面又恶化相当一部分人的生活处境。

　　具有百年积淀的德国血统企业膳魔师显然已经前瞻性地认识到了这种趋势并积极主动地拥抱变化，顺势而为，投入巨资和大量人力、物力用"机器换人"来迎接现实挑战，显然这是该类企业能成就百年历史并继续保持竞争优势的战略优势，也是本案例非常值得很多企业学习、借鉴的首要方面。

　　从采购角度看，该案例是典型的项目型采购，机械手作为该采购组织没有相关经验的第一次采购的物料类别，尤其要定制化开发，显然是极具风险的；同时应该意识到"机器换人"项目必将最终损害很多部门和个人的切身利益，这样的项目与变革必将在实施过程中遭遇很多的阻力及干扰，而该案例项目取得成功的重要因素是膳魔师团队采用了专业的项目管理模式对项目进行管控，成立了专门的项目团队，职责分工明确并且有最高领导层亲自参与和支持。

　　诚如埃里克和安德鲁对我们该怎样执行"驾驭机器赛跑"策略的建议，解决办法来自组织创新：共同创造新的组织结构、流程和业务模式，充分利用日新月异的技术和人类技能。当我们进行类似的项目型采购时，此案例对我们而言具有很大的学习价值。

　　采购战略的正确分析和确定为该项目取得成功奠定了基石、提供了战略保证，这也得益于案例作者及团队对专业的采购战略分析工具的合理运用，并正确定义了"优选厂商、密保协议、共同研发、共同成长"的采购思路。这一举措很大程度上区别于与同等采购金额项目往往采用招标的形式来保证最低价的惯用做法，最终的结果是膳魔师不仅得到了非常有竞争力的价格，更为重要的是与供应商的深度合作开发使膳魔师掌握了关键技术，从而会在后期的维护、更新换代过程中处于非常有利的位置。

这种真正意义上的战略合作和双赢结果是对很多奉行"采购节支（saving）为王"的恶劣压价行为的巨大讽刺，对很多采购从业者和企业采购组织如何真正体现与发挥采购在组织中的真正价值，提高采购在组织中的地位有重要的启发。

从整个项目策划、组织、执行和结果来看，这都无疑是一个成功的项目，相信案例作者在参与项目的过程中受益匪浅，也会因为采购的专业性体现和贡献的价值在组织中得到尊重与认可。

如果要谈一点经验教训，个人认为用 200 只机械手仅替换 200 名工人，这是有很大提升空间的，先期如果有精益专家参与对工序、动作进行优化可能会取得更令人惊喜的结果。

另外，如案例作者自己总结的整改项目进度偏慢，在该领域知识的空白和无法逃避的学习曲线是根本原因。时间对于企业竞争是最为重要的资源之一，如何缩短学习曲线是值得深入挖掘的机会，相信如果有后续项目一定会做得更为成功。

采购的专业性认可和在组织中的地位提升唯有靠成功的项目与卓越的业绩才能得以实现，"专业做采购"，说易行难，与君共勉！

许小强
上海申彦通讯设备有限公司总经理

【点评 3】

以上案例介绍了一个机械手设备采购项目，涉及面较广，我挑一个小点谈谈自己的看法。

案例中作者使用了卡拉杰克模型对采购物资开展定位与划分，并把机械手设备定位成战略物资，理由是"机械手涉案金额高，供应商数量少，采购风险等级高"。我同意最终结论，机械手的确是"高价值＋高风险"的采购物资。但作者给出的理由，特别是关于采购风险的分析有待商榷。按照案例中的表述，公司初步考察了14家供应商，优选4家进行正式项目洽谈，并进一步优选两家试做。这说明市场中并非仅有唯一供应源或被极少数供应商高度垄断，而是存在相当大程度的竞争。所以，"供应商数量少"并不构成这次采购项目的主要供应风险。那么，采购风险来自哪里？是供应商技术能力、交付能力、质量控制能力不足吗？似乎也都不是。

企业在分析采购风险时，常常会忽略一个重要维度：自身对采购物资的熟悉度。当采购方对采购物资供应市场、竞争态势、性能属性、成本结构等不熟悉时，即与供方形成了信息不对称。在这种条件下，即便供方存在竞争，也极易出现劣币驱逐良币的情况。打个比方，一位老人家去超市买蔬菜、水果，采购风险不会太大，但如果去买一台组装电脑，就有可能被坑；如果听了隔壁邻居的推荐去买理财产品，上当的风险就更大。组装电脑、理财产品都是充分竞争市场，在这类情景下的采购风险都来自内部，而非外部。说白了，"不懂"，风险就很大。

对企业而言，"自身对物资的熟悉度"这项风险具有一定的隐蔽性，在日常生产物资采购中也并不凸显，所以也常被忽视。但在设备采购这样具有相当大创新意味的项目型采购中，该风险则常常跳出来成为拦路虎。

案例中的采购项目之所以取得成功，我觉得主要并不是运用了"科学的分析工具"（事实上案例中对SWOT等工具的表述和应用比较牵强）或是企业与供应商建立了"战略合作伙伴关系"，而是企业正视并采取了一系列措施，消除了"不懂"这项风险。首先，愿意"承认自己不懂"就不容易，但这也是成长的必要条件和起点。公司成立的跨部门采购小组，本质上就是一个共同学习小组，各部门各领研究课题，学习钻研，互帮互助，公司内部的信任氛围就建立起来了。

此外，采用PDCA这样的迭代开发模式，也说明高层管理者对采购小组给予了相当大的宽容与信任。试想如果公司拿常规采购管理的管理方式来对待这样具有创新性质的采购项目，一上来就压KPI，那很可能谁也不愿意承认自己的认知缺口，最简单的方法就是把问题推诿给其他部门或者供应商。最后，供应商的态度也很有趣。如果供应商发现公司内部人员都是外行，那么各种"忽悠"或投机取巧的余地就会很大，而当公司采购小组成了机械手领域中的半个专家时，"真诚沟通和交流"才有可能成为供应商的务实选择。

汪亮

北大纵横管理咨询集团上海运营中心总经理、高级合伙人

【点评4】

对于一名在采购领域中工作了15年的老员工来说，在我的职业生涯中也经历了机器人上线的项目。像这样的项目从立项之初就需要有严格的数据支撑，如果完全由采购部门主导可能会被其他部门（如技术、生产等部门）挑战立项的理由，要求探讨带来的好处与不良影响。这时候，作为采购人员不仅要有沟通协调、商务谈判能力，还要尽可能地向技术型采购方向靠拢，这就是近年来用人单位喜欢招一些具有工科背景的采购人员的原因。

对于THERMOS这个200只机械手上线的大项目，并不是一个采购部门能够独立完成的，要邀请工程、技术、生产、设备、市场部门组成项目小组，并给每一位项目组成员分配任务，明确各自的职责，形成项目计划进行跟踪，定期回顾项目进展。在过程中注意数据的收集工作，如生产效率的提升、降本率……这样更有说服力。

这是个典型的供应商参与开发的案例，因此在供应商选择之初就需要定好方向，"为什么是这个供应商，为什么是这个价格"这是我们作为采购方一直要问自己的问题，同时也是经常被其他部门问得最多的问题。在这个案例中，采购方的技术人员参与得不够多，才经历了长达5年的研发和实践。如果采购方的技术人员能够更多地与供应商合作研发，有可能会缩

短研发周期，加快项目进程。内部、外部同样都需要协调沟通。有时候内部沟通还需要更多的技巧。

如果把采购和供应商的合作谈判比作一场战争，那么两者的博弈技能就是《孙子兵法》；如果把采购和供应商的合作谈判比作华山论剑，那么两者的博弈技能就是《九阴真经》；如果把采购和供应商的合作谈判比作一场持久的恋爱，那么他们两个的关系堪称《三生三世十里桃花》，这同样适用于内部沟通合作。

张轶燕

STOPA 中国采购总监

【点评 5】

随着经济全球化推进和新技术的大力推广，越来越多的企业正在以跨国界、跨文化、跨职能等的项目管理方式管理着企业的运作。而时下，这一管理模式正在被越来越多的员工了解和运用，项目管理的培训课程也有着极大的市场需求。

前面所分享的案例，正是一个非常典型的项目管理案例。正如我们所知，一个成功的项目管理必须具备许多成功的因素，才能有最大可能取得项目的既定目标。以本案例为例，首先，此项目的主题是以公司的长久发展战略为依据，具有前瞻性、未知性、挑战性，能为企业的发展大计产生久远的影响，因而获得企业管理层的全力支持，在人力、物力、财力等方面都给予了充分保障，使项目组成员在精神上、资源上都得到了大力支持，毫无后顾之忧。

从本案例的分享中，我们还可以清晰地看到，项目管理中所使用的科学的管理方法、工具都得到了淋漓尽致的应用，比如 WBS、PBS、ABS、OBS、SWOT、GANTT、PDCA、采购四象限、四比等工具在项目中被使用。而项目组成员分工明确，各司其职，在遇到未知或困难情况下，不放弃、不舍弃、抗压力、一路前行。还有一点需要重点分享，就是项目管理中双赢原则的充分体现，能够让战略供应商充分认识到此项目对双方的战略意义，从而激发供应商全身心地投入新产品的开发中，也是本项目管理中的可圈可点之处。在实际的工作中，往往项目组成员会忽略合作各关联方的利益，只关注自身所得，从而引起各关联方的警惕，互相戒备，争抢资源，最终影响项目执行的效果。

这个案例是一个成功的项目管理案例，希望读者都能从阅读中受益，在项目管理中准备使用各种方法、工具、流程，从而获得项目的最大成功。

李磊博士

耐克森中国公司董事长、集团亚太区人力资源副总裁

讨论与思考

○ 在这个项目采购中，会遇到哪些困难和阻碍？

○ 主导该项目的采购人员应该具备哪些素质和技能？

TOP PURCHASER
IN CHINA

优化包材供应链，共享新增值

（2016 年二等奖　郑建波　云南白药）

推荐语
TOP PURCHASER
IN CHINA

2017 年 3 月 10 日，中国采购商学院组织"CPO 首席采购官工作坊"到云南白药，有的采购总监就点评说，云南白药是一家最不像国企的国企。

厂区绿草茵茵，生产线高度自动化，供应链管理从一粒种子到产品，采购同仁与 CPO 探讨"小批量多品种"管理时的匠人精神，处处都显示着一家百年老店与其他国企的"不像之处"。对于这个案例，采购中心李春平总经理亲自指导，选手反复演练，在 2016 年"中国好采购"案例 PK 大赛上，获得第二名。

我们希望通过云南白药的案例更正一下人们的观念，国企不是落后的代名词，国企也不是不进取的理由。

宫迅伟

我的微信订阅号　　　　　　我的个人微信

"没事儿看星光大道，有事儿用云南白药。"相信这一句广告词对大家来说已经非常熟悉了，云南白药坚持传统与创新相结合，自 2011 年起，全面实施"新白药·大健康"战略，将传统中药融入现代生活。传承不泥古，创新不离宗，云南白药如今横向跨界药品、保健品、功能食品、个人护理、精准医疗，纵向从种源、种植、加工、精制到最终产品的全产业链打造，结合传统渠道、互联网营销、电商平台的多渠道模式。

云南白药在生产中不断优化供应链各个环节，实现降本增效，提升供应链整体效率，各分公司、子公司等生产单位在供应链优化之后共同享受到增值利益。

作为曾经参与完成了"云南白药集团整体搬迁项目""云南白药与云南省第一人民医院药房优化项目""云南白药财务一体化项目"等项目的我，印象最深刻的就是参与了印刷类包材供应链优化实践项目。

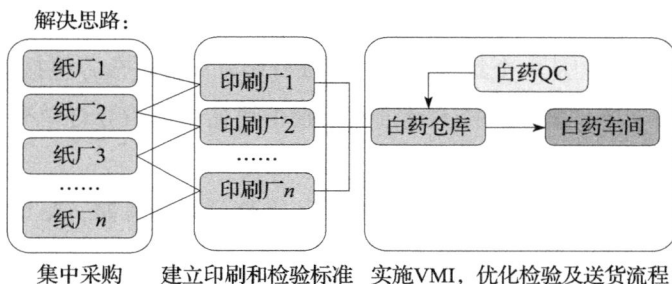

解决思路：

纸厂1　纸厂2　纸厂3　……　纸厂n　→　印刷厂1　印刷厂2　……　印刷厂n　→　白药仓库　←白药QC　→　白药车间

集中采购　　建立印刷和检验标准　　实施VMI，优化检验及送货流程

从分散采购到集中采购

云南白药集团旗下有集团本部、丽江药业、文山药业、大理药业和无锡药

业等分公司、子公司组织机构，在 2012 年以前各个版块各自独立进行物料的采购，也就是传统的分散采购。

与集中采购相比，这种由企业下属各基层单位（如子公司、分厂、车间或分店）实施的满足自身生产经营活动而进行的分散采购，存在许多缺点：各个采购主体各自为政，信息独立不能实现共享，资源分散；产生大量重复采购和交叉采购，不能体现规模效应；采购人员和采购费用成本比较高；无法实施资源整合和规范化的供应商管理，与供应商是单纯的买卖关系，无法建立长期的合作共赢关系。

以上这些是我总结的传统分散采购带来的一些弊端，这些痛点在云南白药过去的实际采购工作中也有集中的体现，曾长期困扰着我们，让我们深受其害。

如何改变这一现状？我们开始探索集中采购模式的应用。

2012 年，云南白药搭建了集中采购平台，开始系统地进行供应商资源梳理和整合，建立起供应商管理体系，引入最新的电子采购平台与公司信息化管理系统进行对接。

我们将云南白药集团公司旗下的健康产品事业部、药品事业部和中药资源事业部三大事业部管理的健康制造、OEM 企业和生产制造中心、无锡药业、大理药业以及丽江药业、文山药业等多家生产企业的采购集中纳入采购中心，实施集中采购。

搭建起集中采购平台之后，我们建立了多维度动态评估体系，对进入采购平台的供应商进行系统的日常管理和评估，包括供应商的合同前评估、采购比价及签订合同、采购订单管理、供应商质量与交期监控、供应商业绩的定期评审，以及供应商业绩改进专案的推进等。

与此同时，我们从六个维度对供应商进行多方面的评估，包括成本、质量、资产与财务和生产、服务、技术及创新。根据评估结果指导订单分配，分类管理，动态跟踪。

从此，我们的采购部门与供应商建立了良性的互动机制，帮助供应商不断改善和提高。

电子采购平台服务供应商

截至 2014 年，供应商管理系统已经被成功使用了两年，云南白药电子采购平台——供应商门户系统正式上线，大幅度提高了采购执行效率和合规性，同时也更好地服务了广大供应商，赢得了他们对企业采购部门的肯定与好评。

供应商门户系统上线后，系统的全面运行为我们带来了诸多好处：整个采购过程实现了公开、透明、安全和高效，实现了管理与信息化水平两方面的提升，同时财务和运营成本也得到了大幅的降低。

在管理方面，我们的采购全程透明，过程跟踪、管理节点更加准确，同时减少了人工干预，实现了精细管理；在信息方面，供应链资源的首次整合尝试，由节点到链条的全过程管控，实现了安全、便捷、高效的用户界面；在财务成本方面，降低电话传真沟通约30%，同时对账时间减少了三四天；在运营成本方面，缩短订单周期两三天，同时缩短送货周期0.5天。

实施集中采购后，个人和组织都得到了明显的改善与提高，也极大地提升了采购效率；在采购规模翻倍的情况下，电子采购减少了烦琐的执行环节，采购人员减少了10%。通过专业细分和提升采购专业度，我们开始更加关注供应链的整体优化与改善，也进行了一些积极的探索及尝试。

实施集中采购后，企业供应链提高了专业度，更加专业、细分，从传统采购逐渐向专业采购转型。在效率上，采购规模翻倍的同时采购人员却减少了约10%。供应链整体上得到了优化，在质量、成本和效率方面得到了极大的提升。实施集中采购供应促使总部专业化管理水平向科学与规范化方向持续提升，各子公司、分公司等生产组织的供应保障能力不断增强。

印刷类包材供应链优化实施

2014年前后，由于上游白卡纸价格大幅波动，印刷品供应商使用众多低档品牌纸张，造成特别多的质量偏差问题，严重影响生产效率，出现了大量的市场投诉。同时，由于公司业务快速发展，印刷类包材占用大量库存空间，仓库也全面告急。公司出于成本压力，要求采购不断优化成本。

面对以上问题，我们采购部门开始系统地审视印刷类产品的供应，着手从供应链的各个环节去诊断和优化。我们发现，在原有业务流程中，源头有多个纸厂供应纸品，然后进入多个印刷厂进行包材的印制，接下来进入公司的仓库，经过质检鉴定合格后进入公司生产车间。这也是最常见的印刷类包材供应流程。

经过我们的审视、检验后发现存在一些问题：印刷类包材质量偏差居高不下，大量占用仓库容量，仓库不断告急，进厂检验周期长，不断增加库存压力，最后导致采购成本居高不下。

针对以上问题，我们的解决思路是，源头用纸的不统一造成了质量难以控制，所以统一供应源头是必行之路。印刷厂物料、人员、设备、技术水平参差不齐，造成质量波动，此时帮助印刷厂进行改善，提升过程控制才能稳定质量。减少库存必须优化目前流程，是否可以借鉴 VMI 的经验来解决，是我们当时的想法。

基于以上解决思路，我们开始尝试集中采购，建立印刷和检验标准，实施 VMI，优化检验及送货流程。在供应链上游集中采购，统一纸张供应源头，统一使用新材料——高松厚白卡纸，从源头控制质量，降低采购成本 16%，提高纸张（260 克高松纸替代 300 克白卡纸）利用率 13.3%。

选定新材料时，我们通过对比分析法筛选了众多品牌的新型纸。高松纸在保证各项指标的前提下可以节省原料用量，260 克的高松纸可以达到 300 克传统白卡纸的物理指标，同样重量的白卡纸利用率提高了 13.3%，所以，最终我们选定高松纸全面替代传统白卡纸作为药盒用纸，在牙膏盒用纸方面，我们采用蓝芯防伪卡纸作为替代。

两种纸张统一后，由于采购规模效应的提升，直接使得成本降低 16%，并且统一了源头纸张的质量标准。这样的改变还同时提高了纸张利用率，节约了大量社会资源。我们曾经测算过，使用高松纸比原来的白卡纸每年可节约用纸近 400 吨，约等于少砍伐了 6000 棵树木，折算下来，相当于 1 亿张 A4 纸。

我们选择食品级高松纸，在国内医药行业内尚属首次，在不增加采购成本的基础上，其无添加荧光剂，更加环保和安全，体现了企业社会责任和绿色发展的理念。

优化供应链环节产生价值

同时，我们还进一步优化供应链上游，与事业部合作推进包装优化。

除了统一纸张，我们还从产品设计环节开始做成本优化，将牙膏说明书改印在牙膏盒背面，每年减少 2 亿多张说明书用纸，节约采购金额几百万元；利用最新的二维码等防伪技术代替原有的激光标防伪，每年可节约采购成本上千万元。实践证明，源头的优化要比采购环节的直接谈判降价更为明显、有效。

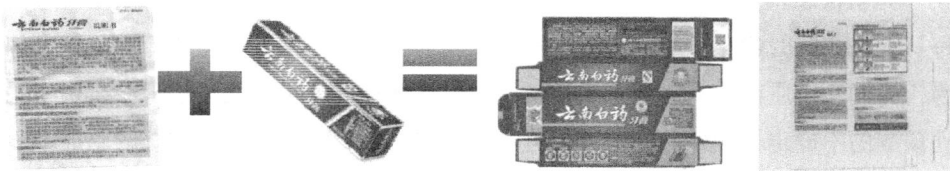

为更好地在供应商环节进行过程控制，我们引进了印刷包装标准制定暨供应商作业改善项目（PSA）。在供应商环节中，我们引入第三方专业团队帮助供应商进行改善，从印前、印中到印后全面建立标准和作业规范。我们组建了供应商、云南白药、第三方专家的跨组织项目团队，进行了两年半的项目运作，帮助8家供应商进行了改善，取得了明显的成效，提升了过程控制能力和水平。

在这个过程中，我们也逐步建立了数字化可测量的验收标准。云南白药正式开始实施纸质包装质量验收标准和检验标准，所有的验收项目均为数字化检验结果，避免了人为干扰和人为误差。

我们测算过，项目实施两年后，8家供应商的质量偏差均有明显下降。2016年上半年的偏差总数与2015年同期相比，下降了66.67%，偏差率从8/1000（次/批）降低到8/10 000（次/批）。

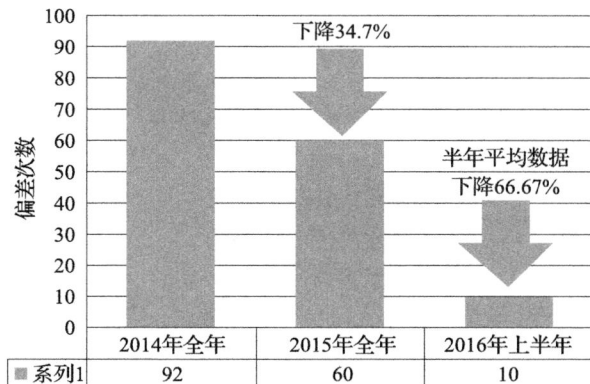

系列1	2014年全年	2015年全年	2016年上半年
	92	60	10

2014～2016年印刷质量偏差次数对比

在优化供应链过程中，印刷企业建立了各岗位操作规范并全面推行，逐步提高自身的竞争力，降低质量风险，提高生产效率，帮助供应商改善，提供增值服务。云南白药的印刷包装品质逐渐稳定并不断提升，印刷类供应商管理能力不断增强，并在业内首家建立起印刷包装标准。

为解决供应链末端的库存问题，我们借鉴 VMI 推行贴身服务，供应商按需每日配送，同时优化了检验流程，实行质检前移，完全清除了检验库存。这是因为，我们和供应商双方都变革了传统的独立预测模式，尽最大可能地减少由于独立预测的不确定性导致的商流、物流和信息流的浪费，降低了供应链的总成本。

在实施 VMI 前，也就是优化之前，物流、信息流是割裂开来的，账务和实物不同步，反复沟通降低了效率，还造成了巨大的浪费。供应商、采购执行、车间之间在财务核对、信息传递、物料收发等方面需要反复沟通。

在实施 VMI 后，全面优化重建了流程，效率得到大幅度提升，通过供应商门户网站，三者之间实现了商流、物流、资金流、信息流的四流合一，仓库直接提供配送服务。

其中，节约仓储面积 28 000 平方米，减少搬运次数，仓储费用降低 672 万元，减少搬运人员 4 名。通过实现质检前移，提升检验效率，降低检验成本，加快了响应速度，供应链响应速度加快 5 ～ 7 天，减少检验样品 3000 个，降低入库次数 30%。

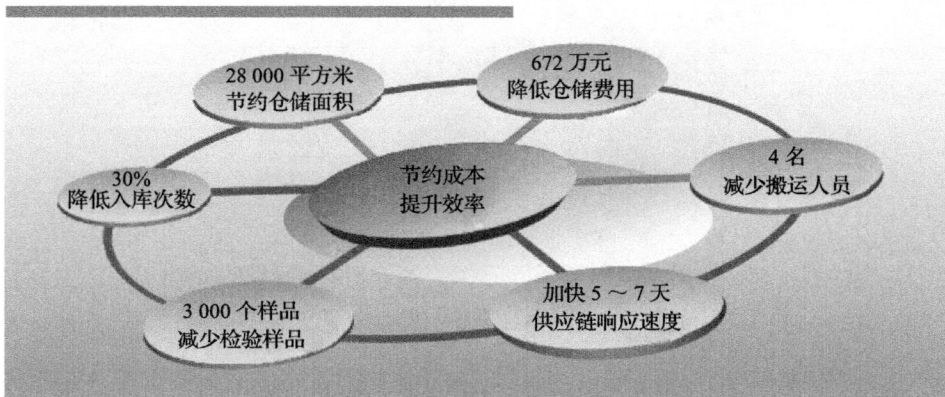

■ VMI 实施效果

- 28 000 平方米 节约仓储面积
- 672 万元 降低仓储费用
- 30% 降低入库次数
- 节约成本 提升效率
- 4 名 减少搬运人员
- 3 000 个样品 减少检验样品
- 加快 5 ～ 7 天 供应链响应速度

我们实施的 VMI 是具有云南白药特色的，主要体现在以下几个方面：

作为制药企业，行业监管的要求是必须进行进厂检验，并且要有风险控制的理念。因此，我们通过实现质检前移将抽样检验环节在供应商生产结束和实际配送之间完成，既满足规范又实现了 JIT 配送，降低了库存。

同时进行风险控制，积极推进省药监局对所有供应商代管库进行备案；帮助供应商提升仓库管理水平达到药厂 GMP 规范；在合规的同时帮助供应商提高管理水平。

至此，我们的项目经过源头整合、过程控制和末端重建对整个印刷品供应链进行了一次优化，取得了可喜的效果。

第一，通过源头整合，质量统一，成本降低 16%，纸张利用率提高 13.3%。

第二，过程控制使成品质量稳定，效率提升，偏差率从 8/1000 降为 8/10 000。

第三，末端重建之后，每年可节约仓储面积 28 000 平方米，仓储费用降低约 672 万元。

第四，加快响应速度 5 ~ 7 天，实现零库存，减少 3000 个批次的抽样检验。

自此，供应链上下游形成战略联盟，达成共赢关系，实现供应链增值。

在采购供应链管理的道路上，我们才刚刚起步，未来我们还有很多可以做的事情。对于我个人而言，这也是采购职业生涯的开始，还需要不断加强学习和自我提升，争取早日实现从小采购到大采购的华丽蜕变。

经验总结

◆ 对于个人来说，参加项目的每个人都对印刷品的生产工艺、价格构成有了专业的认识，也对供应链优化的概念有了最为真实和直接的体验。

◆ 对于组织来说，流程重建、跨部门协作、共享优化成果，为更多的供应链优化项目打下了坚实的基础。

◆ 对于供应商来说，由被动改变到感受效果进而主动改变，在能力提升的同时转变观念。

◆ 对于企业来说，集中采购平台运营效果开始体现，质量、成本、效率不断优化并提升。

【点评 1】

本案例展示了一个非常典型的从粗放式管理到集约化管理进化的企业发展路径，显而易见，云南白药的管理提升效果是很显著的。当然，不同于其他成熟的外企，在项目开展之初，案例企业存在的问题还比较初级，管理整合的工作十分弱化，比如集团内各业务单元传统的分散采购中带来的种种问题，这也就给优化实践带来了极大的提升空间。

从管理架构来看，在集团内部运营过程中，各业务板块/子公司资源或权限的分散和集中与否，并非绝对的谁优谁劣的命题，但从集团存在的意义来看，整合资源、创造母子公司间的母合优势，是必须重点关注的问题，集团存在的基本条件就是要创造出比单个企业独立发展而创造的更多的价值。从案例情况看，集团实现整合集中采购，且匹配了一系列的关键举措，整体上有利于价值的提升和成本控制，这是成功的一大步，解决了现阶段采购优化的顶层架构问题。

从供应商关系来说，云南白药采用了多维度供应商动态评价体系，对供应商进度进行多指标、多维度的评价，一定程度上解决了供应商质量的问题；其后，再进化到通过 VMI，以双方都获得最低成本为目的，在共同的协议下由供应商管理库存，并不断监督协议执行情况和修正协议内容，采取使库存管理得到持续改进的合作性策略，与供应商形成良好互动。

从管理优化来说，云南白药也进行了管理工具优化，通过应用信息化手段，力促公开、透明、安全和高效，并且形成与供应商库存体系的互动和反馈，有利于双方共同的库存管理。同时，通过"标准"控制，统一材料标准、技术标准、质量标准和验收标准，形成可预期的供应链管理，通过标准优化供应商质量。

管理无止境，云南白药在供应链优化上走出了"从 0 到 1"的成功一步。未来，它将在各环节的精细化和人性化上，不断深耕和落地，形成匹配"云南白药"知名品牌的供应链管理体系，真正促成百年老店的辉煌事业。

周定

北大纵横管理咨询集团行业中心总经理、高级合伙人

【点评 2】

本项目抓住了企业供应链的发展方向，在集中采购、质量一致性、增

值能力、减少浪费、节约成本等方面做出了有益的尝试，也为未来供应链智能化、数字化奠定了基础；尤其是食品、医药行业，需要"来源可追溯、去向可查证"，需要对全价值链进行质量、信息的掌控，本项目提供了很好的案例对标可能和提升方向。

未来的竞争，不再是企业与企业之间的竞争，而是供应链与供应链之间的竞争。面对未来消费者和市场的千变万化，需要供应链上所有的环节和企业都具有协同性、实时性和面对复杂性的能力。形成这个能力，不是某个企业的事情，而是整个供应链的任务。

要想参与竞争，供应链需要坚持实现从战略导向到战略绩效，以及战略组织的有效作为与环节落地，此时更多地强调过程控制与有效增值能力，那么从供应链标准、采购、供应商管理、到货管理、检验、质量控制、库存控制、过程成本等都必须在同一个频率和频道上运作，否则，最终将影响生产和交付。换言之，供应链整合是生产、交付保障能力的前提条件。

经验证明，制造业无法完成交付或者库存过高，40%～60%的原因在于入场物流和采购的有效性问题，比如物流计划缺失、无序到货、分散采购、质量不一致、库存不齐套、信息不适时等，这容易给企业带来恶性循环。

不难想象，在不断强调智能化制造的今天，未来的供应链将更加强调智能化和透明性、可视化，而本项目中所提及的改善项目，都将成为制胜的关键节点和基础。

邱伏生

中国物流工程学会供应链专业委员会主席

上海市政府供应链 – 物流投资咨询评审专家

天睿咨询创始人

【点评 3】

该案例是企业从小变大，子分公司从少变多，管理难度从简单变复杂的发展历程中的一次"采购蜕变"。每一次的蜕变对企业而言都是一次阵痛，尤其是从分散到集中的管理变革，但云南白药能在战略层面始终统一思想，坚定不移地推进有利于企业可持续发展的变革，是该案例获得最终成功的根本保障。

该案例中令人印象深刻的是四个关键词：**优化、统一、控制、增值。**

（1）供应链的优化实际上是供应链管理的再设计，原有的供应链管理只局限在供应链的一级供应商，并没有延伸至一级供应商的上游二级供应商，但供应链的优化再设计改变了现状。

（2）采购标准的统一涵盖了二级供应商的采购源头、一级供应商的销售库存，以及企业自身的质检环节；统一标准从最大程度上缩短了采购供应的响应时间。

（3）引入第三方专业团队参与供应链管理的过程控制是一次大胆的突破，打破了原有的采购方与供应商之间简单的供求关系，融合了第三方的专业建议，从而增强了前两者之间的信任度并进一步明确了共同改善的目标。

（4）历时两年搭建信息化的集中采购平台，又花费三年推进"供应链优化"项目，不仅时间跨度比较大，而且项目团队的稳定性也非常重要。所有的努力都是为了最后的增值，即能体现供应链优化后的各类评价指标。对于企业的投资者而言更关注的是财务指标的提升，不过难能可贵的是该案例中提及的**"约等于少砍伐了 6000 棵树木"** 的绿色环保理念，与云南白药的百年品牌精神是相得益彰的，这不仅仅是企业效益的增值，更多的是对社会进步的增值，也值得业界同人共同学习。

王伟

上海上药信谊药厂有限公司采购总监

【点评 4】

本案例充分体现了规模化生产企业在供应链优化的各个环节中，从供应链上游、过程管理到末端的优化，提升整体效率给公司带来显著的增值效益，也充分体现了供应链管理在企业发展中的重要性。通过外部供应商管理、内部流程优化的相互配合，为公司创造最大的价值。从源头的梳理到过程优化，充分运用公司资源，借用信息化系统平台，从而大大提升了优化成效。

企业中的采购管理组织的顶层设计尤为重要，成立集团采购，从集团层面出发集中各个分公司的需求，从分散管理到集中采购战略，进行信息共享，资源集中整合，实现规模化采购体现规模效应，以量的优势吸引供应商形成战略合作关系。另外，集中采购模式有利于系统化的管理，统一供应源头、统一材料、统一检验标准，规模效应的加强直接实现了采购成本的优化。

在供应商关系管理方面，系统的运用让整个采购过程实现了公开、透明、安全和高效，大幅度地提高了采购执行效率，实现了管理和信息化水平的提升，以及与供应商之间的信息数据及时传达；库存管理实现了 VMI 和 JIT 配送，提升了快速响应以及降低了库存。在推行过程中逐步提高了供应商的自我改善及管理水平，以便于满足云南白药实施相关的优化项目中更好的配套服务。

进行供应链管理优化，面对供应物料出现问题，需要从源头逐个梳理各个环节，如上游供应、生产过程等，找出问题，分析原因并制定相应的解决方案，在此过程中找出尽可能优化的空间，为公司带来更大的价值。协助供应商改善是供应商管理环节中必不可少的，供应商的管理水平及生产过程控制直接影响采购成本；进行管理工具优化，通过信息化管理与供应商形成互动，并建立公开、透明的供应链。

总结：

供应链管理需要从思维上进行转变，结合信息化平台让整体操作流程更加高效。供应链管理任重而道远，需要不断完善、优化、提升供应链价值，从而为公司带来效益，打造符合公司长远发展高效的供应链。

欧阳萍

苏泊尔股份有限公司电器事业部采购总监

讨论与思考

○ 在看到这个案例之前，你是否观察到云南白药的产品在说明书细节上的变化？

○ 如何通过供应链优化降低你所在企业的成本？

TOP PURCHASER
IN CHINA

刘诗诗和吴奇隆婚礼鲜花采购案例

（2016 年三等奖　刘杨森　诺誓商业）

推荐语

TOP PURCHASER
IN CHINA

项目管理（project management）是运用各种相关技能、方法与工具，为满足或超越项目有关各方对项目的要求与期望，所开展的各种计划、组织、领导、控制等方面的活动。项目采购简单地说就是在规定的时间内利用有限的资源完成的一次性采购。

明星婚礼能否成功，鲜花采购是一个重要因素。

鲜花采购能否成功，项目采购管理是一个重要因素。

采购人员平时手上有多少资源，需要时如何协调各种资源，如何与其他人协同，如何把控项目的各个关键节点，如成本、质量、时间等，这些都是项目采购能否成功的重要因素。

项目采购很能显现采购人员的功力！

宫迅伟

我的微信订阅号　　　　我的个人微信

"线下项目能否成功，核心在于项目所需物料的供应"，作为一个有着多年采购经验的从业者，我始终这样认为。

一个人、一个月、29 种花材、50 万枝鲜花，这不仅仅是一个关系到业务能否成功的采购，更是一个关系到一对新人在最幸福的时刻能否感受到浪漫的项目，同时也是一个关系到公司名誉及品牌影响的项目。

接任务，确定需求

2016 年 2 月下旬，我突然接到公司的一个项目任务，要为一对新人采购婚礼所使用的鲜花。

然而，这个项目与以往的项目相比有很大的不同：

- 新人是国内著名的影视演员刘诗诗、吴奇隆，商业影响非常大，而且项目的成败将直接关系到公司的品牌形象，项目本身不容有任何闪失。
- 时间紧张，婚礼定在一个月后的 3 月 20 日。
- 婚礼举办地点设在印度尼西亚的巴厘岛，涉及境外进口业务。
- 需要花材种类多达 29 种，数量约 50 万枝。
- 最让我头疼的是，整个采购团队只有我一人具体负责。

这是公司第一次涉外进口鲜花业务，也是公司第一次与明星合作婚礼项目，需要鲜花数量之多，准备时间之短，团队人手之少，种种困难，都压在我的身上，顿时让我感觉到"压力山大"。

凭借着多年的花卉采购相关工作经验，我并没有慌张，而是仔细分析了这次项目的情况。项目难度很大，要在短时间内完成好，确实非常困难。不过，做项目就像"过五关、斩六将"，总要一个坎一个坎迈过去，在公司的支持下，最后还是将难题一一攻破。

按需求寻找供应商

我一直认为，要成为一个优秀的采购人员，需要遵循最基本的 5R 原则，也就是在适当的时候以适当的价格从适当的供应商处买回所需适当数量、符合适当的产品质量的物品的活动。为使采购效益最大化，正确的优质供应商是一个好采购必须要有的重要资源。

但在项目开始的时候，我手里并没有婚礼需要的这 29 种花卉的优质供应商资源。好花从哪里来呢？对于当时的时节和资源而言，这不是一个容易解决的问题。"困难很多，但办法更多"，我从来都是一个对解决困难充满自信的人，我的信心不允许想不到办法。

但实际上，我心里非常清楚，不同品类花卉的最佳产地是不一样的，有部分花卉更是季节性产出的花，3 月并不是这些花的花期，而公司 Roseonly 品牌的特色和选材标准要求必须选用世界上最好的花材。我必须找到最好的供应商，去采购最好的花材来为这两位新人营造出婚礼当天温馨、浪漫的环境和氛围。

我仔细盘算手上多年的供应商朋友，却都是厄瓜多尔的农场和出口货代。这是 Roseonly 品牌业务的供应商资源沉淀，当然也是我引以为傲的。

然而项目的要求让我的优势并没有体现出来。我必须有更多的类似的优质供货商，为此，我广泛拓展供应商资源，根据婚礼所需花卉的品种和产地需求，在网上查询、查看历史会晤和邮件等零碎的信息，向婚庆公司与供应商朋友咨询，同时询问当地大使馆，寻找更多的供应商资源，从中选择合适的优质供应商。

在短短的十几天里，我联系了包括中国、厄瓜多尔、荷兰、肯尼亚、新西兰、哥伦比亚、日本以及印度尼西亚等在内的 8 个国家的 39 家供应商，询问了农场、出口货代、进口货代、花卉经销商、大使馆、仓储、物流等，最终选定了 13 家优质供应商，其中有 9 家是这次新接触后认识的朋友。

说到选择正确的供应商，我有很多感触，刚接到任务时，真的感觉好难。3 月 20 日举行婚礼，2 月下旬才确定了项目，预留的时间不到一个月，手里没有资源最让人头痛。我努力克服困难，尝试各种办法，去接触、了解和分析，克服 13 个小时的时差，克服语言与习惯的差异，尽全力规避掉未能当面考察供应商所带来的合作风险，最终，凭借对花卉行业的认知，对采购业务的熟悉和掌握，对朋友的真诚与信任，以及对供应商的准确判断，选定了这些优质供应商。

谈好合同境外预付

找到花材，确定了供应商后，接下来就是付款。因为对于鲜花这个行业，买卖交易的货款都需要 100% 预付，需要公司垫款先将花材买下来，再运到婚礼现场。

这次项目的花卉供应商达 13 家之多，涉及多个国家，其中 9 家是新供应商，我也是第一次和他们打交道，双方并不熟悉，因此，款项预付其实冒着很大的风险。万一花的质量不好，或者配送中出了问题，或者收到款不发货，整个项目就废掉了。

我本着诚信合作的宗旨，克服 13 个小时的时差，与新认识的供应商朋友多次沟通，仔细合计鲜花采切、运输、通关、养护的每一个环节和流程，谈妥了合适的价格，由公司预付款项，下订单完成支付。

虽然是新合同、新朋友、新合作，但给我带来的是境外多国采购新领域的发展，留给我的是新的经历、新的感悟和新的成长。

制订空运计划

花材搞定，款项搞定，物流运输就应提上日程了。

婚礼花材的运输要求极高，要想在新人婚礼的当天，鲜花依然保持完美绽放、毫无瑕疵，需要在很短的时间内，将花材从产地运输到婚礼地点，并得到无微不至的看护，因此，空运是这次项目成功的唯一运输选择。

但同时，我也明白，这里还有更大的难题，那就是航线的协调与到达巴厘岛后花材的养护。

在航线方面，我通过向几个发货国家的货代公司进行咨询，了解到从选定的 4 个国家的花材产出地到巴厘岛，没有现成的航线可供选择，需要对航线临时排列组合。

在仔细查询了所涉及的航线和航班信息之后，我综合了航线时长、出发时间和抵达时间，航空公司的货运价格与服务质量以及中转时长和当地天气状况，选定了 4 条航线，分别是：从厄瓜多尔的基多经迈阿密到香港再到登巴萨，从哥伦比亚的波哥大经迈阿密到台北再到登巴萨，从荷兰的阿姆斯特丹到登巴萨，以及从印度尼西亚的雅加达至登巴萨，并预订了 6 个航班的仓位。

订好了航线，实际运输是最关键的一步。

这里出了一个小状况，现在我还记忆犹新。那是 3 月 15 日的凌晨，在我奔赴巴厘岛前线的路上，转机香港时，收到了农场发货的信息，查看数据发现供应商少发了 4000 枝花材，当时有些迷迷糊糊，并没有太在意。下午到达巴厘岛后，当我再看数据时，竟惊出一身冷汗，竟然少发了 4000 枝花材，缺了这么多，我怎么向两位新人交代？婚礼现场的花艺效果如何实现？我马上与供应商联系补发事宜，并和货代公司确认临时新增航班的可行性，好在克服了种种困难，补发的鲜花终于在 19 日上午抵达了登巴萨，没有耽误婚礼现场的布置。

空运花材的那几天，我特别难熬，心里头的各种担心就像百爪挠心一般。也几乎在项目实施的一个月内，我从未在凌晨 3 点前休息过，无数次与 8 个国家的 39 家供应商进行沟通。轮番轰炸般的沟通让我有些疲惫不堪，看到鲜花数据时发现问题竟然没有加以注意，直到再次查验时才骤然醒悟，好在立即与供应商沟通解决，完美地补救了这次小失误。

事后想起来，我心里涌起浓浓的懊恼，作为一名老采购人，我竟然出了这样的失误，虽然及时做了补救，没有耽误婚礼布置，但着实不容原谅，要不是我在工作中养成了二次查验数据的习惯，一定不会对此重视，那样后果就会不堪设想。我暗暗告诫自己，以后再也不允许出现类似的状况了。

解决通关难题

航线制定好后，离两位新人的婚礼日期也不远了。接下来就是要打通印度尼西亚海关这个难题，确保花材顺利入境。鉴于之前的工作经验，我不了解印度尼西亚的海关和税收政策，不熟悉当地海关的工作习惯，我选定的进口货代在巴厘岛也没有通关经验，这些都是摆在我面前的难题。

该怎么办呢？我有些犯愁，更有点儿不知所措，但是项目必须一点一点地推进，难关必须一个一个地闯，鲜花还要一批一批地运进。

我找到了大使馆，向熟悉印度尼西亚海关的朋友仔细咨询，几乎是事无巨细。渐渐地，我了解了印度尼西亚鲜花进口的相关法律法规，熟悉了印度尼西亚海关的工作流程和工作习惯，确认了海关的税收项目和比例，对风险规避及预防补救措施也有了一定的心理准备。在预付了税款之后，我就和货代在机场等待运输鲜花的航班，为花材办理通关手续。

在婚礼前的几天里，我按照飞机时刻表准时蹲守在登巴萨的机场，等待着每一批花材的到达。我几乎像爆发了的"小宇宙"一般，手机保持 24 小时开机，随时通过电话和网络与国内外保持沟通。

　　然而此时，小状况再一次发生了，这次是海关检疫。分批次运来的鲜花，被印度尼西亚海关查出鲜花携带着农作物常见的病菌，海关顿时不再放行。如果海关对此要做文章，我们很可能会被扣上"生物入侵"的帽子，这急坏了在机场外蹲守的我。

　　我立即和货代一起与海关工作人员进行沟通协调，说明花材的来源，介绍鲜切花类产品的特性，解释这些花卉的用途。经过反反复复的沟通后，我与海关达成一致的意见，即这些鲜花先进口，存储在特定的区域，并要通过紫外线杀菌处理，在婚礼结束后由印度尼西亚海关负责集中销毁。

　　其实，我理解并赞成印度尼西亚海关方面的做法，花材的用途是装点婚礼现场，婚礼结束后，花材在太阳的暴晒下已几近枯萎，此时就可以随意处置，携带病菌的花材由印度尼西亚海关方面集中销毁，自然是再好不过了。

　　小状况虽然让人有些着急，但也得到了很好的解决，并没有影响到通关进度。这虽然只是花材运输中的一个小插曲，但也考验着我们采购者对于突发事件的应急处理和协调能力。

接货并养护花材

　　前面说过，婚期已近，所有花材都已被运到巴厘岛。19日补发的那4000枝花卉也顺利到达。但是在这之前，18日已经有不少鲜花"乘坐"航班来到了巴厘岛，准备完美地装扮新人的神圣婚礼。

　　这些18日已到达的花材，距离19日下午装扮会场，还有近一天的时间，那么，该怎么养护，才能让这些鲜花在20日当天以最美的姿态绽放呢？

　　为此，我按照采购计划，提前租用了当地的冷库，聘请当地冷库工作人员，在鲜花到货后立即切枝养护，并将它们存储在特定的湿度与温度条件下，使用冷链物流车配送。我仔细地进行着每一个程序，不放过每一个小细节，期待着它们最终的完美呈现。

团队人手不足

　　其实，这么大数量的境外多国采购项目，商业影响也很大，给了我很大的压力。其中，团队人手缺乏是个大难题。坦白地说，公司2月确定项目时，采购团队本身正处于更替期，人手本就不够，再加上涉及多国海外采购业务，能接手这个项目的就只有我了。

特别值得一提的是，这是公司首次与影视明星合作婚礼项目，婚礼当天，国内外的众多媒体都将目光集中到两位新人的身上，如若合作得好，公司和品牌的知名度、影响力将大大提升，相反，一旦有丝毫不妥，品牌的口碑会即刻跌落千丈。

"机遇与挑战并存，收获与压力共在"，临危受命的我，肩上的担子比以往任何时候都要重，这一刻，我没有选择，不能退缩，必须迎难而上，积极应对。我只有将采购业务做到极致，严格按照流程做事，在每一个细枝末节处都下足功夫，前期做好大量的信息搜集和比较工作，凭借多年经验的积累，拓展供应商资源，把控采购流程，谈判确定合适的价格，做好每一枝花材的采购。

正所谓，功夫不负有心人，这次的海外进口采购项目获得了圆满成功。3月20日，当刘诗诗与吴奇隆踏上甜蜜的人生旅程时，Roseonly的鲜花也完美呈现出了婚礼现场的温馨与浪漫，以白色为主色调，淡蓝、浅粉、嫩黄点缀其中，29种花材、50万枝鲜花争相绽放于蓝天碧水间，呈现出婚礼的圣洁与美好，祝福着彼时幸福的两位新人。

当然，这项采购也带来了很好的商业价值，婚礼当天全国媒体争相报道，品牌热点及广告效应达到极致，品牌推广也达到空前高峰。在随后的一段时间内，公司产品销量猛增，掀起了一波销售高峰。

项目特点

1. 项目本身属于事件性大型活动类采购，对最终的视觉效果要求高，但没有具体的量化指标，需要尽最大可能保障鲜花的鲜活度。

2. 项目周期短，物料需求品类多，数量大，而且项目需求迟迟未能最终确认，但项目日程没有任何可以延迟的空间。

3. 供应商资源极度匮乏，项目的采购工作量大，工作所需覆盖的领域和环节多，要做得面面俱到。

4. 远程线上沟通协调多，跨时区沟通效率低，事项落地实施难度大。

经验总结

◆ 项目按时完成，严格按照工作计划和业务流程开展推进。

◆ 新老供应商配合积极有效，彼此相互信任、支持，在业务方面非常专业，为着共同的目标一起克服困难。

◆ 通关过程比较顺利，物流存储给力，花材的保鲜达到了预期效果。

◆ 实际采购费用被控制在预算之内。

◆ 制定多项备案措施，对每个环节可能出现的风险进行预防和规避并制订补救计划。比如，用多个花材2替代一个花材1；选用现有供应商推荐的新供应商以降低合作风险；航班计划至少提前一天到达；付款上选择代付、压付、现金的方式；寻求使馆协助；大事小情事必躬亲。

◆ 思路清晰、逻辑严谨、沟通高效、科学有效的工作方法和积极向上的心态是完成高难度项目的内在保障。

虽然对整个全球花卉行业的了解还不够深入，尤其体现在对供应商资源的把控方面，但经过这次历练，对自己各方面能力和经验的提升都有很大的帮助。以后再有类似项目，无论从哪个国家做进口采购都不会再成为一个问题了。

【点评1】

1. 这是一场战术的胜利。

本案例开篇第一句话"线下项目能否成功，核心在于项目所需物料的供应"让我这个非采购专业人士直接就不以为然。确实，看完全文，依据我的人生阅历与经验判断，如果把整个项目比喻成是实现公司战略的一场关键战役的话，这位采购专业人士介绍的只不过是一场重大战役中局部战术的成功，可能花的力气与时间占比很大，可取胜的关键绝对不在于采购。上网看了看 Roseonly 的一些资料，发现公司能够拿下这么一场有影响力的婚礼鲜花项目首先源于其独特的产品与服务定位："Trust Roseonly, trust love"的品牌情感定位，配套推行的玫瑰定制"一生只送一人"的规则，精选匹配定位且适合商业化运作的玫瑰来源（Roseonly 的玫瑰主要源于南美厄瓜多尔产区、法国高加索产区以及叙利亚产区。三大产区乃是全世界顶级玫瑰的"摇篮"。尤其厄瓜多尔玫瑰产区坐落在安第斯山海拔 3000 多米的高处，位于赤道地区，海拔又高，加之阳光充足，火山土壤肥沃，玫瑰找到了最好的生长环境。与商业更匹配的是，在这里的玫瑰可以全年供给）。运营 Roseonly 品牌的企业 2012 年才成立，Roseonly 号称诞生于 2013 年 1 月 4 日，寓意"爱你一生一世"，提出"一生只送一人"的理念，当月获得乐百氏创始人何伯权、《创业家》杂志社社长牛文文、时尚传媒集团总裁刘江等多家投资方的天使投资。对于玫瑰这类情感类产品，品牌定位与营销才是拿下这类诗情画意项目的关键，这个项目虽然在采购实施上面确实有一定的难度，但也只是一场战术的胜利而已。当然，我们应该鼓励干一行爱一行的自尊、自信行为，不过老板分钱的时候可别闹小情绪。

2. 采购人员要知道在哪里能买到合适的货。

作为一位合格的专业采购人员，主人公虽然强调了难度，但可以看出他解决问题的自信，事实也证明他很快找好了供应商，领导敢于交给他独立负责这个项目也不是瞎指挥。

3. 责任心与严谨仔细。

需要理由吗？不需要！

4. 要善于借势整合资源。

我要恭喜这位采购达人，领导给了他这么好的一个机会！且不谈不经历风雨怎么见彩虹这类成长故事，这是多么好的一个借势成就项目同时成就自我的机会。这也让我想起了《致加西亚的信》这本书里面的罗文上校，创造条件执行好领导交办的任务这是一个合格职业人应该做的事，做大事更要善于借势。比如巴厘岛官方肯定对于成功举办这场婚礼颇有期待（促进旅游业），各路玫瑰供应商也愿意借势（可以给客户吹嘘这场盛会玫瑰是我产的），我相信一个合格的采购执行项目经理应该会在借势处理各种问题的同时顺便建立好自己的人脉资源。这里我倒是要替公司操心一下，是否有好的 SCM（供应链管理）信息系统把工作中产生的资源固化为公司资源而非个人独享。

周国来

北大纵横咨询集团高级副总裁、第八事业部总经理

【点评2】

我们也曾经有类似的经历，我认为这种经历是一种宝贵的财富，有过这样经历的采购员，今后遇到再困难的任务，也会显得那么从容和淡定，自信将会伴随他的一生。

这个案例有很多值得我们借鉴的地方，从需求到供应资源分析，从业务流程到物流运输规划等，无不体现采购员的敬业和执着。其成败的关键我觉得有以下几点。

其一，项目周期短，要和时间赛跑，并且要能跑得赢。我们在日常工作中的采购交付环节，最关注的是交付及时率。供应商承诺的交期达不到，生产或项目关键节点延后，这是我们采购人最不乐意看到的，却又是经常发生的，让人甚为苦恼。但对于案例中提到的这种采购，如果我们在规定的时间内不能完成任务，那就会让新人的婚礼现场有缺憾，或者更改最佳

婚期。一些对于时间有要求的采购任务，能跑得过时间才是最重要的，否则采购来的都是库存或呆滞。

其二，供应资源分析，寻求外包代理。这个项目属于创意采购，没有指定的规格要求，采购人员根据这个特点进行了供应资源分析和评估，并采用供应商的供应商，也就是我们所说的外包代理采购，最大程度地获取各地及全球供应商的资源，包括花卉供应商、航空运输冷链、当地进出口等。这是这个项目成功的关键之一。在高速发展的民营企业中，有时候采购人员会突然接到非常多的需求，各种类型的物料，既没有供应商，也没有价格，更不知道交期怎么样，他们一下子就蒙了，这该怎么办？以往的经历表明，不管我们思考多少遍和讨论多少回，都要回归到需求分析、品类–供应资源分析、成本分析等，其中代理采购也是能快速解决问题的途径。

其三，采用项目管理，精心策划，有序控制和协同，同时考虑异常处理的方式是保障此项目采购成功的另一个关键因素。此案例对于刘杨森来说，可以说是一项挑战，他借用项目管理的方法，通过需求定义、供应资源分析、采购订单及付款、进口与关务、运输和冷链、养护、异常处理等不同阶段的子流程，做事有序，考虑周全，进行各方面的协同，实现了一个月完成采购任务。在项目采购过程中，比如筹建一家新工厂，各种基建、设备、物料采购更是如此，制订合理、周全的项目计划，有条不紊地推进每一个环节，与各个部门协同合作，才能保障项目采购的成功。

这个案例也有我们要改善的一面，比如我们在采购工作生涯中，除了交付要及时，成本须满足，质量更要有保证，要达成这些指标，我们既要会进行供应市场分析、懂成本，也要会谈判，必须能规避各种合同风险，才能应对各种各样的采购任务。此外，我们还要有一颗能克服困难的心。

梁光取
阳光电源股份有限公司采购总监

【点评 3】

能力在项目中展示

这个案例容易吸引眼球之处是它的顾客与背景，一对明星的婚礼用花采购。作者在整个采购过程中的所作所为是值得我们学习的。他在不到一个月的时间里，完成了寻源、询价、预付款、组运、通关、接收与储存等多个采购供应链的环节，采购了 29 个品种、50 万枝鲜花。最后，按时、按质、按预算完成了任务，为企业取得了良好的市场与经济效益。

在采购项目中，采购员的个人能力起着至关重要的作用。本案例的作者将自己的能力发挥到了极致，他充分利用了人和，通过各种关系与途径，找到并落实了供应商，特别是有 70% 是新供应商。他精心策划了物流，在 8 个国家的 39 家供应商之间，做了无数次的沟通，组织 4 条航线，经过 8 个国家与地区，让物料按时达到了目的地。他学习了当地海关政策，运用了花卉保存知识，让鲜花顺利通关并得以保存。他还做了应急预案，遇到问题反应迅速。本案例展示了作者在这个项目中良好的职业道德和业务素质。

颜家平

中国物流学会理事

中国物流与采购联合会采购委专家

中国采购商学院专家

讨论与思考

○ 讨论本案例在执行过程中，有可能会出现的风险和问题。

○ 如何做好时间紧、任务急的项目采购？

TOP PURCHASER
IN CHINA

推动集中采购，实现闭环管理

（2016 年三等奖　李霞　上海宝冶）

推荐语
TOP PURCHASER IN CHINA

集中采购，是集团化管理的必修课。

如何发挥集团化采购优势，如何控制分散采购的风险，每个领导者都在对此思考。

国资委对下属企业提出要求，三年内集中采购管理要达标。成长型的民营企业集团的管理者也在对此进行思考。集中采购是成长型的中国企业面临的一个重要课题。

我操刀过很多集中采购的项目，知道集中采购有很多难点。完全集中，"死了"；完全分散，乱了；部分集中部分分散，那集中什么，分散什么，从哪里入手，这里面很多地方需要拿捏，说起来容易做起来很难。

如何解决这些困境，我用一句话总结就是，要把"集中采购"和"集中采购管理"分开。什么意思？就是要把它当作两件事来抓，顺着这个思路，很多企业找到了答案。

宫迅伟

我的微信订阅号　　　我的个人微信

我 2009 年硕士毕业后，就进入上海宝冶集团有限公司采购中心工作，一开始是最基层的采购工程师，通过 5 年的学习和努力，截至目前已在采购主管的岗位上工作了 3 年。

工作 8 年来，我一直在采购系统工作，对公司采购平台体系搭建、采购和供应管理制度的建立和培训、合同管理（FIDIC 条款）、招投标和供应商管理、QHSE 管理体系等比较熟悉，也了解采购的信息化管理，包括采购电子商务平台的运行模式和 ERP 供应链系统操作方法。其间，我还考取了造价员、材料员、内审员、中级经济师等资格证书，有采购实战经验，也具有比较丰富的管理经验。我曾被评为 2017 年集团总部优秀党员、2015 年集团公司优秀党员、2013 年集团总部双文明建设先进个人、2012 年集团总部优秀党员。

关于采购，我的体会是采购不好做，做好采购就更有挑战，这完全是一份内外兼修的活儿。

于内，你必须持续更新自己的知识，不仅要熟练掌握自己干的活儿，还要熟悉跟你相关的其他人的活儿，这样才能有"话语权"，保证有效沟通，才能让人觉得搞采购的不是只会花钱的主儿。

于外，你的言谈举止不仅仅代表公司，更代表自己的品牌形象，个人品牌是铁饭碗，维护得好，不做采购了甚至还会变成金饭碗。所以，有一句话能够形象地描述采购工作，那就是："勿以善小而不为，勿以恶小而为之。"

从外部监察到自我反思

采购，顾名思义，就是购买，即如何以合适的价格买到需要的东西。显然，大家都在关心如何买，没有人关心买完该怎么办？但是，采购作为国企尤其是央企万众瞩目的岗位，大家都在关注怎么买，买的过程是否合规，价格是否合理。事前预防和事中控制都是正常措施，那么，事后反思是否更有利于后面的成长？

2012 年，是我进入宝冶集团的第三年，那一年的冬天，习近平总书记主持召开了十八届中共中央政治局会议，审议通过了《十八届中央政治局关于改进工作作风、密切联系群众的八项规定》。此后，以央企为首的各大国企开展了各项自查活动，我们也不例外。

在多次自我检查后，我们发现，监察审计部门关心的都是买的依据、给谁买、买的平台、是否公开透明、采购模式、是否为集中招标、采购过程，以及中标企业的原因等。但是没有人对项目集中采购之后的物资使用及回收进行关注，更没有人对此进行深入研究，包括监察和审计部门也是这样。

不仅是外部监察部门，我们集团内部也是如此：

项目经理关心的是**安全第一，质量第一，进度第一**。

预算经理关心的是**图纸看好，数量算好，钱袋看好**。

采购经理关心的是**谈好价格，签好合同，如何执行好**等。

大家各司其职，但是项目管理最终还是以钱计算得失，物资被采购回来，用了多少成本，有多少产出，创造了多大的价值，都要体现在钱上。

宝冶集团是一家央企性质的建筑集团，其所有的管理工作都是围绕项目进行的，而项目的成本大头无非就是分包成本和材料设备成本，随后自然而然就要谈起"大采购"。工程、服务和物资采购早已成为项目管理关注的焦点工作。

在采购价格逐渐透明的市场现状下，我们采购人不仅仅要具备采购谈判能力，还要关注影响项目盈亏的另一个关键点——数量，而这也是供应链后端管理最容易忽视的因素。不要觉得那是计划人该干的活儿，采购人谈数量是很有必要的，预算量、出库量、入库量、耗损量、结算量，这些都是能够反映项目运行实际情况的指标，都是值得我们关注和深挖的数据。

但是，我们经过对集团项目报表的自查，发现很多项目的材料消耗情况很不理想，有的项目因为材料管理失控造成了严重的亏损，一直被弱化的岗位职能开始站在风口浪尖上。传统的收发存管理已经失去了控本增效的价值，材料员如果还不转型，牺牲的不仅仅是自己的职业竞争力，更多的是对项目效益赤裸裸的不负责任。价控，从始至终是重点，而量控，必须从幕后转移到台前，成为重点中的重点。量价双控，保四方安稳。

也就是说，要是能够根据项目数据及使用情况的收集、分析和考核，设计出合理的计算方法并加以推广，能够达到集中采购项目的闭环管理，实现控本增效，那该有多好呀！

建立模型，用"大碗思想"闭合分析

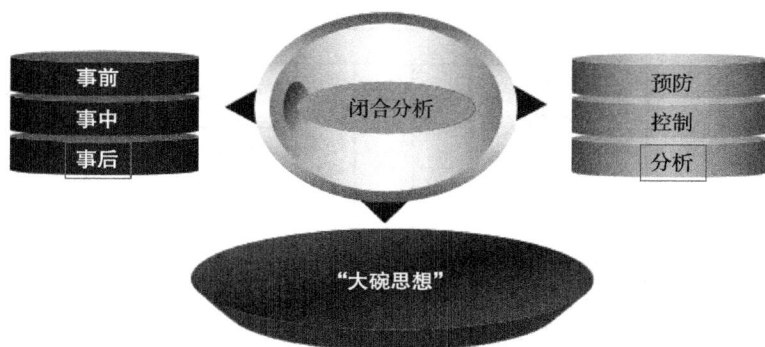

"知错能改善莫大焉。"在意识到这个问题之后，我就与同事开始搜集从2012 年之后集团所有的集中采购项目的相关资料和数据，秉承**"大碗思想"**的闭合分析理论，按照集中采购项目成本的控制进行**事前预防、事中控制、事后分析**的思路，根据 EXCEL 表格收集数据、进行逻辑分析、总结得失的流程、步骤进行研究和探讨。

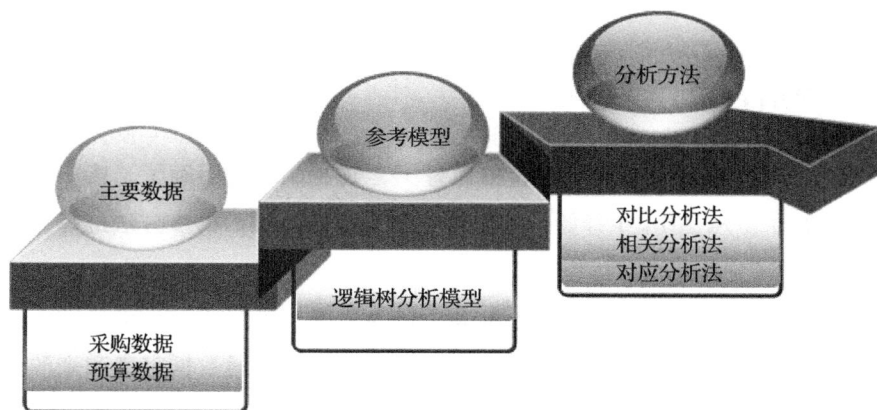

我们搜集的数据主要来自采购数据和预算数据，并建立了逻辑树分析模型，采用对比分析法、相关分析法和对应分析法三种分析方法，**针对业主供材料、公司集中采购工程实体用材料、项目部自购工程实体用材料这三项内容**，对集团各个部门间协作的实际入库量、实际出库量、实际库存量、废旧物资处置量、实际损耗量以及施工预算控制量、业主结算量、理论分包结算量、实际分包结算量、分包超领量、理论损耗量等多个数据进行分析和总结，形成**已完工程项**

目主要材料管理闭合分析表。

已完工程项目主要材料管理闭合分析表

项目名称：								单位名称：						
序号	材料名称	计量单位	施工预算控制量	实际入库量	实际出库量	实际库存量	废旧物资处置量	损耗率		图纸量	业主结算量	分包结算量	分包超领用量
								实际损耗率	理论损耗率				
			1	2	3	4	5	6	7	8	9	10	11
一	业主供材料												
二	公司集中采购工程实体用材料												
举例	钢筋	吨	969	1 000	980	20	10	3%	2%	950	970	940	11
三	项目部自购工程实体用材料												

项目部负责人：　　　　　　　预算部门：　　　　　　　物资管理部门：

再从这个表格中去看采购项目材料的使用情况，并了解已完成项目的材料管理情况，有助于我们对采购后的材料进行有效管理。

项目结束后再来"三步走"

理论分析模型建立起来了，表格做好了，研究原理也明确了，接下来就是真正的执行了。从 2014 年开始，我们就逐渐地按照这样的初步方法进行总结和研究。

首先，我的同事随时跟进集团各大项目的进展，等到某一个项目结束，进入绩效考核阶段时，就立即去找项目采购经理，与他沟通数据定义和来源。在我们限定的期限内，收集表格中需要的 11 个分析数据，根据 ERP 供应链系统和电子商务平台对数据进行真假辨识。

然后，通过各数据间应有的逻辑关系分析项目材料管理的关注点。

最后，根据分析的结果，围绕"量"的话题来谈钱，找一找项目物资管理的亮点在哪里？问题在哪里？今后管理的注意点在哪里？因为我们的 PDCA 循环需要用数据说话。

这就是我们进行项目管理的步骤和流程，看起来简单，实际上却费时费力，更有很多难点需要突破。不必说对项目进展的跟进，不必说与各项目采购经理的多次反复沟通，更不必说对数据进行真假辨识，单就对 11 项数据的收集，就非常困难。

我们知道，数据需要统计才能得出。项目进行时，大家都在专注于项目本身，对于材料的预算、使用和最后统计，都需要大量的时间与精力进行。很多时候，项目结束时，负责人和具体执行的同事都已经累瘫了，很难在短时间内统计出精确的数据，甚至有的时候还需要我们自己上手进行统计，确实有些难度。

实际操作试运行初见成效

从 2014 年到现在，我们已经对多个包括集团项目部、分公司在内的大型项目进行了这样的分析。

比如，集团某已完项目就是按照"2–3–10–6"的思路分析的。

- 2 代表的是采购部门和预算部门紧密合作。
- 3 指的是无业主供料、无集中采购、项目部自购。
- 10 是说 10 个基础数据收集完整。
- 6 是指 6 项材料结算处于盈利状态，3 项材料结算处于亏损状态，14 项材料结算处于持平状态，7 项材料"超预算采购、分包超领料、损耗未完全受控"。

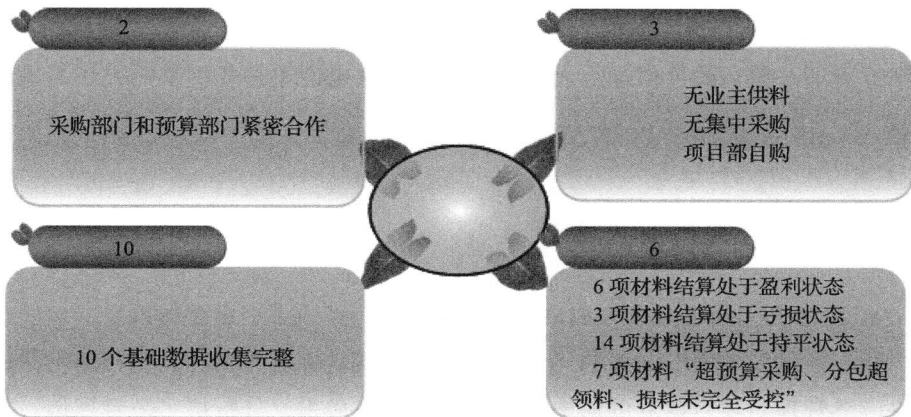

对上述"2-3-10-6"再次进行数据分析，我们发现该项目材料管理情况为：

- 钢筋、混凝土、砂浆、砖、挤塑板、瓷砖存在"超耗"情况，按照当期采购平均单价计算，该6项材料超耗金额合计57万元。

- 钢筋、混凝土、砂浆、砖、踢脚线、瓷砖存在"超领"，按照当期采购平均单价计算，该6项材料超领金额合计50万元。

- 人造石、地板、踢脚线结算亏损，按照当期采购平均单价计算，该3项材料亏损1.6万元；废钢处置数量13.75吨，按照当期单价1200元/吨计算，处置收入约1.7万元。

一个实例曾告诉我们，**结算盈利的，材料管理不一定是好的；结算亏损的，材料管理未必不好**。所谓"一白遮百丑"，项目赚钱了，就没有人再会关注细节管理，但是一旦亏本了，首当其冲的就是材料管理。

因此，我们得出一个道理：只有材料先买得好，后面管理得好，降本增效的空间才更大，这也是要靠管理来实现的。

此外，某分公司通过对各工程项目的主要材料进行闭合检查分析也发现了一些问题。比如，本该分包承担的费用，却由公司买单；或者，因项目材料管理不善，导致材料成本增加等。然后，又通过对工程余废料清查盘点，为公司堵住了管理漏洞，创造了效益。2015年，该分公司通过《分包应扣款登记台账》统计出的分包应扣款高达151万元，通过《物资盘点表》盘点出来的工程余废料价值274万元。

通过比较，我们看得很清楚，闭合检查分析能够从数据上发现很多问题。"不积跬步无以至千里，不积小流无以成江海"，如果全集团公司都加强量控，深化细节管理，创造的价值远远大于价格本身，这也许才是我们采购人该考虑的问题。

几个小数字带来可喜大变化

从2014年对集团几个大项目进行试运行后，产生了一定的效果。

我们通过多个表格，对11个数据之间的逻辑关系仔细分析，得出材料采购和供应链管理对项目盈利的影响力，夯实了项目成本，分析出了盈亏原因，倒逼项目绩效考核。

在我看来，这个分析方法本来是想利用倒逼机制观察项目材料管理，然后举一反三，用事实警示后续项目管理应该注意和必须注意的地方。但可喜的是，运行两年多来，我还发现了另一个好处，那就是工程项目实施阶段同样可以用这个方法判断得和失，事中控制也因此挽回了很多材料超采、超领、超耗、结算滞后或错误等一系列可能会引起的损失。

废旧物资处置量是审计、监察部门长期重点关注的数据，将这些敏感数字搬到决策者的眼前，它们虽然是干巴巴的数字，但给我们呈现了活生生的案例。这些巨大的变化，让我们集团项目的过程管理更上一层楼。

我没想到，这个闭合分析工作从想法到执行也就是一个表格的事，但是带来了这么多的好处，而且还激发了采购和计划两个部门的通力配合，这两个部门再也不像以前似的，各管各的事，而是团结协作，共同努力，在集团内营造出一个温暖和谐的文化氛围，这是最令我惊喜和感动的。

后来，这种方法一直受到公司领导的关注，成为每次材料系统大例会时必提的工作之一，也是中冶集团 2015 年表彰大会上高度认可的一项管理工作，得到了中冶集团领导的高度赞扬并在兄弟单位间引起一股学习热潮。

经验总结

◆ 从"不关己事高高挂起"到强烈的主人翁意识。

在闭合分析之前，项目采购人只管好自己的一亩三分地，根本不关心计划人的预算体系，也不管项目执行中的弯弯绕绕，反正项目结束后，采购人就撤了，管好管坏与自己无关；在闭合分析之后，采购人员介入计划与执行的过程中，熟悉工程项目材料的相关程序，对预算量、消耗量都有了管控意识和能力，并在分析过程中及时发现成本问题并提出纠正措施，确保成本耗费降到最低，提升盈利。

◆ 小表格带来大效益。

一个简单的表格，带来如此大的变化，可谓"以小见大"。它不仅对我们集团而言带来了较大的变化，对其他企业来说，也容易推广。简单的 EXCEL 表格，针对项目材料管理人员，在建筑企业采购人员水平参差不齐的大环境下，这样简单的表格更容易被理解和推广。对于收集来的数据，根据材料管理环节进行逻辑分析，不需要运用高等数学，采购人员会加减和大小比较就可以做到。

◆ **适用范围可提前至项目过程阶段。**

目前，我们仅仅分析的是已完项目，虽然与项目绩效挂钩，但是因材料管理不当造成的损失已成定局，分析的意义就不太明显，存在一定的局限性。这就需要将分析提前到工程项目的前期，在预算和采购阶段就进行这样的分析，或许可以提前预知某些问题，避免管理失控，以产生更好的效果。

【点评 1】

从案例的行文内容可以看到，应该是一位女士主持的项目，字里行间充满了细腻的思考和精致的设计，从小处着手，试图解决工程建设材料的使用剩余问题，是非常好的管理实践。案例所用的过程追溯方法多被用于项目结束之后的管理和反思，事后控制的场景居多，但就像作者提及的一样，这样的管理方法，首先不仅应该从采购的角度思考和衡量，而应该从材料管理的整体角度考虑；其次是应该应用于项目管理的全过程，而不仅仅是事后的分析和回顾。

第一，案例本身所涉及的范围是项目结束后的材料使用回顾和余废料分析，指向的管理目标是压缩项目建设材料超采，控制开发过程中的材料使用，降低项目开发成本。但从材料管理的角度整体考量，项目建设过程中的超领、项目规划设计和预算过程中的过量估计，给项目建设材料管理带来的影响会更大。从这个角度说，解决材料管理的问题，应该从源头抓起，从设计和预算的环节就加大力度，将项目造价的估算做到更加精细，在项目建设过程中，严格控制材料的超领，这样更加能够将材料管理做到更精细化的程度，采购也就随之更加准确和到位。当然，事后的分析能够促进项目更加精准地进行预算设计，提示项目管理过程中的材料浪费，绝不是无用之功。如果能够从项目整体管理的角度，结合预算、计划、采购、过程控制和事后分析，建立完整的项目材料管理模式，就能够更加精细地解决建设项目材料采购的精准和材料使用的合理问题。

　　第二，材料使用状况的实时统计和分析，适用范围应该提前至开始阶段，这是案例作者也意识到的问题。事后的分析可以得出结论说项目材料的使用失控或者材料的采购不精准，如果项目建设过程中就已经采用了相对精细的管理，就更加能够避免不利后果的产生。案例中反复提及，一个小小的管理工具、一个 EXCEL 表格就带来了很大的变化，应该说，不是表格本身在起作用，而是管理思路和管理方法的变化在起作用，表格仅仅是管理思想的具象化体现。同样的管理思路，应该应用于项目管理的全过程中，只是管理思想所具象化的管理工具各不相同。由此可以说，全过程的闭环管理不拘于某一个具体的管理工具，在同一管理思路的指引下，各有表现就好。

　　案例所述内容是采购团队对采购对象使用状况的跟踪统计和评估，并将评估结果反馈给项目建设管理团队的事后控制活动，这个管理举动将材料管理活动完善为一个完整的管理闭环，从而达到降低超采控制成本的目的。不是大的管理创新，却是了不起的管理实践。

丁磊

北大纵横管理咨询集团高级合伙人

【点评 2】

　　可以看出案例作者有一种立足本职、主动思考、主动钻研的职业态度，确切地说，作者能够从整个项目管理的全局来看问题，而不仅仅只是解决精准采购的问题，"重一事而谋全局"是作为一名采购管理者最难能可贵的。另外，作者在采购实践中成功运用闭环分析，从原来的单一价控，到量价齐控，以点带面完善管理，成功为公司创造效益。这种分析的方法和工具，值得我们学习借鉴。

　　本案例所涉企业为工程建设施工企业，行业性质原因决定了对集中采购的管理方式也会稍有差异。我公司因近几年连续扩张一直在新建厂房基建，期间作为甲方（业主）与施工单位接触较多，也有一些切身感受。作为甲方在合作过程中，对施工单位的采购有几个最深的痛点：

1.在前期投标阶段，乙方的采购对施工材料的价格变化缺少预见性。大多数施工单位并未建立材料价格十年数据库，因中标与实际施工周期间隔时间较长，在施工过程中因材料价格波动为施工方带来很大的亏损风险，也影响到施工质量和进度。

2.施工方采购的响应速度滞后，特别是工程签证追加项目的采购实施和审批流程长，如工程施工过程中，临时图纸变更，有时一点简单的常规材料都得等待几天方可进场，常常因施工方材料未及时采购到位影响整个施工进度。

3.施工方的采购参与项目太少，对项目了解和现状情况不熟悉，采购与预算、施工等各环节脱节，各干各的，未有效形成闭环同步响应，运行信息不对称、效率低下，因此也是业主方的抱怨点之一。

对于这些痛点，本案例已有触及，那么从甲方的角度出发，更希望建设施工单位的集中采购和集团化管理能采纳如下构思建议：

1.集中采购。

（1）思路策略："抓大放小"，集团只负责主材料、大宗材料、常用材料、用量相对稳定的材料，并设定采购金额阀值，除此以外的，则分散授权由分公司和项目采购人员直接负责。

（2）权职划分：集团采购只负责招标、选定供应商、约定价格、签订合同。后期的执行、订单、交付、验收、结算和售后，均由对应的项目部或分公司采购负责。

2.集中采购管理。

（1）建立采购价格数据库模型，专人分析预测。

（2）运用闭环分析手段，分析、总结、优化、改进。

（3）建立采购成本与项目效益捆绑考核与激励机制。

工程建筑企业的采购有项目急、品种多、价格变化因素多等特性，其集中采购与管理总结为一句话：有所为有所不为。

尹邦久
中饮食品股份有限公司采购总监

【点评 3】

从本案例中可以看出，此采购人从"小采购"到"大采购"得到了质的升华，这是一种采购人主人翁意识的观念升级。小采购是你要什么我给你买什么，至于你的要求合理不合理，数量正确不正确，用在什么地方，有没有浪费，这不关我的事。大采购是从管理需求开始，需求是否合理，供应商选择是否合适，有没有更好的成本解决方案，仓储物流是否合理，使用效果怎样，中间过程有没有浪费等，这些都是大采购所要关注的问题，最后形成整个闭环。

在案例中，作者阐述了好几种方法论在采购实践中的运用，非常具有借鉴意义，如作者所提及的"大碗思想"的闭合分析理论，按照事前预防、事中控制、事后分析的思路，进行数据收集、建立模型、逻辑分析、总结得失和进行研讨等。大部分采购人都比较忙碌，很多时候我们就是缺少对作者文中所提及的这些方法论的实际运用，因为只有从事前预防、事中控制、事后分析三阶段整体把控，才能做好整个项目闭环的有效管理。

本案例提出从数据收集开始，建立逻辑树分析模型，采用对比分析法、相关分析法和对应分析法三种分析方法，针对业主供材料、公司集中采购工程实体用材料、项目部自购工程实体用材料这三项内容，对实际入库量、实际出库量、实际库存量、废旧物资处置量、实际损耗量以及施工预算控制量、业主结算量、理论分包结算量、实际分包结算量、分包超领量、理论损耗量等多个数据进行分析和总结，形成已完工程项目主要材料管理闭合分析表。这是个典型的大采购思维，要求采购人具有深入的策略思考能力。大采购更多地关注产品流、信息流和资金流的集成管理，做到闭环。而整个过程的反馈，到底做得好不好，有没有改进的余地，就要靠数据说话，这就是案例中提到的 EXCEL 的"以小见大"。

本案例给我的最大感触是采购人本身管理理念和管理思路的升级，从"不关己事高高挂起"到强烈的主人翁意识的升级，从做好本职工作延伸到整个项目进度的分析和管控的升级，是一个非常具有借鉴意义的管理案例。

王唤

浙江万马奔腾新能源产业集团有限公司供应链总监

浙江万马新能源有限公司常务副总经理

讨论与思考

○ 在供应链管理中，最重要的是什么？

○ 采购部门应该是一个执行部门，还是一个管理部门？为什么？

TOP PURCHASER
IN CHINA

改善废料处理，勿以利小而不为

（2016 年三等奖　蔡凌　菲尼克斯）

推荐语
TOP PURCHASER
IN CHINA

　　有人对这个案例可能不以为然，因为不够"高大上"，其实我挺喜欢这个案例的，因为：

　　1. 任何高大上的事，做起来都是一件件具体的事，拆解开都是一件件小事，只有一件件小事做好了，才能成就高大上的事。

　　2. 对于废料处理，很多企业在管理上存在"盲区"——它没有进入管理者重点关注的视线中。其实这里很多"猫腻"，千万不要忘记，你的废料就是下家的原材料。

　　3. "勿以利小而不为"，切记：采购节省的每一元钱都是利润。

宫迅伟

| 我的微信订阅号 | 我的个人微信 |

在经济新常态下，企业遭遇原材料涨价、需求不足、产能过剩、库存高涨、利润萎缩等一系列问题，所以会越来越重视采购降本。采购降本成了衡量采购人价值的重要指标。采购降本已影响着采购人的工作和思维习惯。这个采购案例源于一个偶然的发现，事情虽小，但意义不小，正如古语所言"勿以善小而不为"。对于采购降本而言，"不积跬步无以至千里，不积小流无以成江海"。

我就职于菲尼克斯（中国）采购管理部，每天早上上班停车的时候，经常看到停车场附近废料存放点有供应商在装运废料，每次都把卡车堆得满满的，但现场并没有我公司工作人员的监督。

在好奇心的驱使下，我在公司内网上查找相关的管理程序文件。查阅后发现，公司对于该业务的管理规范不详，属于管理盲区。

发现供应管理问题

为什么会这样呢？我有些不太了解，经过观察和思考后发现这其中主要有两个因素。

视线盲区：这类物资脏、乱、杂，集中存放于企业的边缘地带，为的是避免影响厂容厂貌，而且对于这部分物资供应商都在非工作时间段进行集中清运，公司管理层很少能看到这类物资。

账目盲区：对于这类物资的处理是供应商付款给企业，但从财务账目上来看，这部分费用会被计入其他收入。而在企业管理中，大家更多地关注于成本。该类物资金额占比太小，因此处理的收入较之庞大的采购金额相比，所占比重很低，往往被忽视。

对于这类生产废料等物资，我们公司是将废料的出售及现场的回收服务打包给供应商，供应商需要每天派人驻场，在公司 4 个生产车间现场、49 个回收点进行及时的回收清理，以保证生产现场的整洁。

那么，整个回收流程具体是怎样的呢？我特地花了一些时间去详细地了解了一下：首先是由生产部门按现场标识的垃圾桶集中分类暂存；然后由回收供应商每天到现场收集可回收物资，按照与公司事先约定好的 8 种类别汇总可回收物资并打包；随后通知公司公共服务部，双方一起到公司地磅处进行过磅称重，由公共服务部开具出门证；再由回收供应商负责转运可回收物资，并按照月度付款的要求向财务部付款，财务部门负责收款，确认到款并做账。

当仔细了解上述情况后，我对业务处理流程进行了梳理，发现流程中的多重管理职能集中于一个部门，存在着管理隐患，主要问题是管理分工职责不清，日常操作缺少监管；管理规范和流程不健全，多年未更新；回收价格多年未重新评估和调整；供应商管理较为松散。

改善废料回收管理

由于生产废料回收业务涉及的部门较多，且主管部门负责人为公司资深经理，另外，供应商也与公司合作长达10多年。是否需要改善？如何改善？如果想要改善，则内外部阻力肯定不小。当时我很纠结，经过与分管领导交流后，得到了领导认可和授权。采购部牵头邀请关联部门核心人员参与，形成项目改善小组。

我们使用鱼骨图分析寻找改善因子，将整个业务所设计的各个环节进行逐个梳理和分析，希望从中发现可以改善的环节，改变业务管理方式。

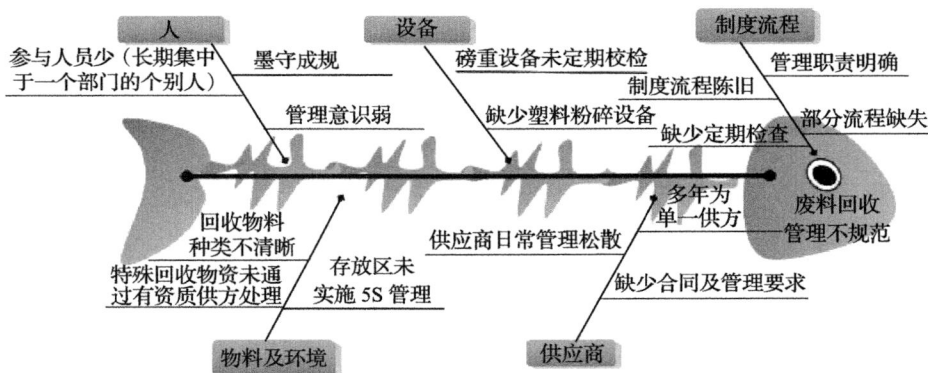

鱼骨图分析找改善因子

第一是人。参与该业务的人员比较少，长期集中于一个部门的个别人，而且他们墨守成规、管理意识比较薄弱。

第二是设备。磅重设备未定期校检，缺少塑料粉碎设备。

第三是制度流程。制度流程陈旧，缺少定期检查，管理职责不够明确，部分流程显然缺失。

第四是物料及环境。回收废弃物料种类不清晰，特殊回收物资未通过有资质供应方处理，存放区没有实施 5S 管理。

第五是供应商日常管理松散。很多年来，为单一供应方，而且缺少合同及管理要求，废料回收管理极为不规范。

通过鱼骨图分析，我们召开项目小组全体会议进行讨论，集思广益，从人机料法环等维度找出所有待改善因子，拟定改善计划。接下来，就是摸清家底，弄清楚我们到底有多少回收物资。在深入现场了解情况、收集样品后，我们将公司该类回收废弃物资分为 3 大类：危化废弃物、电子废弃物和一般性废弃物。根据收集的数据发现一般废弃物种类最多、数量最大，主要是生产边角料，我们决定把这类物资作为本项目重点改善对象。

之前一般性废弃物主要分为：**塑料、灰色回料、透明色回料、杂铜、黄铜、铁屑、废纸、木托盘和废铁**比较简单的 9 类。

回收物料名称	封样图片	回收物料名称	封样图片	回收物料名称	封样图片
铁屑		塑料 7（PE 粉碎料）		产品塑料外壳	
废铁		塑料 6（ABS 粉碎料）		半成品／成品	
黄铜		塑料 5（两种或两种以上的混合料）		废纸箱／废纸盒	
杂铜		塑料 4（PBT 粉碎料）		木托盘	
紫铜		塑料 3（PA 粉碎料）		废油桶	
线缆接头		塑料 2（PC 粉碎料）		铝箔口袋	
		塑料 1（注塑机料头）			

经过项目组收集整理后，将可回收物料进行品类细分，包括铁屑、废铁、黄铜、杂铜、紫铜、线缆接头、塑料 7（PE 粉碎料）、塑料 6（ABS 粉碎料）、塑

料5（两种或两种以上的混合料）、塑料4（PBT粉碎料）、塑料3（PA粉碎料）、塑料2（PC粉碎料）、塑料1（注塑机料头）、产品塑料外壳、半成品/成品、废纸箱/废纸盒、木托盘、废油桶和铝箔口袋等19种。

对于采购管理来讲，物料的分类管理非常重要，之前废料的收集分类主要依赖于供应商，且事先没有约定品类定义和样品，分类后可针对不同的类别采用差异化的管理策略。在本项目中，特殊废料需要通过具备处理资质的供应商进行处理，而对于涉及企业知识产品和信息安全方面的废料，回收时需采取破坏性的措施，有效地维护企业的知识产权和信息安全。

优化废料回收管理流程

在摸清家底后，项目组重点着手对流程进行梳理和完善，把原有流程中过于集中于一个部门的管理职能进行细分和调配，增加采购部对市场调研、供应商评估、开发优质潜在供应商以及组织竞价（拍卖）、评标、议标、定标和签订年度框架协议的管理职能，增加财务部日常监管职能，增加安保部废料出厂前的监管职能。

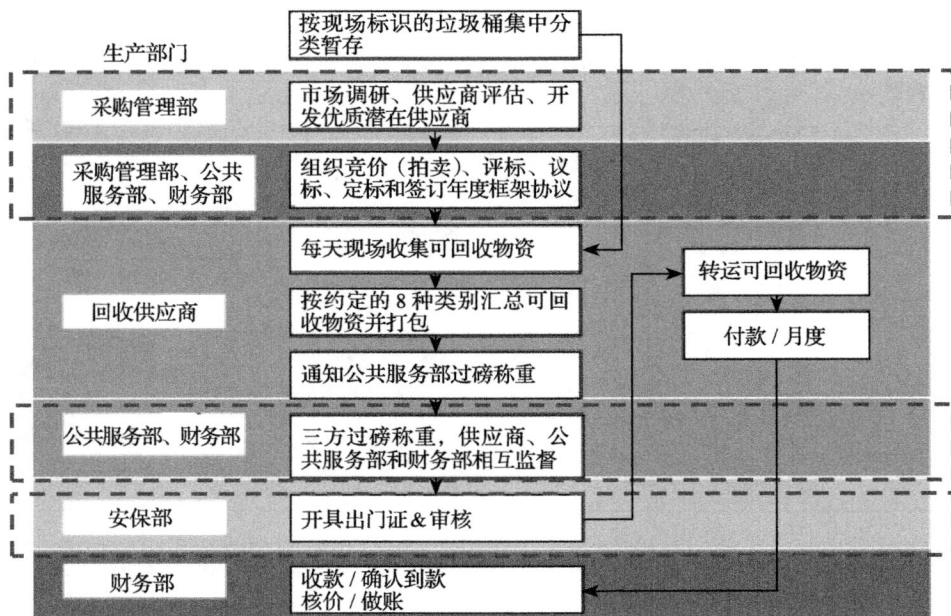

同时，项目组规范了管理制度，细化了管理要求，并将这些规范和要求在公司内网正式发布。

在流程清晰、制度规范的情况下，采购部战略采购（sourcing）人员开展市场调研和行情分析，发现占比较多的铜材、线缆和塑料粒子的回收价格远低于市场价。为打破公司原有价格格局，新供应商的引入迫在眉睫。

但如何引入新供应商？作为采购人可能都有这样的体会，采购找供应商与年轻人找对象很相似，开始都想找高富帅、白富美，但现实很"骨感"，常常不能如愿，所以需知己知彼，调整目标，找到门当户对、适合自己的。

关于供应商管理，我们公司有一整套管理体系，在此因时间原因不再一一详述。本案例的供应商开发、选择和确定方式，简单来说就是：海选＋半决赛＋决赛，即从长名单到短名单再到一家供应商的筛选和确定。

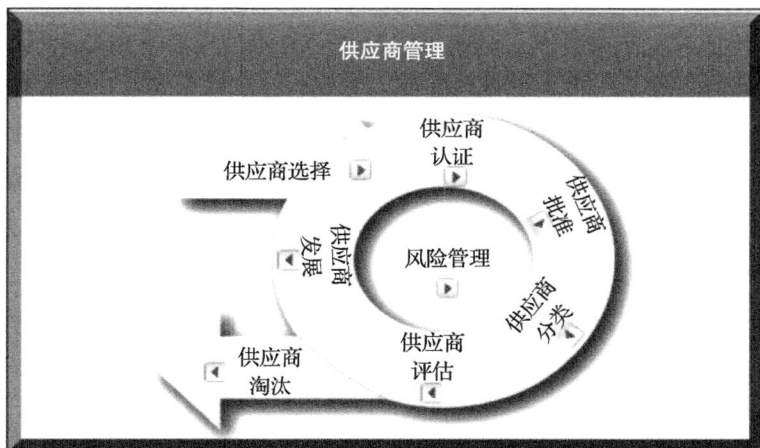

供应商电子竞拍

我们将业务数据和竞拍规则固化在电子采购平台中，让供应商在线竞拍。竞拍过程异常激烈，在历时 45 分钟、83 次竞价角逐后，系统自动产生建议中标结果。

在竞拍过程中，供应商的报价被进行实时排名，供应商在报价后能实时显示自身排名，并可在规定的时间内多次报价，充分竞争。同时存在的隐患是，供应商可以推断出最终自己是否中标，而我们这个项目就经历了一次这样的阵痛。

系统时间： 2016-10-27 14:56:21		状态： 已结束		持续时间：		预算总价： 390910.0	
控制面板	曲线图	暂停信息	最高价&排名	分项排名	历史价对比	强制结束原因	已作废报价
产品	数量	预算单价	南京中企再生资源开发有限公司	南京华新再生资源有限公司	南京环务资源再生科技有限公司	南京菲尼再生资源回收有限公司
废铁	18850千克	0.50	0.5 [↑0]	0.7 [↑0.2]	1 [↑0.5]	1.2 [↑0.7]
塑料7(PE粉梓料)	500千克	1.80	1.6 [↑-0.2]	3 [↑1.2]	5 [↑3.2]	5.05 [↑3.25]

历时 45 分钟，4 家供应商，经过 83 次竞价角逐，最终定标

加工类铜杂头	18775千克	3.80	3 [↑-0.8]	25 [↑21.2]	4 [↑0.2]	6.59 [↑2.79]
紫铜	1200千克	20.00	16 [↑-4]	28 [↑8]	30 [↑10]	33 [↑13]
铁屑	4500千克	0.50	0.3 [↑-0.2]	0.5 [↑0]	1 [↑0.5]	1.1 [↑0.6]
黄铜（夹线块）	1000千克	12.60	12 [↑-0.6]	20 [↑7.4]	22 [↑9.4]	23 [↑10.4]
杂铜（铁和铜的）	2850千克	18.00	3 [↑-15]	11 [↑-7]	20 [↑2]	16 [↑-2]

供应商列表

⊙ 南京中企再生资源开发有限公司[谢风制] 4
178,366.00

⊙ 南京华新再生 1
836,790.00

⊙ 南京环务资源 3
605,850.00

⊙ 南京菲尼再生 2
790,567.25

在线竞拍结束后，竞标结果进入内部审批环节。但在线竞拍结束后，根据排名信息，老供应商推断自己已经失标，就消极抵制，立即中断了生产现场的回收服务并不愿意进行业务交接，而新供应商确定自己中标后开始购置配套实施工具，但需要一定的时间，且新供应商不熟悉公司服务要求、回收路径和频率，导致进场后的 1 周内现场废料成堆，凌乱不堪，员工抱怨，领导施压。

在约谈供应商的过程中，供应商也很配合，改善意愿很强，我们决定帮助新供应商改善上述状况。于是，我们共同商讨改善方案，帮相关人员临时借调回收工具，带着他们实地查看回收点，规划回收路径和回收频率；每天召开例会，总结分析当天的问题，并给出解决方案。

同时，我们每天现场随机抽查措施的实际落实情况，督促供应商持续改善；经过约 2 周时间的共同努力，供应商的回收效率明显提升，服务质量得到现场员工和领导的认可。

废弃物供应管理实施效果

在废弃物改善管理项目实施的 2 个多月中，分管领导给予了项目小组充分的授权，项目成员积极参与，献计献策，克服困难，有序推进，营造了良好的项目合作氛围。在项目实施过程中，大家工作士气很高，虽然辛苦，但很有成就感。

供应商正常运行后，该项目才算正式结束，产生了多个方面的收益。从经济收益来说，给企业带来的经济收益是不言而喻的：

首先，竞拍后的回收金额较原先提升 78%。

其次，通过流程和制度的规范，回收量较以前大幅增长。

从管理收益而言，改善废弃物管理后提高了整个流程的透明度，规范了管理行为和制度，打破了部门之间的壁垒，成功实现跨部门项目合作。

再从社会责任上看，实施回收物资分类管理后，我们严格按照当地环保规定，与有相关资质、受监督的供应商合作，有效履行企业对环境保护的社会责任。

我们将该项目的实施经验开始在公司内进行推广，应用范围不断拓展。我们将可回收废料的管理模式拓展到呆滞库存处理和废旧固定资产处理业务上，实现了公司所有回收物资的采购管理的规范化。

在废料管理上，我们深知本案例的改善仅是一个开始，日后仍有很多方面需持续改善，如生产车间可进一步提升材料利用率和降低产品不良率，从源头上杜绝或降低废料的产生；各类计划可以更贴近客户、更合理一些，规避呆滞物料的产生；可以利用新设备、新工艺循环使用边角料；可以将废料回收服务与收购职能进行分离等。

经验总结：

通过这个项目，我深刻体会到：

◆ 第一，采购人在发现采购降本点并驱动采购降本增收或流程改善时，领导的支持和认可是前提。

◆ 第二，部门间的协同合作是关键，采购作为内部客户的服务部门，需要与关联部门保持良好的沟通与合作，实现资源互补。

◆ 第三，项目实施过程中需要深入现场，实地了解情况，获取真实有效的信息，才能有的放矢，开展行之有效的改善措施。采购管理者不能总是待在办公室，需要多深入现场，因为现场数据最有说服力。

◆ 第四，管理流程和制度的规范是核心，需要把改善后的措施标准化，形成长效的管理机制。

◆ 第五，选择合适的供应商是采购工作的重点，新供应商引入初期，需帮助他们熟悉企业管理要求，做到引进门，扶上马，还要送一程。这样供应商才能更好地为企业提供优质产品和服务。

◆ 第六，项目信息化管理工具是保障，只有可靠的信息化管理工具才能确保业务流程受控、高效透明、信息准确可追溯。

目前，市场上能源、原材料、人工费和物流费都在轮番上涨，采购降本是所有采购人当下最头疼的事，但只要我们从日常的点滴做起，以点及面，采购降本一定能找到方法，采购降本，千万"勿以利小而不为"。

【点评1】

受此案例的启发，作为采购人员，我们需要从中认真思考以下几点，从而对照自身的现状并提升自己的能力：

第一，采购人员的主动性和主人翁精神。大家都知道采购人员一般都是被动地等待指令，得到采购申请后才可能采取下一步的采购动作。作为采购领导有时候也会苦恼于下属工作主动性差的问题，但是该案例中的采购人员能把自己的采购工作提升到主动性的需求管理阶段，从日常大家不注意的小事看出了采购降本的机会，同时也彰显该采购人员的主人翁精神，只要一切降成本的事情不管多小，即使不能明显体现自己的业绩甚至可能会冒做错了要担责任的风险都会义无反顾地去做。因为如果你欠缺上述特性，你就不会从这种司空见惯的成本浪费现象中敏锐地觉察出降低成本的机会。

第二，采购人员的业务能力。有的人可能也像该采购人员一样看到了这种不合理的现象，但不知道如何着手去做，该采购人员却能够主动思考解决方式并且有条理地实施成本降低事宜，尤其是该采购人员针对这些废品和这类供应商的特点能够有效地使用先进的电子竞价方式来确保采购成本的最优化，同时针对该类产品的特点制定了相关电子竞价的具体应对方法，体现了其不俗的业务能力，所以作为采购人员的我们，碰到类似的情况时也需要认真地思考该怎么做，而不是简单地不管三七二十一干完再说。

第三，采购的管理能力。这是需要我们深思的，该采购人员有很好的团队意识，调动相关部门的人员一起来完成该降本任务，同时能够思考从一种废品的不合理流程延展到整个废品的回收流程，同时优化废品回收的流程且把该流程制度规范化，真正体现了采购人员的综合管理能力。

当然，在实施过程中对可能出现的潜在问题估计不足导致一些不好的情况出现，这个也是正常的，但该采购人员面对突发情况能够沉着应对并且能够快速采取应对措施，真正地体现出了采购人员的应变能力，这也提醒所有采购人员在业务实施过程中要提前准备好相应的风险应对方案。

综上所述，如果每个采购人员都能够像她那样主动去发现每一个可能节约的成本点且有条理地实施，采购降本的目标就一定会实现，采购的价值也会在企业中得到更大的体现。

陈文忠

上海加冷松芝汽车空调股份有限公司采购总监

中国采购商学院助理教练

【点评2】

很有意义的"小题大做"

废料处理是绝大部分企业的一项日常活动，是一件不起眼的事情，很少有人去关注它的运作。即使是过了很长一个时段，当初的流程已经不适用了，原先的供应商已经不再那么可信可用了，因为利小，也没有引起许多企业的重视。而菲尼克斯公司的采购人员在不经意发现后，没有置之不理，而是提出了改善废料处理的建议，并在采购部门领导的支持下，把它做成了一个很有意义的改善项目。

1. 菲尼克斯公司组成了一个由采购部门牵头，相关部门参加的改善项目组。这样就可以集中各方面的力量、各角度的思维、各层次的意见对废料处理进行改善，容易取得较好的改善效果。

2. 项目组运用了质量工具——鱼骨图来分析现状，找出可改善之处。

而在其他企业里，管理改善中运用质量工具的实属少见。正是通过对人、机、料、法、环的分析，他们找到了五个改善点，使改善有了抓手和目标。

3. 他们在采取了对废料细化分类等措施后，同时进行组织、流程和管理制度的优化。组织上落实相关部门的职责，实施流程上采用标准化，管理制度上操作规范化。这是让改善成果持续有效的一项重要举措。

4. 菲尼克斯公司沿用选择供应商的标准流程选定了新供应商，在帮助与指导供应商按新流程规范操作后，不仅回收量上升，回收价格较原先提升了 78%，而且过程中能按照法律法规、企业规定的要求进行操作。这对企业要承担的社会环保责任有着很大的影响。

这个项目以"勿以利小而不为"的思想为指导，"小题大做"，取得了良好的效果。每家企业都存在废料的处理，如何处理，是否也是"小题大做"了，每家企业可以对照案例，学习其经验，借鉴其做法，一定也会取得不菲的社会效益与经济成果。

颜家平

中国物流学会理事

中国物流与采购联合会采购委专家

中国采购商学院专家

【点评 3】

采购在很多人的眼里是个很有"油水"的职业。但事实是这样吗？凡是在采购这个行业中尽职尽责做事的人都会有很多感触。想获得别人（部门）的信任但有时又得不到；想做更多有价值的事情却又得不到相关利益部门的支持；想更好地协调相关活动却又往往被冠冕堂皇的理由所婉拒。可见，采购其实是一项相当有挑战性的工作，需要具备一定深度和广度的专业知识，需要有较强的系统和逻辑的思维，需要有足够的抗压能力，需要有积极且有效的沟通技巧，但更需要的是一颗仔细的心。

本案例作者的经历其实就是一个很好的尽职采购的案例。别人眼里的很多小事情往往就是我们管理的遗漏点，往往就是一些利益输送的模糊地带。采购人要保持一种对公司任何一个成本负责任的积极心态。通过平时的有效观察和思考，作者发现了为什么会存在废品出售的视线盲区和账目盲区；寻找废品管理的相关规律比如收购商的回收时间、回收地点、回收路径和频率以及对现场服务的操作方式等。可以说，作者清楚地看到了整个废品管理的链条和相关的利益方。这一点对问题处理和解决步骤提供了较为准确的方向。

对于公司的管理层来说，采购所提到的成本改进项目是否有效，主要涉及以下几点：

1. 是否能优化管理流程。流程的制定和优化是绝大多数公司需要的，因为流程是一个衡量工作合规性的重要工具。

2. 是否体现对供应商的公平、公开原则。如果采购不能对别的供应商公平，无形当中等于设定了门槛，对能够获得潜在成本贡献的公司来说其实是一种不负责任的行为。

3. 是否对别的部门的实际运营影响最小同时带来的效果最好。采购管理工作在某种程度上要体现出效率上的锦上添花，否则支持的相关利益方数量就会受限。当然遇到不可避免的矛盾冲突，也需要做评估，给出最终意见。

4. 是否能够帮助公司在成本管理上查漏堵缺。换句话说，任何公司的管理层都不愿意见到它所管理的公司问题一大堆，否则受影响的不仅仅是运营成绩。

在此基础之上，本案例的作者很好地运用相关工具，从人的主观意识的提高，到称重设备的维护，再到物料的 5S 管理和供应商开发管理，结合 E-bidding 的工具做到了废品出售的公平、公开。每个过程都有对应的方法，并且得以实践进而形成相应的制度和流程。

由于作者所在的公司废品大多数是铜材、线缆之类的，他们的很多原材料都是随行情波动的。如果空间足够，从实际现场管理需要出发，可以尝试性地对行情进行判断从而决定在什么时间点上出售更有利。同时，该企业可以建立相关的废品收购商名单库，不定期地更换废品收购商，以防串标的出现。若有可能，在出售废品的时候，应该形成多部门监管，从而有效或者尽可能杜绝舞弊的现象。

李凯

西蒙电气（中国）有限公司采购总监

【点评4】

　　这个项目的成功在于突破墨守成规的日常习惯，在于公司上下相向而行的坚持。该项目是优化供应商管理的具体体现。对于废旧物资的回收处理，很多公司都存在由于"微小"而没有相应的规范与流程，疏于优化供应商管理。其实，这也属于供应链管理中的一个环节，规范的流程和整洁的现场是企业形象的体现，有利于提高员工的士气。

　　降本是我们采购最大的工作目标，通常会通过成本分析、比价、竞价、供应商谈判等来实现。但是，本案例让我们看到降本也可以这样实现：以习惯的突破为起点，通过流程的梳理改进，进而开发新供应商，形成新的价格体系。

　　勿以事小而不为。当你对日常发生的事习以为常、熟视无睹时，或许你正在错失很多机会。供应商新添了高效设备你没留意，缩短了工艺流程你没注意，优化了包装你不在意，当这些都成为你的视觉盲区时，你还怎么和供应商谈降本？

　　供应商管理涉及供应商开发、评估、审核等环节，管理是否规范，流程是否完善决定了采购物资的价格、质量、交期。思想决定行为，行为决定习惯。以本案例为例，很多企业没有完善的废旧物资回收管理流程，这是造成"盲区"的源头。以供应商管理为基础，把规则流程融于日常工作中，不断培养自己的职业敏感度，事事注重细节，这是我们做好供应商管理成为好采购人的基础。

来震

史陶比尔（杭州）精密机械电子有限公司供应链总监

【点评5】

　　该案例是一个典型的丰田方式的问题解决示例。无论从"神"方面评价，还是从"形"方面评价，都可圈可点，让人不禁要竖起拇指。

　　从解决问题过程中看，从明确问题、分解问题、把握真因、制定对策、评价结果和过程，到巩固成果，步步为营，逻辑清晰；从解决问题的方法来看，彻底的沟通、全员参与、现地现物、客户意识都体现得淋漓尽致，充分体现了作者的改善能力。这种工作方式也正是丰田公司所积极倡导的。

　　从这几年的工作经历中，我也发现了这样一个趋势，即传统的与供应商进行价格交涉的成本改善方式之路已经越走越窄了。取而代之的是企业内跨部门优势整合或两家企业间优势的整合，这两种方式越来越多地被采用，这就要求采购人员的视野要宽，格局要大，协调能力要强，对成本的产生环节要清晰。本案例作者的改善方式很好地体现了这一点，是采购人员学习的榜样。

孙飞

一汽丰田（长春）发动机有限公司管理部长

【点评6】

　　我第一次接触到这个案例，是在2016年"中国好采购"大会现场，听本案例主人公做分享。当时的感觉是，这位采购经理勇气可嘉！我联想起自己过去管理咨询中接触过的一家工业企业，那家企业的废旧物资处理就是一个灰色地带。老板也知道其中有不少猫腻，但也没有能力直接插手细管，所以干脆把它全权委托给了工厂负责人和车间主任组织处理。相关的收益也进了分厂和车间的"小金库"，厂长和车间主任拿这笔钱给工人搞点小激励，或者"摆平"一些不便由公司出面处理的员工矛盾和劳动纠纷问题。在低管理水平条件下，各方利益形成了某种平衡。那家公司的采购经理在访谈时告诉我们，他们本想介入此事，但一想到不仅要面对各种技术问题的挑战，还要处理平衡被打破后来自各方的压力，害怕了，于是作罢。

今天看到这篇案例的文字版本，除了再次钦佩案例主人公的勇气，又有了一些新的感想。我常常有些同情采购人，因为采购可以"靠"的成熟的管理体系似乎不多。什么是"靠"？中国企业实现管理提升，常见的方法是直接导入国外成熟的管理体系，自上而下开展管理建设。以质量管理为例，一家作坊式的中小企业如何提升质量管理水平？"ISO 9000 贯标"就是方便之门。大到质量目标设定，小到计量器具定期量值溯源，ISO 9000 既结构化地定义了问题，又给出了指导意见，企业结合经营实际"靠"上去照做就行。再看其他管理模块，如财务、研发、IT 运维等，都有类似高度结构化的成熟管理体系。反观采购就没有那么成熟的管理体系，可能是由于采购涉及的专业领域较多，虽然也有不少管理工具与方法，但是多呈"碎片化"存在。整体而言，采购管理从理论到实践，还是一个非常年轻与稚嫩的学科，尚缺少一个 ISO 9000 式的、成熟的、具有统领性质的采购管理框架体系。

我又替采购人感到庆幸。没有成熟管理体系这张网，意味着水里还有很多大鱼。只是这些鱼不会自动跳到篓子里，需要采购人付出智慧和勇气才捞得到。基于这个案例，我们来看主人公是怎么"捞鱼"的。

从案例中可见，从最初察觉问题开始，就反映出案例作者"眼里有事"，废旧物资就堆放在班车停车场旁边，天天人来人往，但只有她察觉到了问题。前面说到，采购管理体系的框架性并不强，这意味着存在大量的问题还没有被概括和定义。所以，对采购人而言，"有一双能发现问题的眼睛"是极其重要的能力素质。

再看过程中的诊断分析、优化管理流程、重新寻找与选择供应商等环节，可以发现案例作者并没有使用特别复杂的管理技术工具，但她在采购各个相关领域的基本功都比较扎实。试想，如果主人公不熟悉鱼骨图分析方法，或者对物资分类管理和供应商寻源缺少经验，又或者不会用电子竞价工具，碰到每个环节都要现学现卖，项目成功是不可想象的。采购是个综合性极强的学科，专属技术并不算多。采购人要做的，是掌握好跨学科领域的基本功，然后在具体的采购业务场景下把相关的拳脚套路串联起来。

意外，也是采购人的朋友。案例中新旧供应商的衔接就险些出了岔子。采购管理建设摸着石头过河，要学会"拥抱"各种意外情况，做好预判和应急预案。同一个大坑不摔两次跟头，就是很了不起的成就。

最后展开多说一句。企业经营中还有一些管理模块与采购的特征非常类似，比如管理会计、HRBP、销售等。这些管理模块都缺少高度系统化、结构化的理论体系（我国管理学教科书至今没有对"管理会计"的外延达成一致）；面对的问题模糊、动荡，需强烈依赖担当者主动识别问题与解决问题的能力，甚至需要大量应用跨学科专业知识。针对这些模块，我建议公司高层一方面对其相关管理创新予以更多的支持和宽容，另一方面应特别关注在这些模块中脱颖而出的人才，在职场人士被普遍"异化"的时代中，他们才是最具有企业家精神的群体。

汪亮

北大纵横管理咨询集团上海运营中心总经理、高级合伙人

讨论与思考

○ 你所在的企业对于废料处理是如何操作的？

○ 这个案例对于你有哪些借鉴意义？

TOP PURCHASER
IN CHINA

引入采购模型，探究物料供应管理

（2016 年优秀奖　孙建华　施耐德）

推荐语
TOP PURCHASER
IN CHINA

　　各行各业中的各种工具、模型，可以帮助我们进行结构化思维、沟通以及进行有力的表达，于是有人觉得掌握的模型越多越厉害，管理时不用模型就觉得不够高大上。

　　但现实工作中能够用好模型的人不多。比如卡拉杰克模型，自 1983 年在《哈佛商业评论》上被发表至今 30 多年，不断有人尝试使用这个模型，但鲜见成功案例。我感觉这里边的关键是，要了解模型的内在机理，用模型的机理去思考，把模型当作工具，作为解决问题的重要参考。

　　模型最多是个辅助决策的工具。这也是我做了很多咨询项目后的一个重要体会。咨询师通常都懂得很多模型，但有的咨询师或管理人员，把模型当作数学逻辑工具，总希望用模型推导出一个标准答案，使用模型时很纠结，把自己弄得很累。

　　注意：用模型，不唯模型。现实中的各种变化因素总是有很多很多……

宫迅伟

我的微信订阅号　　　　我的个人微信

企业在采购时，对物料的研究至关重要，一旦处理不好，影响颇大。根据我多年的采购经验，部分设备制造企业对直接物料的供应管理存在一些问题。之所以会出现这些问题，除了有一定的社会原因，更多的是企业本身没有对此深入研究。

我们在多年理论和实践的基础上，找出了一套具有针对性的解决办法，通过运用供应定位分析与供应商偏好分析模型，对设备制造企业的直接物料供应管理进行深入分析，最终成功实现了成本节约和效率提升。我们是如何做的呢？

直接物料供应管理处于弱势地位

我们知道，我国的机械设备制造行业从 20 世纪五六十年代开始建立并逐步发展壮大，已形成了各门类的产品范围和庞大的产业群体，服务于国民经济的各个领域。近两年来，随着市场需求增长乏力及行业竞争的不断加剧，如何继续保持较强的市场竞争优势，成为诸多设备制造企业思考的焦点。

直接物料（BOM material）占据机械设备制造企业向其客户提供产品的绝大部分，如机械零部件及电气元器件等。

机械设备制造企业的直接物料一般具有多品种、小批量和技术要求高等特点。由于很多企业缺少采购与供应管理专业知识以及对采购与供应管理的研究，从而导致对所有直接物料均采用同一种采购管理策略，忽略了具有不同特性的物料之间存在的关联对采购成本的巨大影响。因此，长期以来，该行业的直接物料采购一直处于弱势地位。居高不下的采购成本、难以整合的供应商资源，最终导致供应链上游的采购职能的效率和效益难以提升。

深入分析解决方案

我们经过思考，认为运用专业的采购管理模型进行分析，能够有效地解决这一难题。我们尝试了卡拉杰克模型、供应偏好模型，并且绘制了供应关系图谱，以尝试解决这些问题。

引入卡拉杰克模型，对企业当前所有直接物料按照物料的重要性、获取的脆弱性及采购支出的金额分成四个象限，进行科学归类和高效管理；在引入卡拉杰克模型的基础上，再引入供应偏好模型，此时，采购企业可以做到知己知彼，从而运筹帷幄确保需求物料准时交付；最后，通过建立卡拉杰克模型与供应偏好模型，结合企业不同物料的特性和企业发展的战略绘制供应关系图谱。

引入卡拉杰克模型

从事采购行业的朋友都熟悉卡拉杰克模型——KRALJIK 供应定位模型（Supply Positioning Model），这是根据采购组织所需要的直接物料在供应市场中获取的难易程度、供应风险、缺料后造成的影响及风险发生的可能性和采购财务支出进行的分析。横轴表示采购财务支出，纵轴是供应风险、脆弱性及风险发生的可能性。由此可将直接物料划分为四组，分别是：**战略安全、战术获取、战略关键和战术利润**。

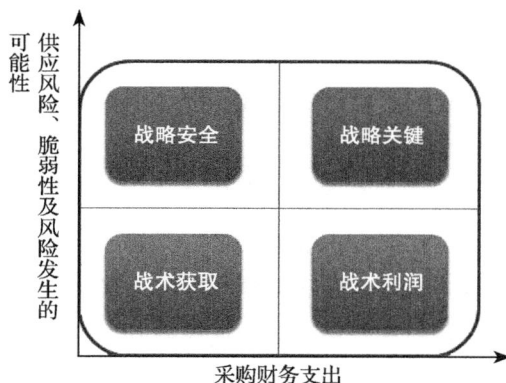

这四种不同的物料有着各自的特点：

在供应风险方面，战术获取物料和战术利润物料风险低，而战略安全和战略关键物料则风险高。

在采购机会方面，战术获取与战术利润物料机会多，而战略安全与战略关键机会少。

在物料标准化即通用性方面，战术获取与战术利润物料是按标准化生产的，而战略安全和战略关键物料则是非标生产的。

在供应市场竞争程度方面，战术获取和战术利润物料的市场竞争很激烈，而战略安全和战略关键物料则仅有有限数量的供应商，竞争不激烈。

在采购需求量方面和采购业务的吸引力方面，战术获取和战略安全物料需求量小，吸引力小，而战术利润和战略关键物料需求量大，吸引力大。

按采购支出分类区别，某型号电动葫芦的成本、费用及利润结构如下：

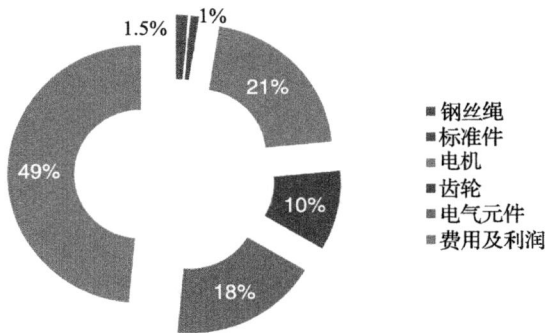

钢丝绳及标准件占比最小，仅为不到 2.5%；电机、齿轮、电气元件分别占 21%、10% 和 18%；剩下的是费用及利润，占 49%。

我们举个例子说明一下，A 公司为机械设备制造行业的一家企业。使用的直接物料主要有电机、齿轮、铸铁件、冲压件、塑料件、标准件、钢丝绳及电气元件等。各种物料的特性如下：

1. 钢丝绳。钢丝绳的成本在整台设备中所占的比例极为有限，不到 1.5%，但又属于构成设备中安全性能要求较高的部件。然而，在供应市场中具备生产该物料的供应商数量极为有限，属于典型的卖方市场。因此，对于使用该物料的设备制造企业在供应商的评选和议价方面较被动。该物料的特性属于典型的**战略安全物料**。

2. 标准件。标准件也就是通常说的紧固件，几乎包括所有装配所需的垫片、螺帽、螺钉等。该物料的特点是装配需求数量较大、价值较低，成本约占整台电动葫芦的 1%。该物料很容易在供应市场中获取，几乎没有生产和技术方面的风险。同时，供应商具有可替换性。所以，该物料属于**战术获取物料**。

3. 电机和齿轮。设备制造企业中使用的电机和齿轮的技术要求及应用场合都与其他行业的要求有很大的区别。同时，这两种物料的价值很高，在整台设备成本中所占的比例较大，电机成本约占总成本的 21%，齿轮约占 10%。同时，在供应市场中寻找和评选具备生产该物料资格的供应商具有一定的挑战和难度，并且需要投入长时间的研发、试样及型式试验，最终导致这两种物料的获取难度大和供应商具有不可替换性。所以，这两种物料属于**战略关键物料**。

4. 电气元件。电气元件在整台设备成本中占有较高的比例，约为 18%。电气元件较其他物料在供应市场中较易获取。它在供应市场中属于通用物料，供应商的可替代性很高。企业对于该物料的获取具有一定的主动权和议价空间。因此，该物料属于**战术利润物料**。

结合以上 A 公司使用的直接物料的特性，我们可以将以上四种物料归类到供应定位模型中的四个象限中。标准件属于战术获取直接物料，钢丝绳属于战略安全直接物料，电气元件是战术利润直接物料，电机及齿轮是战略关键直接物料。

引入供应商偏好模型

接下来，我们看供应商偏好模型（Supplier Preference Model），这是从设备制造企业的供应商组织角度出发，对采购组织及其业务的看法和态度。该模型有助于采购组织理解供应商是如何看待它们及它们的业务和需求的。

X 轴表示采购组织在供应商处的业务规模；Y 轴表示采购组织的业务对供应商的吸引力。根据程度的不同，我们可以分为**开发型客户、躁扰型客户、核心客户以及盘剥客户**。

开发型客户的特征：对于供应商而言，开发型客户是其未来的业务发展潜力。开发型客户的业务在供应商组织当中具有较高的吸引力，尽管业务份额所占比例不高，但通常由于及时的付款、高效的沟通交流、基于问题解决的业务关系等因素，或是因开发型的采购组织在行业内具有较高的知名度，对于供应商组织来讲具有业内广告效应。供应商组织的最终目标是将开发型的采购组织发展成为核心客户。

躁扰型客户的特征：躁扰型客户的采购物料，具有量少、价值低的特性，也被称为 C 类物料。躁扰型客户采购组织对供应商来讲是低价值且低吸引力的。最典型的物料如设备制造企业所需的一些非标件。

核心客户的特征：核心客户对设备制造企业的业务具有较高的吸引力和较高的业务份额。采购组织在此供应关系中占据主导地位。视采购组织为核心客户的供应商组织通常会努力维护与该采购组织的业务关系。被供应商组织视为核心客户的采购组织在供应商方面具有较高的议价空间。

盘剥客户的特征：盘剥型的采购组织对供应商而言不是很有吸引力，尽管其采购业务份额占供应商全部份额的比例较高。正因为如此，采购组织也将具有盘剥型特性的物料视为成本节约中最重要的机会之一。采购组织通常会通过谈判和供应市场调查等方法以尽可能低的价格获取物料。

将两个模型结合研究

我们通过将以上两种模型相结合，研究出四种直接物料相对应的供应合作关系，分别是如下四种。

对于战略安全物料（如钢丝绳），采用整合战略，是一种基于共同利益、双赢的供应合作关系。双方应积极了解彼此的真实业务需要和商业目标。对于问题及争端，双方应积极寻找满足双方共同利益的方案。物料搬运设备制造企业需要与供应商建立并保持高效、畅通的交流机制。密切关注供应市场竞争情况，从而寻找降低成本的机会。与其他同行业企业实施联合采购可以帮助企业提升议价能力。

对于战略关键物料（如电机与齿轮），考虑到技术保密、保持企业核心竞争力及减少对供应商的依赖，企业可以考虑将该组物料在企业内部进行生产，从而避免供应风险的产生。如果企业是外包采购，宜采用整合战略。从供应商处按时得到生产需要的物料是首要的。加强与供应商定期沟通，在合理的基础上进行议价，不宜采用强势战略。在此供应关系中，业务和关系对企业都很重要。及时的付款、基于解决问题的业务关系是该物料采购与供应管理的常用策略。

对于战术获取物料（如设备制造企业常用的标准件等），设备制造企业可以根据自身的情况灵活选择采购业务外包或电子采购、优化采购流程、缩减采购文档来减少采购管理成本，提高采购工作效率。近年来，随着联合采购的出现，设备制造企业也可以与其他同行业的企业实行联合采购以降低采购成本、提高采购绩效。

对于具有战术利润特性的直接物料（如设备制造企业常用的电气元器件），建议采用分配性采购战略，分配性战略是一种竞争性的合作关系。采购组织将会在确保安全获取物料供应的前提下，尽可能地从供应商处获取成本降低和额外增值项目的优惠。具有战术利润特性的直接物料是采购组织降低成本较安全的选择，也是成本降低贡献值较高的选择。采购组织可以为具有该特性的直接物料选择至少一家合格的备选供方。此时，可以在两家供应商中引进竞争机制。

绘制供应关系图谱

在综合研究了直接物料以及供应商偏好等关系后，我们需要绘制供应关系图谱，用来指导之后的采购活动和业务。

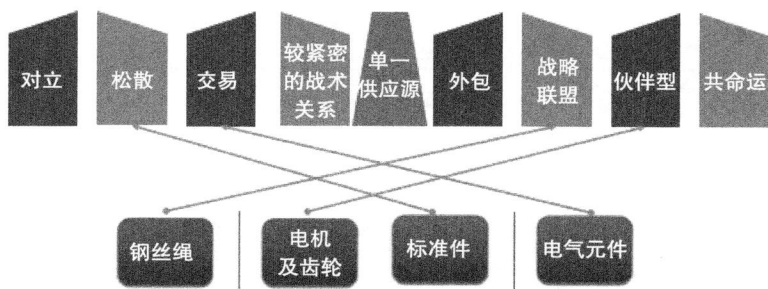

与供应商的关系从松散到紧密逐渐为对立、松散、交易、较紧密的战术关系、单一供应源、外包、战略联盟、伙伴型、共命运。

其中，**标准件应属于松散供应关系，电气元件属于交易关系，钢丝绳属于战略联盟关系，电机及齿轮应属于伙伴型关系。**

实施效果

　　该项目运用了**供应定位分析**与**供应商偏好分析**模型，对直接物料供应管理进行分析，成功降低了企业成本，提高了效率。项目实施后，我们做了数据对比，钢丝绳有效地降低了缺货率，降低成本40%，电气元件采购成本下降约14%，标准件采购成本下降约40%，齿轮采购成本下降约28%，降本效果较为明显，值得进一步推广。

　　经验总结：

　　运用供应定位分析与供应商偏好分析模型对设备制造企业的直接物料供应管理进行分析，最终成功实现成本节约和效率提升。

◆ 整合型与分配型供应管理战略的运用，对不同物料的供应商制定不同的谈判与管理策略。

◆ 在传统采购中，要运用前沿管理工具才能实现采购与供应管理的提升，用工具来分析数据，用结果来指引行动，是从优秀到卓越的关键。

◆ 确立采购团队在该公司中的战略地位和利润贡献的重要角色。

◆ 专业采购的前提是要在实践工作中善于分析数据、整理数据、归纳数据，最终要借用管理工具呈现这些数据中隐藏的巨大机会与节约突破点。

◆ 要与各利益相关者建立关系，维护关系，并施加专业采购的正能量影响，进而高效协调、快速协同调动各利益相关者的积极性、知识、经验为成本节约创建条件。

【点评1】

　　这是一个非常典型的运用科学管理工具实现公司采购与供应管理提升的案例。在这个案例中，我们不难看出以下几个闪光点：

　　1. 作者具备较强的职业思考力。

　　作者能够根据多年的采购经验，及时发现企业在直接物料的供应管理中存在的问题，并积极采取措施来解决问题。这主要归功于其善于在实践工作中发现问题、分析信息、归纳数据，最终借用管理工具所呈现的数据发现其中隐藏的巨大机会与节约突破点。

这种结合成熟的采购管理工具来分析问题，用分析结果来指引管理实践活动，实现采购管理有序提升的过程，其实就是具备较强职业思考力的一种体现。从一个简单的表象中抽丝剥茧，发现其本质，进而找到解决问题的系统性方法，并且能够将最终的成果实实在在地落实到行动中，这是成为一名资深采购经理人的必备条件。

2. 作者具有较强的学习意识。

作者不畏困难，边学边做。通过供应定位分析的方式，根据产品的相对重要性的不同，从而将重要产品的关系管理与不太重要产品的关系管理有所区分；识别为完成组织目标所需要的各项采购的风险；理解指定产品对不同利益相关者的重要性；考虑采购组织是自制产品或实施服务，还是使用供应商或外包整个业务；通过不同的关系来管理内部和外部的利益相关者。

3. 巧用多种模型综合施治。

作者在该案例中不仅对理论与实践进行了很好的结合，更是将两个不同的模型有机地结合在一起，运用供应定位分析与供应商偏好分析模型对设备制造企业的直接物料供应管理进行分析，使模型算法达到"最佳"匹配，最终成功实现成本节约和效率提升。

曹宇

北大纵横管理咨询集团行业中心总经理、高级合伙人

【点评 2】

本篇案例有三个重要的精彩之处。

首先，采购企业恰到好处地应用了卡拉杰克模型与供应商偏好模型相融合的方式对机械设备制造企业的直接物料进行剖析，创新性地采用双向定位来识别战略安全、战术获取、战略关键和战术利润物料类别。其价值在于尊重供应商作为伙伴主体的存在，体现"双赢"采购的协同效应。

其次，从供应商的视角对客户进行归类，这样可以清晰地了解供应商的供货心理，发现与采购企业博弈的利益点所在。对采购企业而言，这样做可以"知己知彼"，迅速地使企业在采购谈判中立于"不败之地"。

最后，本案例体现了采购已经不再是企业的"成本中心"而是"利润中心"，实现这一价值转变的核心是采购从被动走向主动，将自身贡献和公司利润与战略紧密捆绑在一起。

采购者要去管理BOM中如此众多的供应商，常常是爱怨交融，爱供应商用心用力，怨其能力不济，爱其实力超群，却又怨其店大欺客。所以，优秀的采购者应该是半个总经理、半个外交家、半个厂长、半个市场总监、半个售后服务、半个质量专家、半个销售总监，对供应商既要推，也要拉。好供应商不仅仅是"寻寻觅觅"的结果，也是常年培养、扶持和激励的成效。

我在多家500强跨国企业中负责采购与供应链管理工作时也有类似的体验，既要对供应商采取科学、合理的理性管理模型和方法，也要对供应商心理学和管理文化有充分的了解，让供应商和你同甘共苦，成为采购动车的一个重要引擎。

从总体上而言，这是一篇很值得借鉴参考的案例。如果说案例哪些部分需要提升，那就是采购绩效的增强不仅要把采购改善放在战术层面的管理模型构建和供应商配合支持上，还要从战略层面找到采购企业自身存在哪些需要改善的短板，从而吸引供应商愿意更全面充分地协同合作。

此外，采购者还要谋求公司"一把手"的支持，并定期和公司管理层沟通，反馈其在供应商改善中取得的成本效率和竞争力提升，这样才会得到企业高层更大的支持，进而使采购竞争力的持续改善和公司战略紧密相连，采购也就自然站到了更高的公司平台上，为公司的经营发展贡献更多。

郝皓

复旦大学博士后、教授、博士生导师

智经供应链管理研究院院长

【点评3】

支出分析、降低成本、提高效率——精益采购的起点及实施

本案例作者应用几种采购模型工具，通过对物料、供应商的定位分析，从而实现了降本的最终结果。

细心的读者不难发现这个"魔法"的起点实际是"支出分析"作为精益采购管理的起点，继而被实施以达到预定目标。

作者通过对企业总体物料支出进行清理、分类和汇总，运用ABC分类法和SWOT分析法、二八法则及市场定位等因素，从而进行成本节省，提高采购效益，抓住大部分企业的采购管理人员只关注自己部门、区域的支出情况，因而错失了成本节约的最佳机会这个要点进行分析、判断，最终实现目标。这实际上就是现今各家先进企业"所流行的"先进管理模式——精益采购。

所谓精益采购，就是通过将外部环境（包括市场、供应商等）的分析定位和内部环境的分析定位相结合的方式，从公司整体支出出发，采购管理人员发现隐匿于其他部门或者区域的成本节约机会，针对性地提出采购策略，从而有效地提升公司的整体效益。

如下所述，解析支出分析的三个层面。

1. 支出分析的第一个层面。

a. 收集数据。收集公司所有的支出数据。收集数据面临的挑战是公司数据散落在不同的系统中，并且每个系统的数据格式和记录方式都不一样。

b. 建立品类分级规则。此时需要按照公司的实际情况建立分级标准，而不能拿统一的标准去做。

2. 支出分析的第二层面。

a. 按照区域/事业部/部门、供应商和品类三个维度分析支出状况。从区域维度，分析部门支出、地区支出、渠道支出等不同类型供应商的支出状况等。

b. 根据对供应商、品类的分析结果，找出重点品类和重点供应商。然后对供应商进行绩效考核，根据绩效考核的结果，保留或者更换供应商，以便管理好总成本。

3. 支出分析的第三层面。

a. 基于预算分析间接物料。通过分析过去预算花费的时间和现在预算花费的时间，确认采购人员是否突击花钱，是否合理花钱，有效管控采购人员的行为。

b. 供应商多样化和可持续性分析。供应商多样化是指采购人员需根据采购需求选择合适的供应商，而并不要一味地选择大的供应商，因为过大的供应商很难有议价能力，同时采购人员的选择面也非常小。供应商可持续性是指供应商的业务持续稳定地增长，与采购企业共同发展。

c. 成本驱动分析。成本驱动是指产品结构中的关键因素。通过对成本中的关键因素分析来追踪供应商的价格趋势。成本关键因素可以从供应商的分项报价记录进行抓取。

d. 供应商合理化。首先快速砍掉多余的供应商，其次通过供应商提高质量的能力来判断与供应商的关系，再次通过增加采购量提升投资回报率。

本案例作者通过较实际的案例，分析出实施的起因、过程、结果，其中结合了具体的物料进行分析，不过实际操作过程中还可以加入对供应商的 Q、C、D、T（质量、成本、交货、技术）四项分析，运用 KPI 指标工具，从而更有效地管控和管理供应商，所谓"知己知彼、百战百胜"。充分用好"精益采购"这个大招。

黄靖妤

上海阿尔斯通电气有限公司高级采购经理

饶立浩

上海轨道交通发展有限公司副总经济师

上海阿尔斯通交通设备有限公司供应链总监

【点评 4】

作者用两个模型解决了直接物料采购过程中的两个让人头疼的问题，值得一些买家学习，值得一读。

　　但需要提醒大家的是，商业竞争力的本质就是资源使用的效率，这个效率决定了供应成本及供应稳定性问题。

　　1. 在直接物料采购中，多数买家会选择标准化物料，为什么？因为标准化生产就是最大程度的生产效率提升，此时成本自然也会最低。为此，在直接物料选择上，为避免小众物料，需要采购人员更多地介入产品开发阶段，并推动必要的标准品或成熟产品替代。

　　2. 影响效率的另外一个因素是计划性问题，也是困扰供应连续性的大问题。很多公司因为计划原因导致缺料，然后被迫高价购买物料，否则就会出现因延迟交付而产生的负面影响或违约成本，这些都是企业不愿意看到的；计划性是可以管理的，除非是突发的，关键是看管理，忽视计划而去谈成本是没有意义的。

　　3. 战略优先级问题。你总会出现缺货的情况，或因计划，或因天灾。如何通过战略供应商协同，保证你有优先的供应，也是采购人员必须思考的问题。在一定意义上，采购也可以构筑企业的竞争力就是这个道理。

张厚宝
阿里巴巴集团采购总监

讨论与思考

○ 采购有很多模型，你在实践中使用过吗？

○ 在使用模型的时候，掌握哪些关键点才能有效使用？

TOP PURCHASER
IN CHINA

用真诚和专业应对供应商虚高报价

（2016 年优秀奖　谭力　实用动力）

推荐语
TOP PURCHASER
IN CHINA

采购人员总认为供应商的报价是虚高的，所以必须砍；

供应商知道采购人员总会去砍价，所以报价总是虚高的；

领导总是觉得采购人员没有把价格砍到底，所以必须再砍；

因为领导总是会再次要求降价，所以供应商和采购人员总是不把价格降到底。

如此捉迷藏，天天在上演。

"为什么是这个价格？"这是采购人员必须回答的问题，无论是面对领导、审计，还是面对供应商。专业采购人员必须掌握成本分析和价格控制技术。成本分析就是指采购人员要掌握财务成本知识，有能力核算成本的真实性和判断其合理性；价格控制是指基于价格预测的定价策略和购买策略。这是专业采购人员必须具备的四大核心能力之一。

宫迅伟

我的微信订阅号　　　　我的个人微信

美国通用电气公司前首席执行官杰克·韦尔奇说："采购和销售是公司仅有的两个能挣钱的部门。"这和我们的家庭积累财富是一样的，原因在于对企业来说，销售是"开源"，而采购则是"节流"。

"漫天要价，就地还钱"，你以为只有在市场里，大妈才会和小贩唇枪舌剑、你来我往地砍价？其实，在采购这个行当里，每一个采购人员也要学会如何砍价，不仅要学会，还要学得精通，做得有技巧，对价格的议定不但不能惹恼供应商，还要达到降低企业采购成本的目的。

有一段时间，我所在的公司有一家供应商存在虚报价格的嫌疑，为了获取较为合适、真实的供应价格，稳定采购成本，我们采购部门运用多种手段"砍价"，最后让供应商心服口服，认同我们给出的采购价格。沟通价格的全过程，也是你来我往，"唇枪舌剑"，精彩异常。

借势推动

2015 年 7 月，大学毕业，进入现在的公司工作。到目前为止，我一直从事采购工作，期间完成了一项价值约 7 万美元的项目开发，目前正在做一项近 18 万美元的项目开发。

——点评：年轻有为，但是看了后面的描述，感觉是家族企业的第二代。

工作一年多来，我觉得作为一名采购人员，要平衡好公司业务部门和供应商之间的关系，既要对供应商与公司业务部门的不合理要求进行合理的反驳或委婉的拒绝，也一定要对供应商与公司业务部门的合理诉求竭力争取。

我所在的公司有一家供应商，是专门为公司供应农机零件的，在合作了一段时间之后，这家供应商升级成为企业的战略供应商。但不久之后，我们发现他们连续多次报价高于市场价的 30%。特别是在最近的一次带嵌齿式扣链齿轮子的询价中，该供应商报出了 8.68 美元的价格，与同期市场价相比高出 30%，这可以说是虚报高价了。

由于该供应商是公司传动部件的唯一战略供应商，没有备用的、可供选择的供应商提供同样的产品，为了不影响企业的正常生产经营，所以短期内也不可能进行替换。因为是传动部件唯一供应商，不能采取激烈的方式去沟通价格，必须在维护合作关系的前提下让供应商心甘情愿地报出合理的价格。

　　——点评：年轻人，心思缜密，太难得了！

　　在这样的前提下，还要将价格的虚高弄明白，与供应商沟通确定合适的采购价格，这对我们采购部门来说，难度就相当大了，怎么办？我们采购人员直接找上门去进行理论吗？肯定不行，这样容易激化情绪，不利于解决问题。

　　此时此刻，我觉得单靠我们采购人员或许不一定能行，需要联系企业相关部门和双方企业的高层共同推动。我作为公司的采购人员开始主导着这个项目的发展和进度。

知己知彼

　　信息不充分，如何判断对方价格的真实区位？谈判中如何不受制于人，如何把握谈判的主动权？谈判中虚虚实实，如何识破供应商的"障眼法与陷阱"？这是我们开始操作这个项目时的一些担忧。

　　如果采购人员不够专业，那么由于双方信息的不对称，供应商掌握了绝对的主动权和话语权。在采购过程中，缺少诚信的供应商会虚报价格，有的供应商还非常强势，摆出一副"我是唯一供应商"的姿态，或者狮子大开口，漫天要价，不予商量，便会让公司的采购人员处于被动局面。

　　因为涉及供应商和采购业务部门的定价问题，必须要掌握最真实的产品价格构成，我们动用许多工作中认识的朋友，包括供应商那里的朋友，然后辗转通过熟人得到供应商的加工工艺以及加工设备的准确信息，邀请行业的专业技术人员，对产品的价格构成进行剖析并计算出每道工序的费用。

　　——点评：多方面打听和收集信息，逼近价格信息的真相，这是采购人员的基本功。但是基本功做到什么程度，这就是责任心、学习能力和钻研能力的综合表现了。作者能够收集到较为全面的信息，与其钻研能力密不可分，而这种钻研能力在上了年纪的采购人员中，却是越来越稀罕了。为什么？因为不肯吃苦了，这种收集供应商价格信息的工作，需要大量投入，是一件辛苦的事情。

　　得到了真实的价格信息之后，我们认真分析了整个过程，一致认为应该与供应商的相关定价人员开诚布公地当面沟通一次，并一起进行一次价格的计算，这样既能在业务层面使双方达成共识，又能避免引发他们的抵触情绪。

——点评：这个举措太关键了，点赞！在这个环节，收集到的数据本身只是手段，开诚布公地和供应商就价格进行交流，这是一种信任对方（供应商）的积极表现。而这种信任，会唤起供应商的互惠情节，使其愿意开放心态进行交流。交流越多，双方公共区越大，信任就随之增加。在这种情况下，价格浮动就是一件可以商榷的事情，而不是一个剑拔弩张的"事件"。

精打细算

作为企业的采购人员，为企业的日常生产经营采购原料、物品等，和居家生活一样，一定要"精打细算"，否则企业的采购成本居高不下，如同家里不知节约一样一定会面临困境。

此外，我认为，该供应商虽为战略供应商，也是单一供应源采购，但无论如何，应该按照物有所值的原则，否则公司支付的金额大于该产品本身的价值，对公司来说是一种无谓的损失，所以，需要双方进行协商，本着互利原则，确定合理的价格。

——点评：对于互利原则，在实践中如何落实？在一般情况下，都是要求对方先给我优惠，然后再给对方优惠，如果这样，没人主动发起，就会陷入僵局。

我们认真分析了所报价零件的成本构成。由于该零件为常规的锻坯＋插齿＋热处理工艺，因此我们将其成本分为原材料费用、加工费用、热处理费用、包装运输费用、管理费用以及利润六个部分。

1. 原材料费用：该链轮使用的是45#锻坯，原材料单价为3元/kg，毛重为3.26kg，除去17%的增值税，那么不含税的原材料费用为3元/kg×3.26kg÷1.17=8.36元。

2. 加工费用：该链轮加工工艺为车加工—插齿—改孔—淬火—发黑，我们对每道工序的费用剖析如下。

a. 车加工，使用数控车床，机台费25元/h，平均一个零件需要20min，那么车加工这道工序需要 25 元 /h × $\dfrac{20}{60}$ =8.3 元 / 个。

b. 插齿，使用插齿机，机台费 45 元 /h，每个班可以做 40 个，平均每小时 5 个，则每个需要 12min，插齿费用为 45 元 /h × $\dfrac{12}{60}$ =9 元。

c. 改孔，由于热处理后精密孔会变形，所以需要这道热处理后的改孔工序，使用数控车，机台费 25 元 /h，改孔时间 6min，则改孔的费用为 25 元 /h × $\dfrac{6}{60}$ =2.5 元。

三者相加，总的加工费用为 19.8 元。

3. **热处理费用：**该链轮使用中频感应淬火炉，费用 5 元 / 个；之后为了零件表面美观以及防止生锈进行发黑处理，发黑 3 元 /kg，净重 0.7kg，发黑处理费用为 2.1 元，则总的热处理费用为 7.1 元。

4. **包装运输费用：**按比例提取 5%，原材料 + 加工 + 热处理 =35.26 元。（35.26 元 ×5%=1.76 元）

5. 管理费用：按照 3% 提取，即为 35.26 元 ×3%=1.06 元。

6. 利润：按照 10% 提取，即为 35.26×10%=3.53 元。

通过专业的分步骤计算该零件的总价（不含税），产品生产的各个步骤六项之和为 41.61 元，我们保留了小数点后两位，尽可能将价格精确。然后，按照当时人民币兑美元汇率 1：6.53 计算离岸价为 6.37 美元，而供应商的报价为 8.68 美元，比我方核算的价格整整高出了 36%。我们通过对每道工序的仔细核算后认为 6.37 美元上下为合理价格。

——点评：我深深怀疑，销售方的市场定价部门也未必计算得如此精确。在专业领域的竞争，高下立现！这种极致的行为，我们俗称"偶像行为"，会深深打动销售方的相关同事，让他们心甘情愿地接受新的价格建议。

我们利用这次机会与供应商相关人员一起核算了价格，指出其不准确的地方，因为对产品价格的了解，表现出我们的专业和诚实，所以获得了供应商方面定价人员的认可与信服。

在供应商承认价格有问题后，我们公司立即发出正式的邮件及通知以示警示，从而避免未来再次出现类似的问题。这次价格的当面核算，虽然挑战了供应商，但并没有影响双方的合作关系。该供应商在之后的报价中重新回归到了正常价格。

——点评：通过正式邮件，提升了对本事件的重视程度，极大地抬高了销售方下一次的违约成本（哦，我上次说过的，你怎么又犯错了），对销售方是一种心理震慑。值得称赞！

敲山震虎

大家都明白，涉及价格的议定以及与价格有关的利益问题，必须有高层出面才能平息采购供应人员彼此之间的纠葛。这样做一方面能让双方高层对此事定一个基本的调子，另一方面也能给予对方高层一个知情的机会，避免高层之间产生误解，维护双方的合作关系，对唯一的供应商进行稳固和捆绑，让供应商对双方企业共同成长有一种比较深刻的认识。

于是，借助此次机会我们专程拜访了供应商老板。再一次一起面对面地核算价格后，我们始终报以真诚和公正的态度，只是让价格变得合理，而不是剥夺供应商应有的利润收入，给予了供应商很大的触动，对方从定价部门获知并最终承认在原材料及加工费用上计算得过高，最后同意以我方核算的价格作为最终价格，双方取得了一个较为圆满的结果。

——点评：双方高层介入，进一步抬高了销售方的违约成本。为什么？因为人都是要面子的，总不能一错再错吧。

我公司在整个议价事后，紧追了一封正式的通知，对该供应商报价过高的行为表达了不满，同时说明如果依然有报高价的情况发生会考虑对该供应商降级处理。这视为"敲山震虎"，让供应商明白，双方的合作应当以基本的诚信和信任为基础，只有形成伙伴关系，才能合作得长久，才能共同成长。

——点评：双方的共识只是软承诺，通过正式通知，再次抬高了违约成本。

虽然这个供应商是传动部件唯一供应商，但我们依然本着诚信合作的宗旨合理地应对供应商虚报高价，间接进行了"震动"。其实从某种角度来说，这也是一种供应商管理的方法。所以，这次价格的议定沟通，也让我们启用了供应链管理的新目标。通过这个项目的实施，我认为，公司应当健全监督管理制度，通过健全日常监督检查制度和专项监督检查制度，加强对唯一供应商的监督检查。同时，我们还要转变观念，改进方法，创新制度，加强与纪检、审计等监督部门联系，形成监督合力，避免价格虚高、失真。

　　——点评：再次怀疑这个工作两年的年轻人是否有后台、有背景？这家公司真的能够让一个小伙子调动如此多的资源来推进供应商提升？

　　通过整个议价的实施，使得每个零件单价下降36%，为公司节省支出1.568万美元，同时在之后开发的新项目报价也为公司节省大约30%的成本。

　　当今企业的竞争已成为企业间供应链管理的竞争，从供应链上游节点到企业内部直至下游客户企业，采购供应管理是各企业利润的源泉。无论大小，公司要发展应该从两方面着手：一是开源，二是节流。采购成本的降低无疑会给公司节约出大量的资金，而兵家有云："兵马未动，粮草先行"。作为公司的采购以及质量、物料部门无论是从财务的角度还是从战略的角度看，都具有极其重要的作用。

　　——点评：小伙子，如果你没有后台，我请猎头公司来找你！

经验总结：

◆ 当遇到供应商报价不合理时，我方应仔细核算价格，确保每一道工序的价格都可以被核算出来。

◆ 沟通价格之前，必须做好充足的准备再和供应商谈，否则很容易陷入被动。

◆ 当供应商承认自己的价格有问题时，要及时发出正式的通知警示对方，以避免未来再次出现类似的问题。

　　其实还有一个感想，那就是如果供应商是唯一供应源，虽然可以进行共赢发展，但也容易形成采购风险，所以，必要的时候还是要开发另一家作为备用的供应商。

【点评1】

　　注：文中点评为点评1，由北大纵横管理咨询集团高级合伙人朱宁老师点评。

【点评 2】

对于从事采购的同仁来说，一看到这个案例，都会产生"情不自禁的亲切感"！干过采购这行的人都知道，与供应商进行讨价还价，是再寻常不过的一项工作了！

然而，当我看到这个案例的时候，依然还是饶有兴趣，因为其中有三个关键词吸引了我："战略供应商""唯一供应商"和"成本分析"！

我首先想就该案例中的"成本分析"来聊一聊我的想法。采购同仁在与供应商进行价格磋商时，多数是采用"价格倒逼"的方法，即用其他供应商的低价或本企业自身认为的"目标成本"来迫使对手就范。坦率地说，当供应市场处于充分竞争的状态时，采用这两种方法通常都会取得显著的效果。但是，这两种方法常常是以牺牲供应商的利润换来采购方的成本削减，因此，对于该案例中的谈判对手———一个"战略"且"唯一"的供应商来说，这两种方法未必妥当。有鉴于此，作者通过"成本分析"来核算出一个相对合理的成本，并以此为基础与供应商议价，无疑是一种值得称道和推广的方法。而案例中的"成本分析"清晰地列出了每一道加工工序，并给出了如工时、费率、分摊率等具体的数据，是该案例的一个显著亮点，充分反映了作者及其所在企业在采购领域的专业性和尽责精神。

其次，来说说该案例中的第二个关键词—"唯一供应商"。何为"唯一"？正确的解释应为，在可触及的供应市场范围内，目前只有一家供应商能够提供采购方所需要的产品或服务；与此相对应，还有一个"单一供应商"的说法，这个"单一"是指，虽然可触及的供应市场上存在若干家供应商能够提供采购方所需要的产品或服务，但采购方出于集中采购量提升对供应商的话语权，保护产品或服务中包含的知识产权不轻易被竞争对手获悉，得到更高的质量一致性，或便于供应商管理等考虑，只选择一家合适的供应商作为货源。显然，"唯一"与"单一"是不一样的两个概念，前者是"被动"而无奈的接受，后者则是"主动"和积极的选择。对于采购方来说，基于"成本分析"和保护供应商的合理利润水平基础之上的议价谈判及供应商关系管理，都是行之有效之策。故而，这也是该案例给采购同仁带来的一个有正面启示的地方。

最后，我们来看看"战略供应商"这一关键词。从该案例前半部分有关该供应商存在虚报价格之嫌的描述来看，采购方将该供应商定格为"战略供应商"有失当之嫌。采购供应管理中经典的"卡拉杰克矩阵"对多数采购同仁来说，都耳熟能详。然而，利用这个矩阵得到的四个象限，是针对所采购的产品／服务品类（包括细分品类）而言的。从该案例中可以看到，谈判标的——"链轮"可以被定位在"战略类"象限，但这不代表这类象限中提供产品／服务的供应商都自然而然地被定位成"战略供应商"。这一点，是我从该案例中看到的且不少采购同仁或企业都存在的一个误区。最近我刚好在帮助某家汽车零部件企业开展一个品类与供应商管理的辅导项目，什么样的供应商可以被视为"战略供应商"自然也成为其中的一个话题。那么，究竟什么样的供应商才算得上"战略供应商"呢？这个问题还是留给包括该案例作者在内的每一个采购同人去体会与定义吧。

汪希斌
中国物流与采购联合会采购委核心专家

【点评 3】

采购人员在对成本有一定认知的情况下，才会判断出报价虚高。很多采购人员在遇到这样的情况时会极其愤怒，匆忙与供应商进行谈判，反而适得其反。采购人员在遇到供应商虚高报价时，更应该理性分析为何产生这样的问题。

1. 虚高报价的供应商是首次合作，还是多次合作？

对于首次合作的供应商，可以引导供应商建立诚信合作的报价氛围，明确报价规则，在给予供应商合理利润的前提下，让其提供成本明细。

若多次合作的供应商仍虚高报价，采购人员需反思是否平时合作议价时总是采用"小刀割肉"的议价策略，让供应商通过多次议价来试探采购底线，或者在日常交易的过程中，供应商是否承担了成本以外的费用，例如备品备件提供的数量较多，免费补货次数较多，少量多批次运输成本较高等。

2. 采购对于产品的成本核算价是多少？

结合本案例作者的分析，采购人员专业的成本分析，在议价谈判过程中容易主导整个谈判的走向，对供应商的销售起引导作用。

3. 报价供应商及产品在现有供应链关系中的地位如何？

对于报价供应商，通过 SWOT 分析法来分析其在供应链关系中的地位，根据不同的地位确立不同的谈判议价策略，并制定出相应的后期对策。

采购与供应商的议价、谈判是一种博弈，在现阶段的采购模式下，更多的是找到双方的利益共同点，触发供应商放弃短期利益，谋求长远合作，基于双方公司的战略层面多方位合作达到共赢。此外，采购人员在日常的工作中也要注意沟通方式方法，《孙子兵法》有云："上兵伐谋，攻心为上"，注重与供应商沟通过程中的信息转化，并找到触动对方心理防线的点，从而更容易达到所期望的效果。

万丽丽

杭州海兴电力科技股份有限公司采购总监

讨论与思考

○ 供应商报价虚高一般会在什么情况下发生？

○ 如果领导问"为什么是这个价格"，你会如何回答？

○ 专业采购人员如何提高成本分析的能力？

TOP PURCHASER
IN CHINA

中小企业如何实现连续三年降本超过 10%

（2016 年优秀奖　熊英　富卓汽车）

推荐语
TOP PURCHASER
IN CHINA

中小企业是企业中的大多数，中小企业降本与大企业有什么不同吗？

供应商专业能力不足？

采购人员专业度不够？

中小企业管理手段不多？

还是采购量小，议价能力不强？

做不好，有千万种理由，要做好，也有千万种可能，我觉得决定因素在于我们自己。

宫迅伟

我的微信订阅号　　　　我的个人微信

中小企业需要优化产品成本

业务需求、市场拓展的难度等因素影响着中小企业，使其面临的市场竞争越来越激烈。在提高生产效率的同时，降低企业的产品成本，成为提高中小企业竞争力的一个有效策略。

在传统生产过程中，中小企业的产品成本控制仅仅停留在事中执行控制的层面。但是，通过一些研究和实践印证，结合企业产品线生命周期而进行 TCO 总成本和 SCOR 模型分析，以及物料品类采购策略管理才是中小企业持续降低产品成本、保持市场竞争力和保持供应持续性的源头。

公司背景

我所在的 F 公司（以下作者将其所在单位称为"F 公司"）是一家全球汽车内饰中小型制造商，其研发技术中心设在澳大利亚，在中国、美国、泰国和澳大利亚等地设有工厂进行生产制造。

本案例中所说的 T 公司是 F 公司在美国的大客户；S 公司是 F 公司在中国的客户；M 公司是 F 公司的供应商，在中国有生产基地的新加坡企业；W 公司则为新引入 F 公司内的供应商。

作为一家中小型跨国汽车内饰（汽车座椅、顶棚、消音隔热等产品）公司，F 公司需要快速敏锐地跟从市场和客户需求变化，层级管理扁平化。同时，采购人员必须高度关注客户端市场以及供应端变化，并将这些信息迅速传递到管理层，和管理层保持供应链策略的一致性且适应公司业务发展的需要，可以说从决策到执行都非常快。

多年持续降低产品成本

我自 2004 年毕业后进入上海德尔福国际蓄电池有限公司工作，两年后进入上海通用电气采购技术中心，从 2007 年年底开始进入 F 公司工作。我在十几年的工作时间中基本上都在和采购以及供应链打交道，具备了丰富的工作经验和供应链管理实战技能。

工作期间，我成功落实了多个国产化降本项目，参与海外新工厂的供应商的开发、商务谈判和新项目快速导入，成功从中国采购大型设备出口至美国、泰国，成功协助企业进行兼并前的行业尽职调查，以及成功处理与供应商的法律纠纷。

而这其中最值得一提的，就是本案例所说的成功带领团队连续 3 年达成 10% 以上的关键零部件降本。

"连续 3 年达成 10% 以上的关键零部件降本"，这看似是一个非常巨大的挑战，但现在回过头来再看，实际上我的感觉是"努力地工作，聪明地工作"，另外就是"耐心，耐心，再耐心；思考，思考，再思考"。

2011 年，公司平台零件项目启动。在平台项目发展不确定的情况下，我和团队的挑战就是要在这样的前提下做出最优成本模式。彼时我担任采购经理，协调、协助采购员和协同相关部门优化成本。从 2014 年开始到 2016 年，针对新平台项目的市场从国外至国内快速推广，TCO 总成本的策略必须要跟上业务发展和市场的需求。

	2011 年	2012 年	2013 年	2014 年	2015 年	2016 年
当年度采购套数（齐套台车）-T 客户 +S 客户（套）	平台项目启动	5 000	26 313	42 014	62 595	84 016
单套当年度预算采购成本（万元）		678	658	638	548	478
单套当年度实际采购成本（万元）		678	658	565	493	430
当年度实际供应商采购支出额（元）		3 390 000	17 305 008	23 718 584	30 849 534	36 148 078
年度节约成本金额（元）			—	3 083 416	3 427 726	4 016 453
年度节约成本比率				12%	10%	10%

2011 年，我所在的公司平台零件项目启动，同年 M 公司进行打样。

2012 年，T 客户 A1 项目投产，当年即产生 5000 套年采购量。

2013 年，S 客户 B1 项目投产，大约为 26 313 套年采购量，同年启动优化模具方案。

2014 年，公司大约有 42 014 套年采购量，实现 12% 年度降本，实现 308 万元的年度节省，团队中的采购员晋升获得最佳员工奖。

2015 年，增长到 62 595 套年采购量，实现 10% 年度降本，成功引入 1 家新供应商，实现 342 万元的年度节省，同年我也获得从采购经理到总监的晋升。

2016 年，T 客户 A2 项目投产，当年产生 84 016 套采购量，实现 10% 年度降本，实现 402 万元的年度节省。

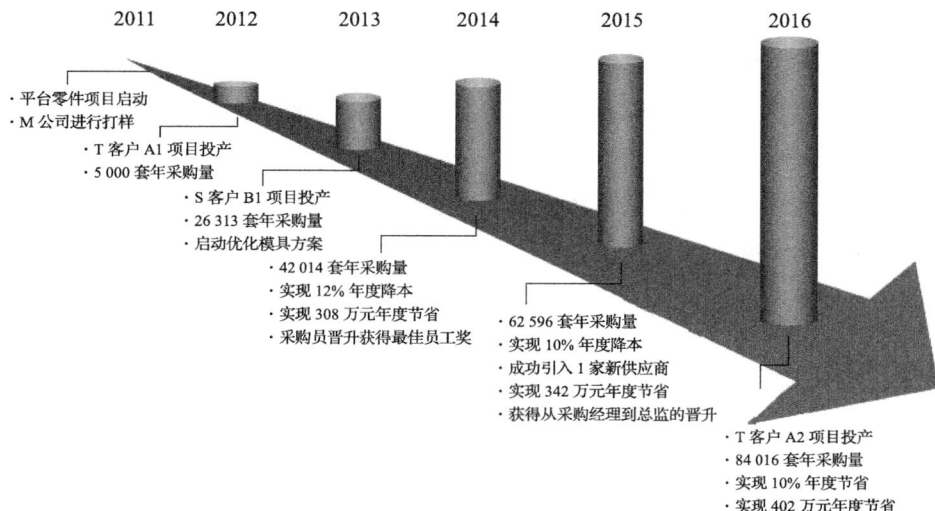

2011   2012   2013   2014   2015   2016

· 平台零件项目启动
· M 公司进行打样

· T 客户 A1 项目投产
· 5 000 套年采购量

· S 客户 B1 项目投产
· 26 313 套年采购量
· 启动优化模具方案

· 42 014 套年采购量
· 实现 12% 年度降本
· 实现 308 万元年度节省
· 采购员晋升获得最佳员工奖

· 62 596 套年采购量
· 实现 10% 年度降本
· 成功引入 1 家新供应商
· 实现 342 万元年度节省
· 获得从采购经理到总监的晋升

· T 客户 A2 项目投产
· 84 016 套年采购量
· 实现 10% 年度节省
· 实现 402 万元年度节省

采购人员负责的事务往往比较多，既要负责对产品线从前端、中段至后端的管理，包括供应商寻源→评估→选择→考核→，还要负责落实每年的节省项目，包括 VA/VE、议价、供应链 SCOR 优化、国产化项目落实，同时还要负责新项目报价、成本模型构架，配合新项目推进，结果导向性非常强。好处就是采购人员对供应商的商务窗口非常清晰，对供应商的情况了解得比较全面和深入，反应会比较迅速。同时，作为一家跨国企业，会涉及跨国采购所属区域内供应商的管理以及跨国采购业务评估和落实。

那么，作为采购人员，面对新平台产品导入初期市场不确定的风险，以及新平台业务快速发展的情况：

● 应当采取什么样的采购策略来控制零件和模具的成本？
● 如何及时调整零件和模具采购策略来推动公司业务更快发展？
● 如何通过 SCOR 模型和 VA/VE 手段来满足客户的不同成本目标需求？
● 如何控制风险并高效落实节省方案？

连续 3 年持续降低产品的成本，以每年超过 10% 的比率逐年降低，创造了一系列让公司高层都震惊的效果。那么，如何在产品从导入期至成长期过程中，实现高效、低风险的产品降本成果？下面就来详细讲一讲这个逐步降低成本的过程。

背景 & 特点（2013 ～ 2014 年）

　　T 客户车型渐渐打开市场，呈现上升趋势。同时，国内 S 客户新项目对该平台也有需求，2014 年整体需求量可达到 42 014 套，这一数字是可以做冲压产品连续模的临界点。考虑到骨架平台的推广，需要降低产品单价，提高整体产品的市场竞争性。

　　但是，连续模的价格是单冲模的 3 ～ 5 倍。另外，有部分零件或部分成形工艺不适合连续模。

降本手段——连续复合模具

　　项目协调：F 公司国内采购既要保证国内 S 客户新项目量产时间节点，又要考虑做模具优化进行降本的时间进度，供应商对于新模具都需要提交新的生产件批准程序 PPAP（production part approval procedure）文件，模具优化零件需要生成新版本零件号。在获得 PPAP 批准之前，仍需要从 M 公司订购旧版零件号。采购需要高度协调 F 公司内部国内供应商质量工程师（SQE）、美国工厂物流计划和澳大利亚工程人员以及 M 供应商来推进整个节省项目如期落实，由于跨时区、跨地域和跨部门，协调并非是一件容易的事情。

　　结合成本和工艺，最后模具优化的方案采取了部分零件复合模具（连续落料＋单冲成形）；部分小且简单零件全连续。

　　同时，F 公司澳大利亚设计人员针对座盆件要进行工程变更设计优化，对这些零件暂时不做调整。为了适应新的项目，会根据 S 客户的要求增加新的配置，产生新的零件号。

　　其中，针对哪些模具能够优化，采取怎样的模具方式以及总成本 TCO 的核算，F 公司国内采购、M 供应商和总部的工程师进行了多次沟通协调。

经验总结：

◆ 通过团队协助（国外与国内），在不到半年的时间内实施完成降本项目。

◆ 要勤思考多分析不同模式下的项目周期成本，掌握运用数理分析工具。

◆ 采购要发挥项目成本小组牵头人的作用。

背景 & 特点（2014 ～ 2015 年）

1. F 公司的座盆零件设计变更结束，由于新产品设计变更大，需要全部重新开模。

2. 针对新零件，F 公司的中国采购重新进行供应商技术方案和报价的比较。经过将 5 家现有供应商和新供应商进行比较，发现供应商 W 和另外两家可以提供针对座盆骨架大零件的全连续模的方案，但供应商 M 不行。

3. F 公司在无锡的工厂发现现有焊接设备有空余产能，因此为了提高厂内设备利用率，公司需做自制还是外购的方案分析。

降本手段——引入新供应商 M，并由外购转自制

大零件全连续模投入非常高，新供应商是否能够保证这些复杂产品稳定的质量？F 公司采购组织工程人员和 SQE 对 3 家可以做连续模方案的公司进行考察和方案的讨论。同时，F 公司采购人员要求 M 公司提供 FEA 有限元分析，并组织供应商早期介入工程设计中，充分讨论制造的可行性，降低风险，落实节省。

F 公司采购人员需要和国内工厂制造 / 财务 / 工程一起，将所有小总成 BOM 分解，确定外购沿用件和供应商（确保不漏件），以及新供应商新零件成本，完成小总成的自制 vs. 外包（make vs. buy）评估成本和切换供应商的 SWOT 分析，并提交给管理层进行批准。

F 公司切换供应商 M 到 W 以及外包转自制的举动，让 M 公司的高层非常不满意，直接影响到 M 公司的年度销售业绩。但 F 公司采购人员以最终合格模具件 SOP（start of production，量产）的事实，证实了 M 公司的技不如人，同时给 M 公司施加压力。这是因为冲压件行业的趋势就是要有能力做高强钢板的连续冲压。当然，由于零件的复杂度，供应商 W 和 F 公司的 SQE 也花费不少时间通过 PPAP 批准。

经验总结：

◆ 通过数字分析和工具使用，说服公司管理层支持自制方案，协同团队其他成员在短时间内完成降本项目。

◆ 不要惧怕与供应商的拉锯战，如果觉得供应商业务经理不能解决或有效

传递信息至供应商高层，那么请采购人员先尝试耐心地去和供应商高层进行有理有节的沟通。

◆ 在做自制 vs. 外包的分析时，需要对产品工艺和组装过程及 BOM 有深刻的了解，耐心、仔细地评估每个层级的零件，考虑对应风险和解决措施。

◆ 一家自我感觉良好的公司（M 公司）会逐渐丧失市场竞争力。对于采购人员来说，要密切关注供应商的战略发展。

背景 & 特点（2015 ～ 2016 年）

国内 S 客户需求逐步增加，同时 S 客户考虑授予新的项目给 F 公司。

国内市场需求增多，但是国内客户对价格敏感性很高。

在连续两年大幅度降本后，再大幅度降本显得比较困难。

降本手段——通过 VA/VE 与五环谈判法

采购部联合工程部进行 VA/VE 的方案讨论，对非功能大件座盆防滑板放宽尺寸或者材料要求，并采取引入低价格供应商，主供给国内 S 客户。国外 T 客户继续沿用 M 公司产品。

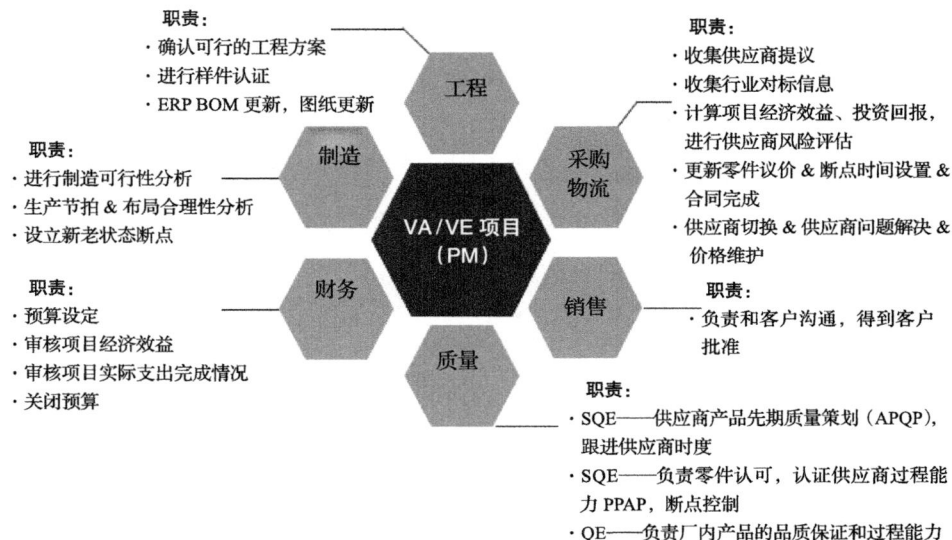

职责：
· 确认可行的工程方案
· 进行样件认证
· ERP BOM 更新，图纸更新

职责：
· 收集供应商提议
· 收集行业对标信息
· 计算项目经济效益、投资回报，进行供应商风险评估
· 更新零件议价 & 断点时间设置 & 合同完成
· 供应商切换 & 供应商问题解决 & 价格维护

职责：
· 进行制造可行性分析
· 生产节拍 & 布局合理性分析
· 设立新老状态断点

职责：
· 预算设定
· 审核项目经济效益
· 审核项目实际支出完成情况
· 关闭预算

职责：
· 负责和客户沟通，得到客户批准

职责：
· SQE——供应商产品先期质量策划（APQP），跟进供应商时度
· SQE——负责零件认可，认证供应商过程能力 PPAP，断点控制
· QE——负责厂内产品的品质保证和过程能力

工程　采购物流　制造　销售　财务　质量

VA/VE 项目（PM）

我们对 M 公司的 CBD 成本进行深度挖掘，同时针对目前 SCOR 供应模型进行分析后，发现随着国内业务的增加，M 公司在保税区内的成本优势逐渐下降，主要是由于 M 在保税区进口宝钢材料视同境外企业进口，需要交纳 8% 的进口关税。

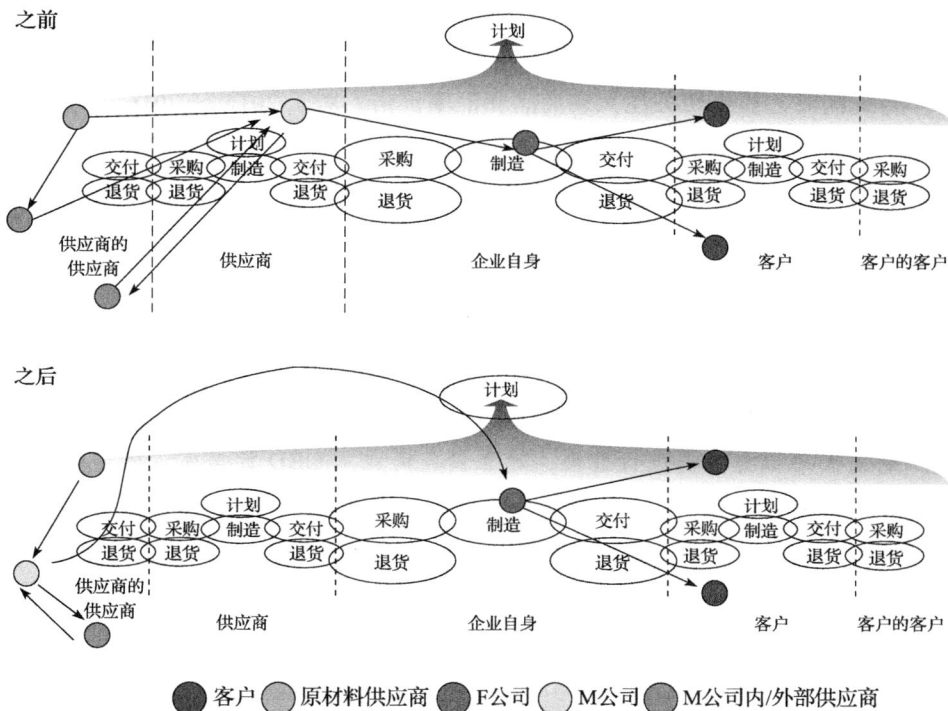

● 客户　○ 原材料供应商　● F公司　○ M公司　● M公司内/外部供应商

将 M 公司从保税区内迁移到区外，虽然在出口上会变成一般贸易出口，增加 2% 的增值税未退税的成本，但是最终的总成本还是在区外更有优势。

由于 M 公司在保税区外的工厂的业绩采取独立考核制，所以它不愿将现有保税区内企业的业务转移至区外的工厂。

M 公司高层对 2014～2015 年业绩未完成的情况，没有认真做自我检讨，带着情绪进行谈判，拖延因原材料价格下降和美元汇率走强的价格下调的时间。

谈判异常艰难，所以在谈判中，我们运用了五环谈判方法：

第一是力量环，借 2015 年引入新供应商 W 公司和对新增业务额的控制，增加对 M 公司的控制。

第二是议题环，明确谈判目标，计算达成价格区间。

第三是参与环，上升到与 M 公司供应商 CEO 进行谈判，引起对方高度重视。

第四是团队环，先在公司内部，通过采购人员模拟谈判角色进行预演，构建起有层次的反复对外沟通。

第五是环境环，多次采用主场作战方式，并故意制造高涨的不满情绪。

最终通过反复沟通，多轮谈判，实现降本目的。

与此同时，还密切关注大宗商品和汇率价格，对于 2015 ～ 2016 年原材料价格下降以及出口美元汇率的走强，及时把握大宗原材料市场走向和出口汇率走向趋势，时刻收集最新数据作为谈判筹码，说服供应商在 2016 年年初降价，从而完成当年的降本计划。

经验总结：

◆ 需要不停地进行成本挖掘，挖掘就有降本的机会。

◆ 透过数据分析了解问题点，制定破冰的策略。

◆ 需要对历史数据进行整理，建立供应商成本 CBD 数据库，搭建企业自己的成本模型，同时要积极同市场竞争者做对标分析，并根据每个年度的市场环境和技术发展，来更新自身的成本模型。

◆ 团队合作是永远的主题，只有大家齐心协力，采购才能更强大。

【点评 1】

降本是采购永恒的主题，也是采购在组织中凸显价值的重要手段。采购降本的手段诸如直接谈判、供应商转移或引入新供应商增加竞争、价值工程 VE、供应链整合等，这些在各种专业书籍或采购培训中都有全面的介绍，至于各种手段真正能取得多好的效果就是市场供需状态、供应商成熟度、组织内部各部门合作水平、采购从业者的专业技能、组织采购战略等各种因素综合作用的结果。

该案例中的企业成功实现了连续三年超过 10% 的降本基本也是上述手段的成功运用。比如，每年需求量的快速增长给采购人员增加了很大的谈判筹码，谈判又是成本最低、见效最快的降本方法，所以很多企业都愿意投入巨大的成本给采购人员进行谈判技巧的培训。当需求量增长到一定的水平，采购方联合供应商开发了连续模提高生产效率，降低生产成本，这是从工艺优化角度来实现降本。相信专业的采购对于这些套路都不陌生，在此不再赘述。

谈到降本，以下几个问题是值得反思的：

1. 我们为什么需要"降"？

2. 为什么不能一开始就达到相对合理的水平？

3. 一个老板面对连续多年超过 10% 的降价时，到底是应该高兴还是愤怒呢？

4. 到底是从一开始就实现一步到位的最优价格还是逐年降价能够显示出来采购人员的贡献呢？

5. 只要你肯努力，价格一定是"没有最低只有更低"，那什么样才是合理的价格？

当然，考虑这些问题的时候我们也不可脱离需求变动、市场变动、供需双方为自身利益最大化而进行博弈、组织的绩效考核体系等各种影响因素，但无论如何价格是价值的体现，所以一个产品的"应当价格"（should cost）是至关重要的，但是往往这又是最难以得到的信息，究其原因由于得到"应当价格"需要丰富的专业知识和大量基础数据库，而采购从业人员往往难以具备这些方面全面的知识体系，所以最为常见的做法就是多家比价，以平均价或最低价作为标杆进行谈判。

现在很多企业虽然已经意识到了这块需求，但往往还处于有心无力的状态，因为其复杂度确实难以真正落实。这将是采购领域可以深度挖掘的重要市场机会和职业发展机会，要求每位采购工程师达到这样的技能要求几乎是不可能，除了更为科学的应当成本核算系统支持外，如果采购组织有如供应商处的核价职能设置，将从很大程度上确保从开始采购就拿到较为合理的价格或者从开始就能与供应商制定好价格机制，从而实现组织的利益最大化。

本案例特别强调了中小企业的降本，其潜台词是与大企业相比，试图突显中小企业在某些方面的弱势，比如知名度带来的信用度、需求量、对供应商的掌控程度等。但我们从案例中其实并没有明显地感觉到这些劣势，反而现在一些世界 500 强企业在进行多品种、小批量、高要求特征的需求采购时，经常在供应商面前处于较为被动的状态中。企业无论大小，如何能将降本工作做得更好呢？

简而言之，首先，设计基本决定了成本的 70% ～ 80%，从源头抓起是关键；其次，要做好上面提及的应当成本核算，做到心中有底；再次，对于供应商的选择非常关键，一个合适的供应商会以正确的工艺实现产品，价格自然不会离谱；其次，与供应商形成战略性合作关系将会给双方带来长期的双赢结果；最后，组织对采购人员采取的绩效考核体系很大程度上会决定采购人员的行为模式，这是很多老板需要思考的，不可捡了芝麻丢了西瓜。

许小强
上海申彦通讯设备有限公司总经理

【点评 2】

这个案例充分证明了采购在公司项目推进和业务发展中起到了至关重要的作用！

作者根据项目发展的不同阶段及 TCO 原则，结合公司是全球汽车内饰中小型制造商的特点，制定并执行了明确有效的采购战略。

在项目导入期，市场情况不明朗，选择单冲模具，虽然产品单价高但投入低、风险小。在项目爬坡并有新客户需求的阶段，通过与客户及公司管理层充分沟通，最终将投资连续模临界点从 60 000 下降到 42 014，实现了部分零件复合模具（连续落料＋单冲成形）及部分小且简单零件选择全连续模具；利用客户设计变更的机会，成功引入第二家供应商，也通过自制 vs. 外包的策略利用了公司剩余焊接产能，同时化解了现有供应商的负面情绪并给其压力，为后续降本工作创造了条件。在市场形势乐观、国内客户增加、对产品价格更加敏感的阶段，果断与工程部一起通过 VA/VE，优化产品要求，引入低价供应商，并成功说服现有供应商从保税区搬出，提高效率，降低物流和管理成本。

在整个项目及采购战略实施的过程中，作者应用了很多采购分析、降本的工具，比如 TCO、SCOR 模型分析，自制 vs. 外包分析等，来支持采购战略的实施，并成功实现了连续 3 年超过 10% 的降价目标，保证了公司项目的进行以及公司业务进一步的快速发展！

从这个成功的案例中，我们看到作者通过自己不断的反思与学习，在整个采购降本工作中起到了带头和标杆的作用，取得了令人钦佩的结果，同时作为回报，作者随着项目顺利的推进，采购相关能力得以提高，获得公司认可，实现了自身的成长与职位的提升，见证了个人发展与公司发展的完美结合与统一，值得广大采购同仁借鉴、学习！

张伟

舍弗勒投资（中国）有限公司大中华区采购总监

【点评 3】

作为一家中小型企业能够在当下的大环境下实现连续降本非常不容易。中小型公司的采购人员往往负责的事情非常多，在这样的情况下，实现良好的项目预测、构架合理的成本模型、对成本的分析和控制以及合理降本对采购人员的专业性有很高的要求。本案例对不同时期的产品定位非常准确，采用的采购成本战略清晰，在初期的降本方案中充分考虑到了切换供应商的风险，重视供应商关系的维护，这些非常值得我们借鉴。案例中 2015 ～ 2016 年针对供应商宝钢原材料的分析可以进一步优化，在中国钢材市场上，由于国家鼓励钢材出口，出口单价远低于国内钢材的销售价格（例如，钢厂可以提供简单的原材料加工，如表面油漆防腐或者非常简单的加工，出口是可以执行 100% 退税的），此时通过改变原材料供应商的供货模式也可以实现降低成本。

在 2015 年的降本分析中，个人认为 ABC 分类中 A 类、B 类物资的分类比例足够清晰（A 类物资比例过高），不易于突出 A 类物资的采购策略。在其他环节中，专业知识在实践中的应用（如四象限分析、SWOT 等）非常值得借鉴和学习！

庞生旺

达涅利冶金设备（中国）有限公司采购总监

讨论与思考

○ 中小企业降本与大型企业降本的方法有什么区别？

○ 本案例提到连续多年降本，老板是否会质疑以前没有降到底？专业采购人员应该如何应对？

TOP PURCHASER
IN CHINA

如何正确使用电子招标

（2016 年优秀奖　潘光杰　艾默生）

推荐语
TOP PURCHASER IN CHINA

　　对于招标采购，很多公司都在用；对于电子招标，也有很多公司在用。

　　有的人津津乐道，如何用招标降低成本百分之多少，用电子招标降到了"最低价"；有的人则高喊"立刻停止低价中标""滥用招标采购害人害己"，每个人都能举出大量案例证明自己的结论。

　　招标采购，有人欢喜有人忧，几家欢乐几家愁。

　　工具本身不是罪过，关键是如何用好这些工具。

宫迅伟

我的微信订阅号　　　　我的个人微信

在现代社会中，采购成本对企业竞争力的影响越来越显著，管理层监督和控制采购过程的要求也越来越强烈，因此采购过程越来越要求更加透明化、便捷化。上周参加了易招标组织的"数字采购"发展论坛，发现在很多制造型企业中已经要求或正在计划使用电子招标，很多采购的同行对使用电子招标采购存在疑惑和困难，如何有效地使用电子招标采购就成了需要解决的问题。我公司从2003年开始引入电子招标采购系统，于2010年将电子招标采购确认为考核指标之一。经过多年的实践和探索，我就此分享一下自己的使用心得。

先自我介绍一下：我于2000年参加工作，先后在国有企业、台资企业和美资跨国企业负责技术和采购工作；于2006年加入艾默生，现在负责LS子公司（主要生产工业用发电机和马达）的采购工作。除了负责北美和欧洲工厂从中国采购的日常工作，也负责LS子公司国内的所有品类电子招标采购项目，表1是在2010～2016年组织的130个电子招标项目，实现成本节约3000多万元人民币（约9%）。所有的事物都具有两面性，电子招标采购也不例外，所谓有效使用电子招标也就是在利用其优势的同时尽可能地规避其风险。

表1　2010～2016年电子招标采购项目按品类统计表

品类	项目数量	采购金额（美元）	节余（美元）	节余所占比重
紧固件	1	358 786	98 594	27.5%
铝压铸件	3	1 558 992	328 550	21.1%
设备类	35	6 833 041	1 086 570	15.9%
冲压件	1	158 935	19 867	12.5%
MRO	49	6 196 612	750 793	12.1%
机加工件	16	9 383 679	1 032 036	11.0%
材料类	1	648 708	71 163	11.0%
铸铁件	5	2 197 266	191 103	8.7%
塑胶件	2	976 770	68 264	7.0%
铜线加工费	5	5 820 641	379 542	6.5%
铝砂铸件	1	488 828	26 006	5.3%
硅钢片	7	15 947 813	610 693	3.8%
包材	3	2 598 498	72 516	2.8%
电子件	1	191 643	0	0.0%
小结	130	53 360 213	4 735 697	8.9%

电子招标采购降本增效

提到招投标，可能很多人会觉得政府采购或工程项目中才会使用，实际上在制造业中的应用也比较多，特别是在采购人员和使用部门分开的情况下。电子招标使得价格谈判变成了一个透明的过程，不管是供应商还是其他干系人都可以在自己的办公室里了解和参与招投标的过程。通过电子招标采购流程图（图1），可以看出这个工具能使参与者得到相对充分的竞争，最终得到不错的采购价格。

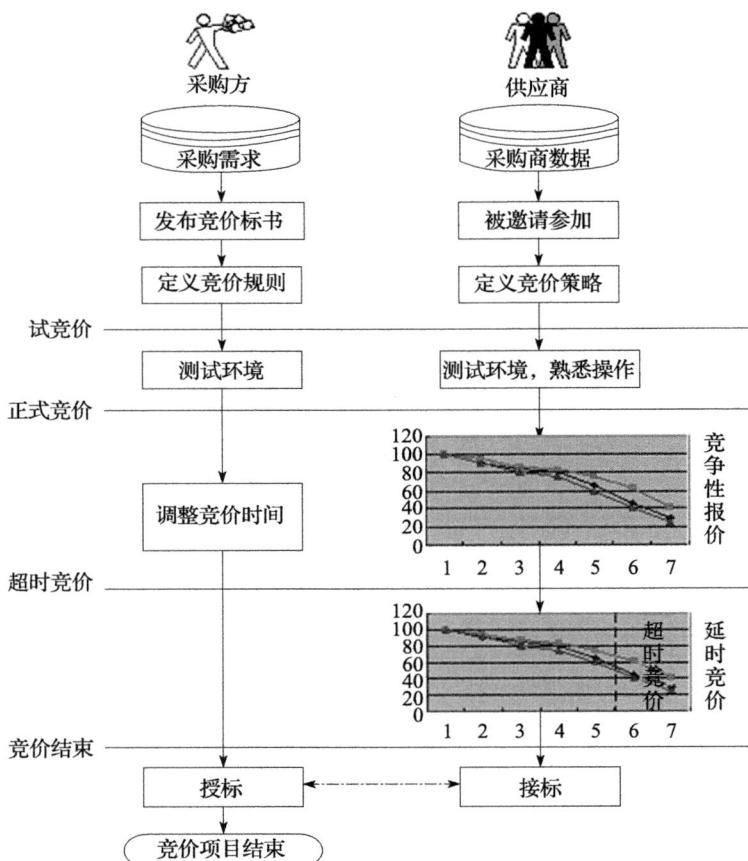

图 1　电子招标采购流程图

在传统采购过程中，采购人员不得不花费大量的时间来应对管理层对货源选择上的质疑。电子招标采购透明和便捷的特性很好地解决了这一问题，大大减少了我们在解释"为什么是这个价格""为什么选择这个供应商"的问题上花费的时间。因为其便捷性，管理层也可以实时了解这一过程。这有效地促进了降本增效的达成。

如何使用电子招标采购

电了招标采购只是一个辅助性的工具，其主要作用是用来确定货源及产品价格。电子招标系统实际上就是一个价格发现的平台，这有别于我们传统的议价过程。但众所周知并不是所有项目的采购价格越低越好，要有效地达到降本增效的目的，我们在选择和组织招投标的过程中需要考虑很多因素。除了必不可少的专业知识和采购经验外，也可以借助 SWOT 分析法、定性分析法、波特五力模型、定量分析法进行选择与分析。

从图 2 可以看出，对已经量产的项目来说，电子招标采购是通过分析现有的采购数据来找出需要组织招标的项目，通过招标来确定采购的货源和价格，结束后签订采购合同，从而为新订单提供采购依据。但要成功地组织电子招标采购也不是仅仅依靠采购部门就能完成的，特别是对于新项目开发，公司的决策层、需求部门、技术部门也都需要参与进来。作为采购人员，我们担负着组织、管理和实施的职责，即招标采购方案的制订、公司内外部的沟通以及招标完成后的执行。要提高电子招标采购项目的成功率也可以通过"计划""开发""执行""实现"等过程分步完成。

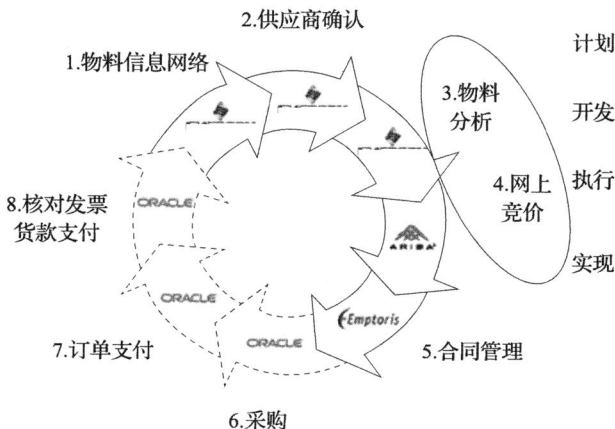

图 2　信息流图

采购是为实现公司的采购战略目标来服务的，随着战略的变化，电子招标采购的要求也需要调整。我公司采购战略变化的历程如下：最优采购中心（希望最大化地在低成本国家或地区采购，以降低成本）→增加现金流（使财务报表看起来更健康）→提高准时交货率（更好地满足客户）。为了实现这些目标，电子招标采购中的相应要求分别是邀请低成本国家供应商→考虑驱动型供应链＋使用新的运输条款（目的都是减少库存）→按卓越运营的要求组织招标（增加本地供应商的竞争力）。可见，为了实现公司战略，电子招标采购需要不断地调整相应的要求来达成公司的战略目标。

如何组织电子招标采购项目

在组织电子招标采购项目过程中，我们除了依靠必不可少的专业知识和采购经验外，也可以借助一些成熟的模型进行选择。下面分享一下如何在组织电子招标采购项目过程中使用 SWOT 分析法、定性分析法、波特五力模型和定量分析法。

SWOT 分析法的使用

电子招标采购的好处显而易见，同样也有风险需要考虑。有些供应商，特别是急于合作的供应商为了获得项目可能提供过低的报价，这会导致管理上的困难和服务上的不到位，也有可能因为项目选择的不合理，导致没有得到节约反而产生了费用；电子招标通常需要一段时间来准备，对需求紧急的项目，采购人员可能没有充足的时间完成资料的收集和标准的制定，从而导致招标结果并不理想；因为组织架构不合理、高层不重视或内部干预因素的影响，有时电子招标项目也会流于形式，不仅产生了费用，对公司声誉也会产生很多负面的影响；过于频繁的招投标使合同期限过短，有可能会破坏采供关系。通过 SWOT 分析可以使我们对电子招标采购的利弊有一个全面的了解，也可以更容易对内部解释为什么采用或不采用电子招标采购。表 2 是我们考虑是否组织电子招标采购时进行的 SWOT 分析供大家参考。

表 2　电子招标采购 SWOT 分析

	优势	劣势
内部	公平、公开、低成本、便捷、高效 在供应商选择上更容易 使企业内部管理更完善	前期会增加采购人员的工作量 需要一定的准备时间 有一定的风险
	机会	威胁
外部	得到更有竞争力的价格 发现新的、更合适的供应商和价格 总成本最低	破坏采供关系 招标失败，增加谈判难度 影响公司声誉

定性分析法

电子招标采购并不适用于全部采购物料，作为采购人员或采购管理者，我们可以通过定性分析来制定相应的采购策略，从而合理地执行和管理采购工作。在工作中，我们借助了 Kamann 立方图原理，把采购物料分为：杠杆产品、战略产品、日常产品和瓶颈产品（见图 3）。根据分类，主要把精力放在杠杆产品和日常产品上；对于战略产品和瓶颈产品则进行具体分析，而不是强制要求。这样在很大程度上减轻了采购人员的压力，同时提高了电子招标采购项目的成功率。

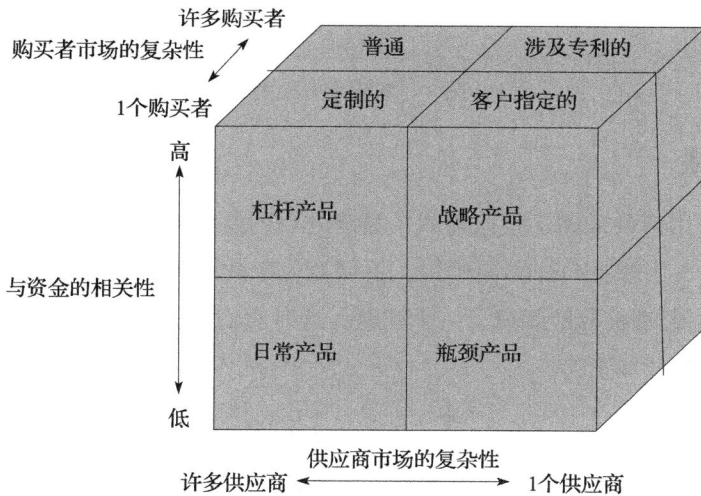

图 3　Kamann 立方图

波特五力模型

在选择电子招标采购项目上，我们也参考波特五力模型的原理来分析具

体的招标计划（见图4）。要得到更好的价格，在以下情形下可以多考虑使用
电子招标：负责采购的人员能力相对较弱，比如有些工厂没有专职的货源开发
人员，有限的采购人员都忙于处理日常事务，当前的采购价格很可能存在下降
空间；存在潜在的更有竞争力的供应商或替代品；随着用量的增加，生产技术
需要变革（如技术更新：手工→半自动→自动）；如果有些供应商的材料采购
价格有空间，我们也可以直接干预，拿到这一块儿的节约值。而对于买方议价
能力强、价格比较合理的产品，可以考虑长期合作或延长电子招标的间隔；对
于垄断和独一货源的物料，如客供品、特殊材料等，则要慎重考虑使用。简单
来说，在有多个可选的供应商且价格有一定的下降空间时，建议选用电子招标
采购。

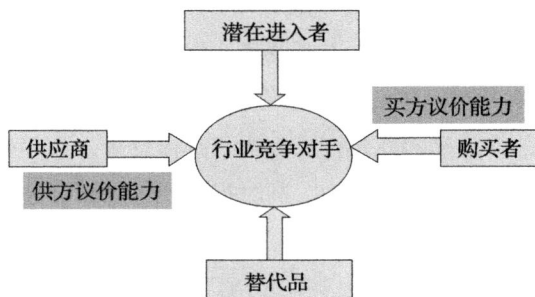

图4　波特五力模型

定量分析法

不管采用何种采购工具或形式，最终的目的是得到最优总成本。对于复杂
的招标项目（比如，允许不同币别、不同商业条款或涉及多国家、多地域的项
目），如何制定考核标准就成了一个问题，这时我们会把所有因素货币化、数字
化。其基本模型如下：

$$V_i = \sum_{j=1}^{m} Z_{ij} \qquad i = 1, 2, \cdots, n$$

式中，V表示总分；Z_{ij}是第i个待评企业的第j个评价指标的分值；j是指标的
个数；n是参与反向拍卖投标企业数量。

为了更为科学地评价，可为指标附加权重（weighting index）$W_i = (i = 1, 2, \cdots, m)$。$W_i$源于评估方的经验或偏好，即为主观赋权。MAA法相对最低投标价法
已有了改善，它可以体现出多方面的影响，如价格、质量、交期、服务等，并

且可以通过简单的模型定量地表示投标方的综合状况。

这四种方法各有各的特点，我们在实际工作中要求相关采购人员选择使用，带来的帮助比较大。大家可以根据实际需要分析和判断具体项目是否应该使用电子招标，还是有选择地使用，这样也能逐渐形成良好的采购模式。

采购价格降低，利好公司发展

从我公司 2010 ～ 2016 年电子招标采购的统计表中，可以看出电子招标的使用确实使采购价格得到了一定程度的降低（见表 3）。实际上，因为采购工作更加透明，也促进了公司内部沟通和管理在某种程度上的完善。

表 3　2010 ～ 2016 年电子招标采购统计表

年份	招标金额			节余			
	直接物料（美元）	非直接物料（美元）	总额（美元）	直接物料		非直接物料	
				金额（美元）	百分比	金额（美元）	百分比
2010 年	8 234 997	3 460 861	11 695 858	737 207	9.0%	536 485	15.5%
2011 年	4 612 384	3 492 088	8 104 472	755 994	16.4%	333 166	9.5%
2012 年	2 955 420	1 582 560	4 537 980	160 667	5.4%	318 358	20.1%
2013 年	5 627 468	2 051 556	7 679 024	362 074	6.4%	227 729	11.1%
2014 年	7 225 108	2 761 751	9 986 859	214 026	3.0%	195 126	7.1%
2015 年	6 370 100	977 619	7 347 719	466 417	7.3%	128 396	13.1%
2016 年	2 057 876	1 950 425	4 008 301	58 269	2.8%	241 783	12.4%

现代社会是信息大爆炸的时代，更多智能化、无纸化办公技术和手段都已得到广泛的应用。电子招标采购是顺应时代发展趋势，利于企业生存发展的一种有力措施。越来越多的企业管理者也在积极地引入电子招标系统，对电子招标的期望越来越高，企业能否很好地使用电子招标采购，关系到企业未来的竞争力，需要引起业内人士的重视。

经验总结

采购模式的转换从来都不是一帆风顺的，使用电子招标采购对我们来说整体上是成功的，但在使用的过程中也遇到过困难和失败，希望以下经验总结能对大家有所帮助。

◆ **经验一**：新工具的使用需要公司领导层的支持和推进，否则很难真正地贯彻执行，同时也需要进行合理的管理，如果管理不善，可能会流于形式，达不到预期效果。

艾默生从 2003 年开始引入电子招标平台，前期也投入了大量的资源在内部推广，但普及效果并不理想。自 2006 年开始，总部成立了专门的电子招标部门，各区域有专人负责协助子公司培训和组织电子招标项目，但多数工厂仍对此比较抵触。直到 2010 年电子招标采购成为各子公司采购最高负责人的考核指标之一，由 CPO 逐层推进，才在工厂得以普遍使用。艾默生在全球有 60 个品牌、几百家工厂，情况千差万别，电子招标采购作为采购考核指标后也出现了为完成考核而使用的问题。例如，2010 年单纯考核电子招标采购金额，迫使有些工厂不得不选择大金额的物料而忽略了是否合适。2015 年公司采用了计划审批制，即提前提交采购计划，在有合理理由的情况下（比如以定制化、小批量产品为主的工厂，当然工厂的毛利润通常也很高），对于电子招标采购可以不做硬性要求。

◆ **经验二**：电子招标采购优缺点明显，在带来机会的同时，也存在一定的风险，需要结合短期利益与长期目标，考虑将电子招标与其他模式相结合，尽可能扬长避短。

LS 子公司使用电子招标采购大量机加工转轴。自 2007 年开始，高层要求一两年进行一次电子招标；2010 年，为了得到更好的价格，对全部转轴供应商进行整合，然后招标，当年又得到了高达 10% 的降价。随之产生的问题是单一货源加大了采购风险，后期合作的不确定性使得供应商在硬件投入上存在很多顾虑。为了解决这一问题，2012 年，我们采用合同期限延长到 5 年同时要每年进行 2% 的降价，要求供应商线下提交一次性方案，进行长短期结合后，这一问题得到了相对合理的解决。

◆ **经验三**：人才培养很关键。电子招标只是一种工具，掌握这种工具并不难，但是能把这个工具使用好，对人员的能力要求很高。

在制造业中，使用电子招标时绝大多数都会采用邀请式招标。选择和组织项目需要对供应市场有基本的了解；组织人员收集、整理和制定招标所需的所有资料；要能清楚地理解我们要买什么，需要什么样的供应商；根据公司的实际需要制定要点。要做到以上这些，除了采购人员必需的专业知识和采购经验外，也需要能很好地进行跨部门以及跨公司的沟通。

LS子公司欧洲马达工厂的磁钢采购金额比较大，吸引了很多业内的供货商。考虑到磁钢成本受到稀土价格的影响很大、项目转移成本低、制造难度不大、稀土价格波动比较频繁，我们采用了锁定一年的价格来进行电子招标。组织这个项目节约了在供应商选择上的时间，同时得到了很有竞争力的价格。这个看似简单的项目，实际上也要求采购人员清楚地知道最终产品的目标市场有没有磁钢专利授权的限制，国内都有哪些得到授权的厂商，欧洲制定的产品标准跟国内有什么差异，同时供应国内外工厂什么样的合同和商业条款更适合。任何一个环节出了问题都有可能使节余停留在字面上，而不是得到真正的实现。

◆ **经验四：** 在制造行业中，电子招标有品类较多、采购额较小的特点，也就不太可能成立专门的专家团来评标，通常是由使用部门来做抉择。如果没有第三方介入就变成了自己使用、自己评判，使得电子招标只是流于形式。

工厂建设初期，我们需要采购很多专业设备，工程部比采购部的同事对相关要求和市场更了解。我们采用的管理模式为工程部门推荐供应商，一般要求选择确实能满足需求的三家以上的公司来参与投标，按统一要求招标选择价格最优者。这样既避免了人为因素的影响，因为标前做了供应商前期审核，在很大程度上也保证了项目开发的成功。

【点评1】

e化招标，e化采购

我在招标采购过程中也有类似的管理方式。自2001年公司开始第一次采用招标采购，到2010年开始使用EPS（电子采购平台管理），截至目前已经建立起相对完善的e化招标采购管理模式。

互联网＋已深入各行各业，同样互联网＋采购也会推动各行各业采购管理电子化。e化招标、e化采购也会成为采购管理转型升级的首选方式。下面将我在公司e化招标采购管理模式的实施情况与案例的异同点做一下对比。

我在招标管理工作的e化过程中的一些做法与本案例有许多共同点：无纸化、网络化、流程化。同样我们也把价格审核过程、合同审核纳入信息化管理。

之前的七八年，我一直在事业部做具体采购业务：采购经理、采购部经理、供应链总监等工作。2010年到招标中心开始负责招标管理工作，这时公司的招标管理e化已经进入实施升级的关键阶段。在一两年的时间里，招标项目实现了完全无纸化，所有资料全部实现网络化处理，接着是制度、流程不断得以完善。采购供应管理的实践就是一场变革，更何况是e化采购流程。与案例中相同的是阻力重重，沟通、协调，坚持推动，坚决推动，但随着业务开展越来越顺利、收效巨大，且得到公司上下的一致认可后，质疑者才逐渐销声匿迹。在具体的实施过程中，有与案例中一样的地方，也有我们独特的东西。

对于EPS（电子采购平台），我们有三种模式和价格、订单审批流程：询比价、招标、竞价三种模式，以及JY定制化的流程。其中，竞价和案例中提到的方式非常接近。但是在一般情况下，我们都会邀请供应商到我们的现场进行谈判，最终确定价格。最终授标则取决于招标组长负责制下的评标结果，绝对杜绝最低价中标的风险。这些都是靠制度流程来保证的。与本案例类似，我们也会有供应商的提前评估、成本的提前核算，这些工作都体现在招标前的评审会议上，评审报告确认招标方式（询比价、招标、竞价）、成本目标、订单分配原则。

最终的评标则是按照评审报告中的原则综合评定，由招标组长最终拍板。我们还有工作的闭环管理，每季度对招标结果实施情况进行评估。若有什么问题，我们会在评估会议上商讨招标结果的更改。EPS是价格合规性审批的平台，只有通过此系统审批的价格以及订单比例，才是ERP等系统使用的有效价格。在过去的7年中，从饱受质疑，到被各业务单元接受，电子化招标采购逐步取得骄人的成绩，多个年度给公司降本过亿元。

　　以上陈述了我们 e 化招标采购的操作模式，有与案例中接近的地方，也有我们特有的模式，不管怎样，提高效率，有效控制成本，才是 e 化招标采购的最终目的。

　　最后谈一下，e 化招标、e 化采购的未来。互联网时代，互联网＋促使管理工作取得突飞猛进的发展，e 化招标、e 化采购也是不断转型升级的过程。

　　各个行业、各种业务都在时代的变迁中呈现不同的发展趋势，所以也不是每个业务模式都适合招标，但是针对成本管理的电子化以及供应链价值流的管理的需求，使得我们也需要做出适应性的转型。目前进行中的工作，包括打通 EPS、PLM、ERP 等系统，共享基础数据，关联原材料用量，使得 e 化采购无论是横向还是纵深，都变得精细化、信息化。e 化采购给公司提供了快速决策的依据。移动互联的应用，也使得 e 化采购进入移动端。信息的即时互动，使得 e 化采购有了更广阔的发展空间。

　　总而言之，我们的 e 化招标、e 化采购紧跟时代的步伐，不断发挥信息化带来的即时决策依据，不断推动公司采购与供应管理的转型升级。本案例尽管没有展望其电子招标的未来应用，但我相信，e 化招标、e 化采购在未来互联网＋各行各业的应用中，必然会发挥巨大作用！

赵平
九阳股份有限公司中式生活事业部采购部总监
中国采购商学院助理教练

【点评 2】

　　本案例清晰地阐明了电子招标的用途，也就是让过程更加透明、更加便捷，通过促进竞争，形成较好的价格发现机制，从而让采购方得到更低的价格。

　　另外，信息化手段的应用，让整个过程变得更加透明、数据共享更加容易，从而可以促进公司内部沟通，让采购人员可以更好地应对"自证清白"这个难题。

更进一步，作者明确了"采购是为实现公司的战略目标来服务的"，根据公司的战略重点调整采购的目标，并以此作为筛选参与电子招投标的供应商，同时通过定性分析等方法，将供应端竞争不那么激烈的物料排除在电子招投标之外，从而保证达到后续的降本增效。

供需双方之间，无论是交易导向，还是关系导向，永远绕不开合同价格这个最关键的要素，因此也就脱不开在供需平衡与实力对比基础之上展开博弈。从案例提供的数据来看，降本的作用在间接物料上显现得更加充分。采购人员如何掌握尽可能多的信息，设法在对弈时谋得主动，这正是突显采购人员价值的地方。另外，文末的"经验二"提示我们，在应用电子招标时不仅要考虑双方力量的对比，还要把供方的转换成本纳入考虑。

作者对经验的总结相当生动，读来让人觉得身临其境，对应用推广过程的描述尤其富有启发。任何一场变革都不会轻易发生，在采购这个跨越多个部门，而且相对敏感的领域里，几乎每一项变革措施都需要公司高层，甚至是公司一把手的大力推动。易招标已为数十家央企和民企集团建设运营与推广使用电子招标采购平台，对这个过程的感触尤其深刻。这值得后来者铭记。

在技术细节上，作者如果能对长期考量与短期手段是如何配合使用的着更多笔墨，那将会给本案例再增添几分光彩。

石新泓

易招标联合创始人

《哈佛商业评论》前高级编辑

【点评 3】

电子招投标采购模式的出现是招标业务需求和计算机技术发展相结合的必然产物，是招标采购模式的重要变革。其优点显而易见，缺点也不容忽视。本案例通过企业自身开展电子招标采购所带来的降本增效的显著变化，充分肯定了电子招标采购模式。

同时，作者也引出了对于电子招标采购的顾虑："电子招投采购是否放之四海而皆准"。从宏观到微观、定性到定量、战略到策略，使用 SWOT 分析法、定性分析法、波特五力模型、定量分析法等经典分析技术，充分诠释了如何使用和组织电子招标采购项目，给想要开展或者已经开展电子招标采购的企业提供了重新审视自身的思路，令人耳目一新。

更难能可贵的是，文章没有只停留在理论模型分析层面，而是通过几个经典实例告诉读者开展电子招标采购是一项复杂的工程，需要"三思而后行"。一以贯之的改革决心、阶段推进的耐心、人才培养的恒心、持续监督的精心都是企业成功开展电子招投采购的先决条件。

石庆松

国电物资集团电子商务中心副总经理

【点评4】

本案例总结了作者在电子招标中的工作实践，对从事采购管理工作的同仁有很好的借鉴意义。特别是在后面的"经验总结"中，作者提出了几个非常重要的思考问题。

作者在"经验一"中谈到，对于很多曾经由用户部门主导的物资或服务采购业务，领导或高管的介入和大力支持，非常重要，能确保采购及招标流程的公开、公平和公正。

作者在"经验二"中谈及的因招标结果导致的单一供应商，从而带来的供应风险问题，也非常值得管理者关注，并且作者在招标选择和合同授予策略设计方面给予了更多的考虑。比如，针对单一供应源风险，是否可以这样设计，将合同授予给评估最佳的两个供应商，合同条款中注明日后供应中断时的处理手段相关规定。

作者在"经验三"中谈到的"锁定一年的价格"（即"以年度合同总价"）为招标标的，也是一种非常不错的设计；当然，这也给投标人（供应商）在投标应对过程中的成本和利润核算，以及投标策略选择，带来了更多的挑战。同时，对招投标双方来说，以"年度合同总价"为标的，年度采购量的预测和公允承诺，以及事后实际采购量对成本和价格的影响估算，也将成为值得管理者探讨的领域。

当然，本案例在有些方面如果能更深入地介绍一下管理心得，则会对从业者有更多的帮助。例如，在谈到 Kamman 立方图的模型分析工具时，仅对供应商数量和采购资金多少两个维度产生的四象限进行了分类，而没有在购买者特性维度上做更多的阐述，稍显遗憾。另外，本案例最后描述的工厂初期设备采购招标，如何减弱技术主导、引入生命周期成本为评标依据等处理手段，如能有更多的介绍，就更好了。

电子招标是众多招标方式中的一种，有着其运行时间短和竞争激烈的重要特点。电子招标管理中的两个非常重要的控制环节，应该体现在前期的准备和后期的过程控制中。前期的准备工作包括：品类选择、评标策略和标准、供应商引入选择、标书设计和过程设计。由于电子招标的激烈程度更甚，有利于选择适合的投标人，也有利于规避招标过程中出现的流标、恶性低价中标、中标反悔等现象。另外，电子招标由于采用电子化技术手段，则招标过程可能会出现身份和报价的合法性、技术中断等问题，这些应该在事先加以考虑。

虽然本案例给出的成本节约数据对比显示，电子招标对间接物料有更多的贡献，但是在各企业中的实际运用情况可能未必如此。这只是由于，间接物料传统上未受到更多的重视罢了。比如，很多企业对于间接物料本身，并不像对直接物料那样有着更详细的规格或任务描述，管理者在间接物料的供应市场分析上所投入的精力也不多。

胡珉

中国物流与采购联合会采购委核心专家

讨论与思考

○ 你接触的企业中使用电子招标的多吗？效果如何？

○ 如何在采购中用好电子招标？如何权衡利弊？

TOP PURCHASER
IN CHINA

NPI 新项目的供应商开发与管理

（2015 年二等奖　李丽　TC 公司）

推荐语
TOP PURCHASER
IN CHINA

采购成功的关键是什么？是找到一个好供应商！

采购人员的水平体现在哪里？是管理好供应商！

管理供应商不是一味地淘汰供应商，还要能帮扶供应商、提升供应商能力！

以终为始，从某种意义上说，管理供应商是采购人员的终点，也是始点。这虽然是个老生常谈的话题，但选择、评估、管理、淘汰各个过程都非常关键，流程要落地实操，KPI 要符合 SMART 原则。管理一定要有章可循，不能凭主观靠感觉，一定要照章办事，不能随意逾越，一定要坚持 PDCA 原则，不断总结，循环上升。

好公司、坏公司，好采购、坏采购，差距就在这里！

宫迅伟

我的微信订阅号　　　　　我的个人微信

采购和供应链管理可以说在企业成本管理中起着至关重要的作用，尤其是对于涉及多个国家、多个区域的跨国企业而言。在研发、采购、生产、销售等各个环节中，采购和供应链管理最能体现出成本管理的重要性，谁把握住采购的精髓，做精、做优对供应商的管理，谁就能够占领市场先机，在激烈的市场竞争中，长期拥有一席之地。

EAS 系统精密性提升供应商需求

很多人对商超内每件商品上的磁扣或条码非常熟悉。除了商品本身的条码外，还有一种是嵌在织物上的磁扣，有的是贴在商品上的标签，这些磁扣或条码有着特殊的魔力。

商品上的条码或磁扣就是标签，分别为纸标签和硬标签，其中条码就是纸标签，磁扣就是硬标签。结账处有解码器和拔出器，分别对应纸标签和硬标签，当它们被解码后，你再携带商品经过商超的门口，门口的电子检测器就不会发出刺耳的响声了。因为商超出口处的电子检测器由接收机和发射机组成，是专门用来探测附着在商品上的电子标签的，一旦电子标签被解码或拔出后，电子检测器便检测不出来了。

纸标签（硬标签）+ 解码器（拔出器）+ 电子检测器就是 EAS 系统，也被叫作电子商品防盗系统。 目前该系统已经普遍被用于自选商场、大中型超市、书店、音像店、服装店、皮草行、电脑展示厅等，能有效保护商品不被盗走，减少因商品失窃带来的经济损失，从而减少人员管理成本，保护商家利益。

我们 TC 公司就是这样一家主要生产电子商品防盗系统（EAS）制造的跨国企业。鉴于 EAS 系统的精细性和重要性，公司对供应商及生产原料的要求颇为严格，特别是针对标签、解码器以及检测器的部分关键性零配件，更是提出了很高的要求。

作为 TC 公司采购部门的一员，我的工作职责就是为公司采购合适的、价格优惠的、质量上乘的产品及原料，并与供应商保持长期稳定的合作关系。

因此，在公司里，我深感责任重大，常常在工作中及业余时间里研究采购和供应链管理知识。经过研究，我发现公司在供应商资源方面确实有限，对供应商的管控能力也较弱，着实有待我们这些采购人多多努力，把控成本管理内涵，提升供应商管理能力。

2014 年，我发起了一个具体的采购项目，即亚克力防盗门板 A 项目，希望通过具体案例的实践，提高采购与供应链的管理，降低产品成本，提升公司的生产效率。

我研究了项目的背景：目前，我们公司 A 项目的亚克力门板是从美国 E&T 进口的，产品质量好且稳定，但成本高、交期长，所以从整体上来看，公司的效率较难把控。我们希望通过案例的实践，开发出新的供应商，替代原有供应商，降低产品成本，缩短供货交期。当时，我们预期在 2014 年 7 月完成此项供应商的寻找并开始替代。

供应商开发及管理存在诸多难题

对于供应商的开发和管理，我发现公司在供应商开发、选择、评估和管理这四个方面存在问题。经过深思熟虑，我提出了一些相应的解决办法。

在供应商开发方面，首先，不能准确定义需求，不明确到底需要怎样的供应商，具体到该项目，是不明确亚克力门板 A 的供应商需要达到怎样的要求；其次，没有固定专人与供应商接洽沟通，与供应商方面对接的负责人各部门都有，每个人都与供应商直接沟通，造成实际上的"多头管理"，影响沟通效率和供货效率；最后，我们公司内部缺乏对供应商的跨部门协调管理，而供应商的管理团队也存在这个问题，多对多，不是单对单，沟通协调存在本质问题，效率低下、沟通成本高昂就是显而易见的结果。

对此，我们提出三项改进对策：

第一，准确、详细地描述需求，根据公司实际需求，细化供应商画像，并据此找到合适的替代供应商。

第二，优化采购职能体系，对公司采购职能部门进行优化管理，杜绝"多头管理"。

第三，建立内部协调机制，综合调整各部门工作人员的具体工作职责，内部协调好各种关系，在合作的基础上整合、优化各部门资源，派专人对接供应商。

在供应商选择方面，存在的问题是：

1. 供应商选择缺乏综合性考核内容。

2. 产品询价环节缺乏统一的报价模板。

3. 选择流程欠缺量化指标。

这些都是比较细致的问题。我们提出的解决途径是，对供应商选择的考核内容进一步完善，增加综合性考核内容，增加统一的报价模板用作产品询价，对供应商开展综合性打分，全面考虑各项内容和流程，细化选择流程，给出量化指标。

在供应商评估方面，评审过程和结果存在一些问题。比如，公司在对供应商给出评审结果方面主观性较强，缺乏应有的客观性，影响实际评估结果；在评审现场缺乏全面性和针对性，评估时，或者针对某一项挖得过深，过多地看重某一项内容，不能全面考虑供应商的整体情况，或者过于泛泛，缺乏对关键内容的深刻挖掘和针对性评估，不能在全面性的基础上考虑关键性内容，过于偏颇。

我们提出的改进措施是，完善供应商评审内容，增加技术性评审和商务型评审标准与项目，从流程上、内容上完善，以期能够全面、客观地进行供应商评估，给出让双方满意的评估结果。

在供应商管理方面，公司的采购管理做得差强人意，存在较大的问题，其中，最主要的是：

- 缺乏对原有供应商的分类管理。
- 缺乏持续管理供应商资源的细致方法。
- 没有针对供应商的激励机制，所有供应商都混为一谈，"眉毛胡子一把抓"，不能很好地维护供应商资源。

因此，对相应的供应商定期重审也难以实现，整体看起来，在供应商维护方面几乎是"一盘散沙"，较难有好的效果。

对此，我们重点对供应商进行分类管理：

- 把全部供应商资源根据公司需求和实际生产进行分门别类。
- 建立起全面的质量管理体系和供应商激励机制。
- 在维护基本合作关系的基础上，对供应商进行定期重审和评估。

● 对供应商进行进一步的管理，深入分析他们各自的特点，将他们很好地管理起来，即对于适合我们公司的供应商，继续与其合作；对于不适合的，选择淘汰，然后开发新的适合的供应商，形成好的供应商维护机制。

为顺利地完成以上四个方面的管理和改进，我们综合公司自身需求和采购团队的实际情况，并结合其他成功的采购管理经验，提出了几项保障措施，即建立合理的人才管理体系，制定完善的管理制度，以及组建起计算机集成制造系统，通过人才、制度和工具方面的保障，有力地促进了这四个方面的采购及供应商管理。

为破解难题寻找新供应商

在明确了供应商开发和管理的问题、原因和解决办法之后，我们项目组开始了寻找新供应商之旅。

首先，明确对于供应商的定义和需求。

根据公司对电子检测器配套门板的需求，即透光率 90% 以上、保持 5 年透明度不变、拉拔力达到 57 磅[⊖]、板材厚度 20mm 的实际要求，我们最终选定了符合这些要求的板材为亚克力板，并从网络上和业务部门处多方咨询，获取了供应商信息，初步确定了两家潜在的板材供应商 Damp 公司和 RCH 公司。

其次，加强对供应商的评估。

项目组邀请了采购、质量、项目等业务人员组成专门考评小组，在原有质量体系审核的基础上，添加有针对性的技术、产能、价格条款、交货、服务等考核项，进一步完善了评估项目，在质量、技术和商务方面希望能将评估做得更细、更全面。

再次，对供应商选择进行量化打分。

在量化打分中，我们设定了**实际总成本、售后服务水平、技术能力、经济效率**以及**市场影响度**五个量化指标。通过搜集这些数据，了解供应商在成本、售后解决时间、新产品开发率、净资产收益率和市场占有率方面的总体情况，并加以分析研究。其中，实际总成本是项目组花大力气做的一项。

⊖　1 磅 =0.4536 千克。

在实际总成本中，我们 TC 公司的周需求量中值为 100 个，标准偏差为 30 个，年仓储费用 / 产品采购金额占 25%，库存服务水平需达到 95%，而目前的供应商 E&T 的标准交期为 6 周，标准偏差在 4 周左右。

年需求成本 =5200×1214.59=6 315 886（元）

平均周期库存 =2000÷2=1000

周期库存年仓储费用 =1000×1214.59×0.25=303 648（元）

交期内需求标准偏差 =（ 6×30^2+100^2×4^2 ）$^{1/2}$=407

安全库存数据 =NORMSINV（0.95）×407=669

安全库存年仓储费用 =669×1214.59×0.25=203 126（元）

年采购成本 =6 315 886+303 648+203 126=6 822 660（元）

如果选用 Damp 公司的产品，年采购成本是 5 972 705 元；如果选用 JX（RCH）公司的产品，年采购成本为 3 195 417 元。从中可以看出，选择前者成本高昂，选择后者成本降低，因此，成本是我们选择供应商的关键因素。

此外，在做供应商选择前，我们项目小组还多次组织"头脑风暴"，小组成员一起思考、分析、研究，共同列出各项权重，选定采用简单可行的**逐对比较法**或**古林法**，对实际总成本、售后服务水平、技术能力、经济效率以及市场影响度五个评价项目进行权重打分。

		总成本	售后服务水平	技术能力	经济效率	市场影响度	
	权重	0.35	0.18	0.22	0.11	0.14	
成品加工	亚克力板						总分
Damp	Damp	3	9	3	3	9	4.92
Jing	RCH	9	3	1	3	3	4.66
Sanb	RCH	3	3	3	3	3	3
JX	RCH	9	9	3	3	1	5.9
ENT	C&A GP	1	3	9	3	9	4.46

然后运用加权平均综合性打分。在此项计算中，以选择 Damp 为亚克力板材供应商和成品加工供应商为例：这一组合的产品总成本为 3，售后服务水平得分为 9，技术能力和经济效率都是 3，市场影响度为 9，总分为 4.92 分。

而选择 RCH 作为亚克力板材供应商，JX 作为成品加工供应商，这一组合的总成本和售后服务水平将为 9，技术能力和经济效率为 3，市场影响度为 1，总分则为 5.9 分，比同时提出的另外四种组合（Damp+Damp、Jing+RCH、

Sanb+RCH、ENT+C&A GP）的总分都高，值得我们采纳。据测算，这一新的组合将为公司每年节省 362.7 万元，成本降低比例超过 50%，因此成为我们项目组最终选定的供应商组合解决方案。

最后，选定供应商之后，管理供应商变得非常重要。

是否能够与供应商保持良好的合作关系，影响到公司产品的质量、出货时间以及用户口碑和品牌效力。因此，在合作之后，我们采购部门也需要将精力放在供应商管理上，与供应商保持充分的沟通，建立起全面的质量管理体制，随时解决发现的相关问题。

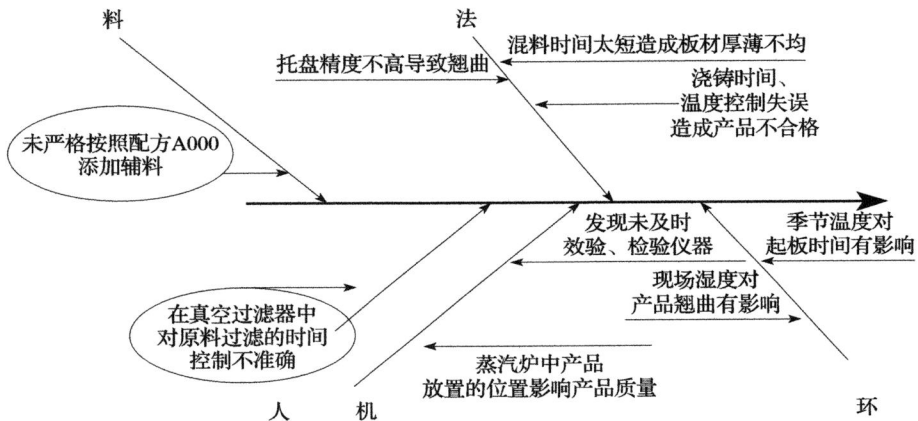

特别值得一提的是，后来我们曾与供应商 RCH 的团队一起，从**人员操作**、**机器检测**、**物料添加**、**生产方法**、**外在环境**五个方面分析当时 RCH 遇到的亚克力板材翘曲问题，并很快找到了造成这一问题的关键原因。

- 在人员操作方面，在真空过滤器中对原料过滤的时间控制不准确。
- 在机器放置和运转方面，发现未及时效验、检验仪器，蒸汽炉中产品放置的位置影响了产品质量。
- 在用料方面，没有严格按照配方 A000 添加辅料。
- 在生产方法方面，托盘的精度不高导致板材翘曲，混料时间太短造成板材厚薄不均，浇铸时间、温度控制失误造成了产品不合格。
- 在环境因素方面，季节温度对起板时间有影响，现场湿度对产品翘曲有影响。这些都是造成亚克力板材翘曲、影响板材质量的关键因素。

我们不仅与供应商一起寻找产生问题的原因和解决办法，还建立了供应商激励机制，更好地完成亚克力门板 A 的研发生产和供货，进一步解决采购和供应商管理难题。

经验总结：

◆ 明确供应商管理的重要性。

◆ 开发新供应商需要准确、详细地描述需求，优化采购职能体系，建立内部协调机制。

◆ 在进行供应商评估时，需完善供应商评审内容，做出全面客观的评估结果，增加技术性评审和商务性评审。

◆ 选择供应商应完善供应商选择考核内容，在流程上细化，开展综合性打分。

◆ 做好后续供应商管理，尤其要进行分类管理，建立全面质量管理体系与供应商激励机制，对供应商进行定期重审和评估。

◆ 采购管理团队需建立合理的人才管理体系，制定完善的管理制度，组建计算机集成制造系统，从人才、制度和工具方面做好供应商管理。

【点评 1】

这是一个非常典型的进口替代的采购优化案例。在这个案例中，我们看到的以下几个闪光点：

1. 采购人员所具有的主动意识、挑战意识。

自由市场下的商业本质是：用技术、管理等手段，为目标市场提供性价比高的产品和服务，从而赢得市场领先地位。

在这个案例中，采购人员对成本结构进行分析，主动选取了难度较大的进口替代作为采购成本优化项目。

众所周知，作为跨国公司，沿用总部决定的供应商体系是职业经理人在职场上最安全的做法；另外，国内能否找到进口替代的合适厂商也是一个较大的不确定因素，这其中的风险和责任都是对采购人员的隐形挑战。

在这种情况下，依然决定启动进口替代，同时还要在内部说服技术、生产等多个部门联合参与，没有主人翁意识是不可能办到的。

2. 采购人员所具有的学习能力和方法论意识。

在该案例中，实现进口替代的切入点在于需求分析以及对应的供应商画像。而需求分析不仅涉及商务元素，更涉及生产、质量、销售、研发等多个环节。在这点上，采购人员不畏困难，牵头进行跨部门协助，边做边学，从各个部门的维度提升自己对该亚克力板的全面认识，这种学习能力是职场竞争力的核心要素。

另外一个亮点是，在筛选评估本地供应商时，采用了一些基础、有效的方法论和工具。案例中提到的头脑风暴、加权分析、鱼骨图等方法和工具都是在工作中已经多次被检验有效的手段。

3. 能够举一反三，从单品采购优化到采购管理的优化。

在案例中，采购人员从单品的优化上，看到了现有管理制度在供应商开发、评估、选择、维护上的不足，从单品优化中汲取经验，主动在更多采购品类、更多采购场景中加以应用。这种举一反三的意识和能力，是优秀采购经理人所应必备的。

朱宁

北大纵横管理咨询集团高级合伙人

【点评2】

通过 TC 公司李丽的案例描述，我们增长了知识，对 EAS 系统有了粗略的了解。亚克力门板作为最后的电子检测设备属于关键性物料。此解决方案属于针对独家物料的"清独"（清理独家供应）方案，在此浅谈一下操作思路。

分析

1. 分析当时独家物料的形成原因。

（1）专利技术垄断性。

（2）使用车间的设备专属性或适应性。

（3）地域优势导致的成本优势。

（4）新物料未量产，相关参数不稳定。

（5）其他关联交易的条款约束。

（6）采购部门惯性操作未提出"清独"需求。

2. 分析物料的技术标准与使用范围。

（1）技术部门对物料的技术标准尽量合理、完善，预防质量过剩。

（2）生产使用部门对物料的使用设备、使用环境参数有一定的收集方法，预防车间使用惯性。

（3）质量部门针对技术标准有明确的检测判定方法，预防主观干扰客观。

3. 对国产替代进口的风险分析：用料对比、技术精度对比、使用寿命对比、售后配套对比、价格优势对比。

选择

1. 从备用供应商资源库选择有过合作、有所了解的熟悉的供应商进行开发。

2. 从专业渠道或网站挑选 3～5 家专业供应商进行摸底了解。

3. 优先选择两三家从业年限长、具备行业规模的潜在供应商进行实质性接触。

试验

1. 潜在供应的样品需进行有计划的小试，验证物料的适用性、工艺时间的合理性、技术报告的真实性以及物流通畅性。

2. 组织供应商管理部门对供应商进行实地验厂。

3. 小试通过的潜在供应商，可以安排少量中试订单进行量产，验证大货量产的稳定性。

4. 中试生产顺利，适当放量正常采购。

对比性采购

1. 适当减少原供应商的供应数量，刺激原供应商保证质量、提升服务、优化价格。

2. 利用原供应商的质量服务认可度，要求新供应商保证质量、提升服务、优化价格。

综上所述，制度性预防才是解决问题的关键：新供应商经过上述环节后可以逐步成长为有优势的稳定供应商，但不能成为新的独家供应商。建立AB角供应商互补制度，除了有明显的技术专属性、专利优势、垄断能力的供应商，都应有备用供应商进行相互制约。水平有限，粗表浅见，敬请谅解。

李春平

云南白药集团股份有限公司采购中心总经理

【点评 3】

本案例源于企业亚克力防盗门板项目，对企业供应商管理痛点的把握和问题改善有良好的借鉴意义。

具体来说，整个案例项目是通过目标管理、问题诊断和分析、改善措施这三个方面展开的。从案例中，我们可以看到，项目目标是通过具体案例的实践，提高对采购与供应链的管理，降低产品成本，提升公司的生产效率。

问题诊断分析则涉及供应商开发、选择、评估和管理这四个方面的一些瓶颈问题，主要有：

- 无法准确定义需求。
- 缺乏固定专人与供应商接洽沟通。
- 公司内部缺乏对供应商的跨部门协调管理。
- 供应商选择缺乏综合性考核内容。
- 选择流程欠缺量化指标。
- 缺乏对原有供应商的分类管理。
- 缺乏持续管理供应商资源的细致方法以及供应商评审结果方面主观性较强。
- 缺乏应有的客观性等。
- 暴露了企业供应商选择和管理的系统性问题。

项目组正是抓住了这些痛点问题，展开了一系列改善活动，其中有几个亮点值得推荐：

其一，明确供应商定义和需求。

其二，邀请采购、质量、项目等业务人员组成专门考评小组。

其三，设定了实际总成本、售后服务水平、技术能力、经济效率以及市场影响度五个量化指标，对供应商进行量化打分。

其四，简洁有效的评分方法，如古林法、加权平均综合性打分。

其五，构建供应商关系管理和激励机制。

从整个案例项目起承转合的过程来看，比较完整，能抓住痛点问题，让阅读者可以从中汲取如何改善供应商管理的有价值的营养成分。

如果说整个案例项目还有哪些地方需要提升，建议：

首先，设定总成本的模型标准，这样在未来的评估中有据可依。

其次，鼓励供应商积极主动地参与采购企业的研发，即 ESI 活动，鼓励供应商将自身的研发设计和采购企业共享，这样可以明显降低采购成本，持续提高产品品质。

再次，在评估项目中可以设定某些项目的一票否决制，确保一些评价要素的底线不能被突破。

最后，采购企业需要有顶层设计，有必要通过各种努力和研究，建立完整的供应商评估与关系管理体系，这样可以从系统和过程上确保具有竞争力的供应商合作伙伴长期支持配合。

郝皓

资深采购与供应链管理专家

复旦大学博士后、教授、博士生导师

智经供应链管理研究院院长

讨论与思考

○ 你公司供应商选择、评估、审核流程是否有很强的操作性，亮点有哪些，不足有哪些？

○ 你在供应商管理方面有什么心得和好的建议？

TOP PURCHASER
IN CHINA

系统帮扶供应商，移植幸福共创未来

（2015 年二等奖　薛建荣　浙江正泰）

推荐语
TOP PURCHASER
IN CHINA

　　我非常愿意推荐"供应商帮扶"案例，因为"帮助供应商就是帮助自己"，这个理念必须多多宣传。

　　很多日本公司，如丰田、雅马哈，甚至组建专门的供应商帮扶团队；我曾经为无限极、方太等公司做过"供应商管理提升"咨询项目，里边都有重头戏——"供应商帮扶"；我为一汽大众供应商进行24期"供应商管理"培训，注意，这里是一汽大众花钱组织其供应商进行的"供应商管理"培训，也就是说，它不仅重视供应商，还重视供应商的供应商。可见，大家现在越来越重视供应商帮扶了，一味淘汰供应商的方法，落后了，也必须休矣！

　　供应商是资源，我非常期待大家也多多分享"供应商帮扶"案例。

宫迅伟

我的微信订阅号　　　　我的个人微信

有供应商表示："OPPO 和 VIVO 是我知道的唯一的两个会请供应商吃饭，并且给予供应商技术支持的手机企业。"正是因为 OPPO 和 VIVO 这种强调合作共赢，把供应商当成真正合作伙伴的做法，使其可以优先获得供应商提供的新产品、新技术支持，强化旗下手机产品的竞争力和卖点。所以，OPPO 才能独占高通骁龙 660 处理器首发权两个月；VIVO 是国内唯一一家能够获得三星 display AMOLED 曲面显示屏大量供货的手机厂商。这可能就是 OPPO、VIVO 能超越华为和小米，成为智能手机销量冠军、亚军的一个原因，这也是在供应链管理中谁掌握了优质供应商资源，谁就能掌控市场先机的最好证明。同样在传统制造型企业中也有一家非常注重与供应商建立战略合作伙伴关系，不仅请供应商吃饭，而且还免费帮助供应商提升管理，实施"帮扶型牧人"式供应商管理模式，帮扶供应商成长的优秀企业。

本案例的主角是一家拥有 30 余年发展历史的行业领军企业，它的产品占据了行业大部分市场份额，它的生产需求引领着整个行业以及上下游企业相关行业的发展。同时，在该行业供应链上，它拥有着担当行业风向标的实力，它就是始创于 1984 年的 ZT 公司。

你是"挑刺型猎人"吗

ZT 公司所在地浙江温州，集聚了上千家低压电器零部件厂商，这里形成了低压电器零部件产业集群，而 ZT 公司充分利用了产业集群效应，采取 90% 的零部件由供应商提供，产品设计、核心部件生产及产品组装由 ZT 公司亲自负责的生产模式。

如今的 ZT 公司，经过 30 多年的风雨历程，已发展成为立足温州、面向世界的国内工业电器龙头企业和新能源领军企业。随着 ZT 公司快速壮大和产品研发的进一步升级，对零部件品质与交货速度提出了更高的要求，而原合作的供应商由于缺技术、缺管理经验等多方面因素，在规模、工艺装备、质量控制能力等方面的提升速度已严重滞后于 ZT 公司的发展速度，不仅效率降低，影响了自身发展，更制约了 ZT 公司的进一步发展。

该怎么办？是继续维持现状，还是破除老旧模式？是采取更常见的"猎人模式"在更大的范围内海选以寻求新的供应商，还是采取"牧人模式"的创新供应链管理思想，对老供应商不抛弃、不放弃，利用自身的管理优势，进行管理移植，协助供应商共同成长？ZT 公司最终选择了需要付出更多精力与心血、充满荆棘的帮扶供应商之路，以实际行动践行"为社会承担责任"的经营理念。

如何转变为"帮扶型牧人"

解决问题的途径是什么？

ZT 公司专门成立了供应商优化帮扶团队，被称为"供方优扶办"，在"合作、发展、互利、共赢"理念的引领下，通过评价、选择、有意识地去扶持、培养综合素质比较好的零部件供应商，提升他们的综合水平，将其发展成为战略盟友。

帮扶工作一开始却遇到了供应商的不理解、不支持，甚至还有些供应商对此有抵触情绪。比如，有人会说了："帮扶，还不是要我降价？"这一类人并不能很好地理解企业带给供应商的帮扶理念，只是简单理解为降价，曲解了原意；有一些人则会说："又要我投钱，没门！"这一类人是投钱的人，他们有钱，却不知道怎么花，更不知道怎样才能把钱花在刀刃上，产出最大的价值，只知道守着是没有用的；还有一类人会这样鄙夷地说："我做了几十年，你比我懂？"这一类人凭着自己拥有的多年经验而故步自封，并不能悉心接受新事物，更不能容忍新人比自己优秀。

面对这些挑战与难题，ZT 公司承诺所有的帮扶工作都是免费的，不增加供应商的负担，同时承诺，通过因帮扶而提升了生产效率和质量水平所带来的盈利增加两年内由供应商独享。这样才逐渐消除了供应商的疑虑与误解。

为变"猎人"为"牧人"，我们采取了一些具体的措施。

首先，要提供组织保障，由采购部牵头，在质量管理部及制造部的配合下，成立项目组。组长负责项目的组织与协调，控制项目的实施进度；SQE 负责帮扶中供应商质量问题的改进；技术人员负责帮扶中供应商技术问题的改进；IE 工程师负责帮扶中供应商工艺流程的改进。

其次，项目组按照"**深入调研、系统策划、现场诊断、蹲点帮扶、效果评估**"的实施方法和实施流程，通过调研选定帮扶对象、淘汰优化对象，对每家纳入提升帮扶系统的供应商，通过现场诊断，对他们各模块存在的问题进行全面、系统、深入的分析，编制《现场诊断报告》与《提升帮扶推进计划》，并经过蹲点帮扶与试运行，对帮扶效果进行评估，编写《帮扶效果自我评价报告》，同时由采购部组织相关制造部组成验收团队对帮扶效果进行验收。

在实施过程中，我们编制了实施的具体规范标准，即

- 《供方能力提升帮扶方案》
- 《现场改善实施手册》
- 《工艺装备选型手册》
- 《认证实施手册》

通过"一个方案、三个手册"，规范了帮扶的要求与标准。

我们还举办了集中培训活动，具体为供应商举办了有关质量体系、定额管理、精益思想、物流管理、绩效薪酬、成本改善、SPC 工具应用、8D 质量改进方法、工艺加工及检具设计与制造等内容的 20 期专业培训，共有 532 家供应商累计 923 人参加。

此外，我们还组织了精益标杆企业考察学习，组织 30 多家供应商老板到广汽丰田参观学习，深入了解精益思想在生产与销售、售后服务、维修中的经典应用，并与日本专家就生产现场管理的相关问题进行了深入的交流。

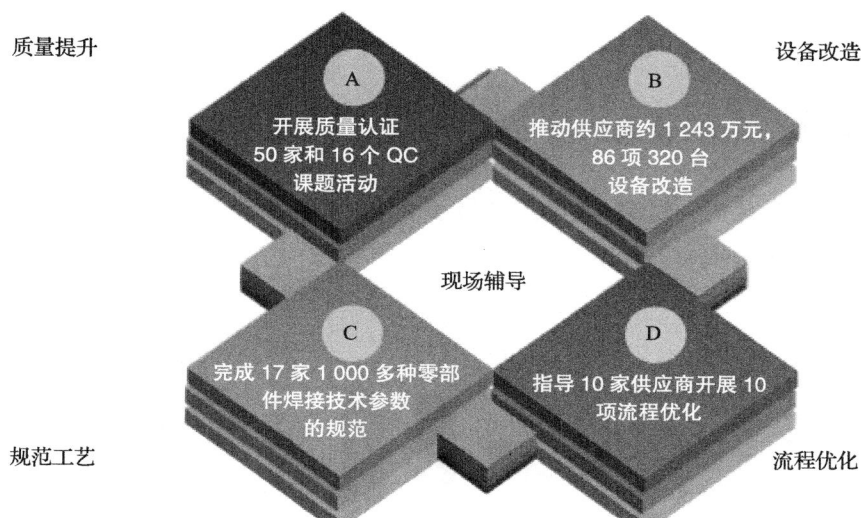

质量提升

A 开展质量认证50家和16个QC课题活动

设备改造

B 推动供应商约1 243万元，86项320台设备改造

现场辅导

C 完成17家1 000多种零部件焊接技术参数的规范

规范工艺

D 指导10家供应商开展10项流程优化

流程优化

　　特别值得一提的是，在蹲点帮扶方面，我们分别在**质量提升、设备改造、规范工艺、流程优化**方面做出了很大的努力，开展了"质量认证50家"和"16个QC"课题活动，推动供应商进行价值约1243万元86项320台设备的改造，完成17家总计1000多种零部件焊接技术参数的规范，指导10家供应商开展10项流程优化。这些工作为供应商的发展起了很大的作用，其质量、设备、流程、工艺都有了很大的提升，同时供应商也对帮扶的工作较为满意。最终验收时，实现供应商精简优化69人次，资质认证145人次，帮扶验收209人次。

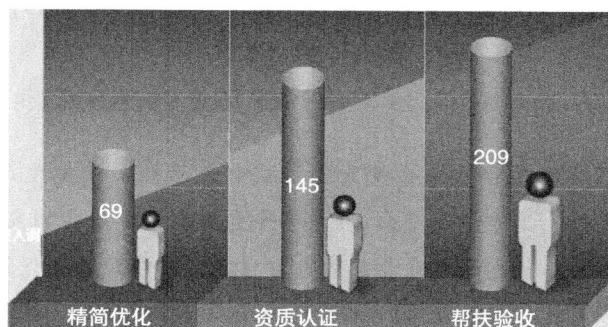

精简优化 69　资质认证 145　帮扶验收 209

对通过帮扶验收的供应商依据验收得分依次授予"绿色供应商资质""黄色供应商资质"称号，分别给予不同等级的价格、采购订单激励，激励供应商持续改进。

成为"牧人"后的效果如何

项目实施一年后，供应商的交货合格率由 2014 年的平均 96.67%，提升至 2015 年 12 月的 98.94%，有较大幅度的提升。

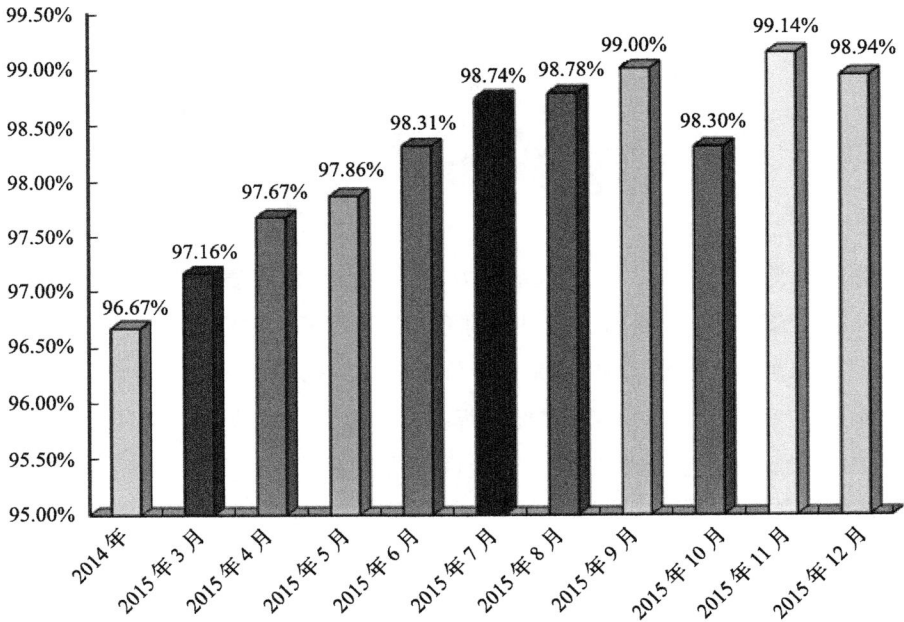

实施 6S 现场管理改善后，库房管理从原来的杂乱无章到目前的井然有序，在场货物分门别类，一目了然，提高了存取效率。

在流程优化方面，NM1-225S 导电系统焊接加工流程优化后：

- 孤岛式的导电焊接加工转变为流水式加工流程，订单生产周期由 10.5h 下降至 2.8h，工序平衡率由 30% 提升至 90%，现场在制品下降 83.3%。

- 动触头焊接由普通摇臂式设备改进为自动焊接机焊接，保证了产品质量，同时产能提升了 1 倍以上。

- DZ267 灭弧室铆合由手工敲打改进为半自动铆合机铆合，产能提升 160%，合格率由 94% 提升至 99.8%。

在工艺改进方面，将普通绕线机改进为高精度绕线机，手工攻丝机改造为半自动攻丝机，生产工艺也有了较大提升。

供需关系由原来的竞争压榨对手变成合作伙伴关系，ZT 公司在供应商眼中的形象，从原本的"挑刺型猎人"转变为"帮扶型牧人"，得到了零部件企业的认可和支持。

同时，供应商零部件质量、交货速度的全面提升，有力地促进了 ZT 公司市场竞争力的提高。2015 年，ZT 公司在中国输配电企业 100 强排行榜中从 2014 年的 26 位跃升至 19 位。

帮扶对象的心里话

不仅在实际生产和供货中有了较大的发展变化，现场管理和供应链的效率也得以提升，得益于该帮扶项目的供应商，对此表示非常满意。我们来听听大家怎么说。

浙江正顺彩印包装厂："自从被帮扶后，我们的现场管理开始逐步整洁、规范，企业制订了中长期的生产计划，编制了作业指导书、操作规程，加大了技术改进的力度，引进了先进的检测设备，在保证生产能力的同时提高了产品质量。"

浙江宝丰机电有限公司："拿今年 3 月跟 6 月做比较，我们产品的交货合格率从 87% 提高到 95.4%；平均万元损失从 123 元下降为 30 元；3 月份我们的库存周转天数是 90 天，通过帮扶后，6 月库存周转天数下降至 30 天……"

正泰："我们用实际行动推翻了企业与供应商之间对立讲价的传统商业假设。企业与供应商不再是谈判桌上的甲方和乙方，而是长期合作、互惠互利、共同发展的战略伙伴。"

还能更棒吗

听到供应商中帮扶对象对我们的认可和满意评价，我们心里别提有多高兴了。当然，高兴归高兴，不可沾沾自喜，还要在此基础上继续提高。

正是因为 ZT 公司的发展得益于供应商的支持，反过来，ZT 公司在自身发展壮大后，对供应商不离不弃，利用自身管理资源与优势，秉承"**携手发展、共创未来**"的合作理念，长期开展供应商帮扶活动，成功输出正泰管理理念与机制，移植"正泰幸福"，优化供应链，将上游供应商更紧密地整合到自己的体系与节奏当中，建立新型的合作双赢关系。

下一步，ZT 公司着重做到"三个导向"和"三个提升"，即

- 以不断促进精细化管理为导向，着力提升团队专业能力。
- 以降低成本与提升效率为目标，着力推进工艺改进与流程优化。
- 以强化监督检查与业绩考核为手段，持续巩固帮扶成果。

以这三个导向和三个提升为发展目标，积极优化采购结构和流程，进一步维护与改善供应商关系，加强供应链管理，降低成本，提升运营效率。

在这个案例中，我们熟练运用了采购的专业知识、技能与工具：

- 在观念上，转变对供应商的看法，变"对手观"为"资源观"。
- 在选择上，基于供应商的历史绩效以及评估得出的潜力，选择合适的供应商。
- 在管理上，按照既定的准则对供应商分门别类，采用或扶持或淘汰的管理战略，进行有针对性的管理。
- 在评估上，对其进行定期评估，对供应商的质量、生产、物料和管理体系进行评估。
- 在统计及集成上，统计和管理供应商的各项绩效指标，督促与协助供应商持续改进成本、质量交期、技术服务等，把优选的供应商集成到研发、生产和日常运营中，以进一步降低产品及供应链成本。

在我们看来，一个人的成长离不开师长的教诲、自身的努力；一家企业的发展也离不开供应商的保障和企业自身的奋斗。选择、管理好供应商尤其重要，不仅如此，还要对其帮助和扶持。对于企业较为合适的供应商伙伴，不应在发现问题时盲目淘汰，而是应该帮助他解决问题，问题解决后，他们会反过来帮助企业提升生产效率，提高产品质量，实现双赢，共同发展。

经验总结：

◆ 管理理念转变：供应商是资源，不是对手，合作性关系优于竞争关系。

◆ 建立供需双方的信息交流和共享机制是合作双赢模式的基础。

◆ 采取合理的供应商评价方法与手段是合作双赢模式的前提，可以促进供应商不断地改进。

◆ 建立适当的激励机制是维持合作双赢模式的关键。

【点评1】

案例作者所在的单位 ZT 公司是低压电器行业的领军企业，所占市场份额高，对上下游企业及整个行业发展影响大，在该行业供应链上起着行业风向标的作用。同时，企业采购管理对企业自身的发展、效益有着举足轻重的作用，对外部合作的供应商也有着很强的控制力。

案例作者首先从采购管理的本职岗位出发，由岗位职责范畴的基本内容，比如供应商选择、商务谈判、监督供应商的生产 / 制造、物流、配送等诸如此类的日常性管理展开讨论，涉及采购战略、供应商关系、供应商开发，并由此引出如何发挥、体现采购管理的价值贡献等深层次思考。

作者没有简单地利用、局限于企业所在行业的标杆、影响地位，受制于本岗位的追逐短期效益、成本 / 价格节约的约束，即做作者所说的"挑刺型猎人"，也就是通常所说的"小采购"的局限，没有故步自封，过度地追求短期利益，却能顾全大局、目光长远，发现采购人的更高价值：

1. 供应商和公司 / 企业间的合作桥梁。

2. 战略供应商的关系缔造、维护。

3. 企业活动的源头和基石。

考虑市场环境、行业现状，根据所在行业、企业、供应链状态，从企业资源管理出发，以关注上下游的关系，以及整条供应链的良性发展为基调，积极主动地推动变革，协调内外关系、资源，优化、改善整条供应链，促进协同发展，就是作者所说的"帮扶型牧人"，也就是业界经常提到的

"大采购"。

作者通过深入细致的调查研究、积极有效的内外沟通，提高组织的学习、再造能力，激活企业的内外部资源，引导变革，改善企业内部关于供应链、供应商管理、供应商关系等的深度认知，尤其是关于企业面临的挑战、困难和核心供应商的关系、价值等，逐步建立、营造新的供应链合作环境；从规划、流程、管理方法、实施帮扶、绩效考核/跟踪等全面布局，全员出动，全心投入，通过组织调研、分享经验、标杆学习等，在质量提升、设备改造、规范工艺、流程优化等方面的投入、帮扶，充分获得了供应商的信任、信赖、配合、好评；在实施过程中，参与各方也真切地体会、感受到了实实在在的改善，收获了切切实实的效益，是 ZT 管理机制、管理理念/思想的输出、移植，也是企业学习能力、企业再造能力的充分体现和升华。

更难能可贵的是作者在获得了所在企业 ZT 公司管理层的一致好评和供应商的普遍认可的前提下，仍能保持清醒的认识，不就此满足，而是继续寻找"三个导向、三个提升"，即

- 以不断促进精细化管理为导向，着力提升团队专业能力。
- 以降低成本与提升效率为目标，着力推进工艺改进与流程优化。
- 以强化监督检查与业绩考核为手段，持续巩固帮扶成果。

以期通过战略规划、更专业的细分、品类管理、供应商管理，注重强调合作共赢、资源整合配套，相互支撑，共同发展，用好绩效管理的参照性，持续改善、提升合作成果、效益等。

同时，作者强化战略供应商的地位和早期介入，更有效地利用、发挥核心供应商的主动性、积极性和核心价值贡献，将企业的单打独斗改变为企业供应链的协同作战，创造供应链层面的核心竞争优势。

本案例从"小采购"的本职出发，到"大采购"的价值贡献方面的思考，有广泛的代表性。

本案例在供应链协同、帮扶等方面的具体实施方法、管理流程、工具等方面有很高的实用性。

本案例不局限于采购管理的普遍认知，追求降价等的日常管理，能够放眼采购管理在供应链层面的价值贡献，从供应链的协同、战略资源优化到创造供应链竞争优势等，对我们有很好的借鉴意义，值得推荐。

林岚

上海蒂森克虏伯采购负责人

原欧洲采购商学院负责人

【点评2】

共赢管理思想的良好范例

企业采购物料与零件，不仅购买商品本身，而且还要购买供应商在产品设计、制造工艺、质量控制、技术帮助等方面的能力。要有效地购买供应商的这种能力，需要把供需双方的能力对等协调起来。如何提升供应商的能力，不同企业有着不同的做法。本案例中的 ZT 公司是拥有 30 余年发展历史的行业领军企业，它的生产需求引领着整个行业以及上下游企业相关行业的发展。它是该行业供应链的链主，是一个引领者和协调者。

用"牧人"方式改善供应商管理，也是一种双赢思维。在激烈的现代市场竞争中，日本企业对供应商采取"牧人"方式，通过帮助供应商提高产品质量、提高管理水平等方式，提高供应链的整体竞争力。丰田就是这类做法的领头企业。而美国企业则采取"猎人"方式，通过不断压榨供应商，更换供应商，让主体企业盈利，结果在竞争中遭受了失败。ZT 公司在选择做"挑刺型猎人"，还是做"帮扶型牧人"时，本着共赢管理理念，果断地选择了后者。它没有简单地摒弃长期的合作伙伴，而是对综合素质比较好的零部件企业，进行扶持与帮助，提升它们的综合水平，将其发展成为战略盟友。因此，ZT 公司的"牧人"做法符合了当今世界的供应商管理潮流。

本案例详细介绍了供应商从对 ZT 公司帮扶的不理解、存疑惑，到见到成效、认可帮扶的思想演变过程。本案例介绍了公司建立帮扶项目组织，相关部门分工对口负责，做到精确帮扶的做法，以及采取"深入调研、系统策划、现场诊断、蹲点帮扶、效果评估"的实施方法和实施流程，展现了扶持项目带来的现场管理、质量提高、库存下降的成果。ZT 公司也从这个短期项目中得到了启发，就此把它作为企业供应商管理战略之一，还总结了六条可供分享的经验。这让许多有类似情况的企业可以从中学到：如何转变指导思想，如何优化项目组织，如何具体落地实施，如何评估项目效果等实际有用的操作方法。

英国供应链管理专家马丁·克里斯托弗曾说，21 世纪企业与企业之间的竞争是企业所在供应链与对手所在供应链的竞争。这意味着企业管理要从"独善其身"转变为"兼营天下"，即企业的竞争与发展需要供应链伙伴的密切配合与协同合作。这个案例对许多规模一路扩大、高歌猛进而其供应商现有能力已无法满足企业战略发展需要的企业，究竟选择什么办法来解决这一瓶颈问题，有着很大的借鉴作用，也是共赢管理思想的一个良好范例。

颜家平

中国物流学会理事

中国物流与采购联合会采购委专家

中国采购商学院专家

【点评3】

本案例从采购与供应商的关系等多个维度阐述了供应商管理过程中供应商帮扶的重要性。由"挑刺型猎人"转变为"帮扶型牧人"，这是一种采购管理理念的转变，是采购思维"质"的突破。从逻辑思维所涉及的方法论可以看出，本案例的作者具备比较全面的供应商管理理念，具备较高的战略思考能力。

正如本案例的作者所说，"采购人是供应商和公司之间连接的桥梁"，采购人处于先天的优势地位来管理和帮扶供应商，发挥好公司与供应商的桥梁作用。供应商分类、供应商评估、供应商选择、供应商绩效管理、供应商集成其实是一个闭环管理的模型，部分企业常常会进入一种误区，认为只要选择好的供应商，提供满意的价格即可，至于供应商的发展、供应商的帮扶与我无关，同时供应商也会进入一种误区，认为我自己的发展与客户无关。正如本案例的作者所提及的问题：供应商常常会认为"客户的帮扶还不是为了让我降价""这未必是善意的帮扶"，这些都是没有正确认识到供应商管理、供应商帮扶的重要性。我也经常做一些类似的培训，我一直坚持这样一种观点：供应商永远是我们供应链环节中非常重要的一分子，如果供应商发展不好，我们的供应链也会受到一定的影响，就犹如我们的神经，牵一发而痛全身。

由"挑刺型猎人"到"帮扶型牧人"，在供应链的发展过程中，这两种观念都会存在。部分企业的采购管理偏重于猎人模式，认为管理供应商就是降成本，偏重于对立关系，管理比较灵活，追求的是短期的合作效益，而部分企业偏重于合作探索，共同受益，合作关系比较持久，追求的是一种长久的战略合作关系。ZT 公司对供应商的管理坚持由"挑刺型猎人"向"帮扶型牧人"转变，可见追求的是一种长期的合作效益、长期的战略合作模式。这是我们部分企业需要学习和思考的成功案例。

与供应商的发展关系可分为以下几个阶段：

第一阶段：满足基本的需求。只要质量和数量符合要求，价格合适，成交，这种合作关系多为短期的买卖关系。

第二阶段：控制价格。通过年度集中采购、配额调整、价值工程等进行价格谈判，这种合作关系一般都在一年以上。

第三阶段：战略合作。通过战略合作、高层互信、战略信息共享、共同开发新产品、相互帮扶，达到共赢目的。

从本案例来看，ZT 公司已经深入到第三阶段，ZT 公司专门成立了"供方优扶办"，在"合作、发展、互利、共赢"理念的引领下，创新供应链管理思路，在选择供应商的时候，不以静止的眼光去海选，搞多家布点，而是有意识地去扶持、培养综合素质比较好的零部件企业，提升它们的综合水平，将其发展成为战略盟友。通过帮扶、战略合作，将优选供应商集成到研发、生产和日常运营中，进一步降低产品和供应链成本，以期实现双赢模式，打造一种新的"温州模式"。

王唤

浙江万马奔腾新能源产业集团有限公司供应链总监

浙江万马新能源有限公司常务副总经理

讨论与思考

○ 如何让公司认识到，帮扶现有供应商比开发新供应商更加有利？

○ 在选择帮扶的对象时，应当考虑哪些因素？

TOP PURCHASER
IN CHINA

阳光导入器项目，如何快速实施国产化

（2015 年三等奖　王晨　米思米）

推荐语
TOP PURCHASER
IN CHINA

新产品导入（new product introduction，NPI），是采购人的一件大事。很多时候，这个新产品非常新，新到之前从来没有接触过，不知道产品的技术要求，不知道供应商在哪里；有的时候又非常急，急到没有时间评审供应商，没有时间谈价格。又新又急，不按流程不行，按流程也不行，但无论如何，采购人都必须完成它，因为它涉及新市场的开发，涉及投放市场的时间。所以，如何为此设定采购流程、开发供应商、协同各部门工作、控制关键节点，很考验采购功力。

宫迅伟

我的微信订阅号　　　　　　我的个人微信

阳光，能给人们带来温暖、明亮，让人们置身于幸福之中，所以，人们喜欢太阳，喜欢阳光。生活中不能缺少阳光，五彩世界更不能缺少明媚的阳光。

阳光导入系统将完整的可见太阳光导入建筑或房屋的内部，增强在建筑和房屋内部产品的外观显示级别，改善建筑内部人们的视觉体验。

那么，如何将阳光导入？如何运用采购专业工具和技能，成功完成阳光导入器的供应商开发，实现国产化，达到将阳光导入建筑物内部，实现最终目标呢？

我所在的公司通过制订合理的采购方案，在全新领域中，寻找新的供应商，努力经历了各种挑战，在 6 个月内实现了该精密仪器的产品量产，并将采购件成本控制在合理数值内，取得了采购项目的成功。

阳光导入器的诞生

阳光是人类生产、生活中最重要的自然光源，源源不断地为地球输送能量，使整个世界五彩缤纷。与现代人工光源相比，它更环保清洁、利用方便、视觉体验好，因此备受青睐。如何利用阳光，更好地为人类生产、生活服务呢？

随着人类对生活品质要求的不断提高，清洁可再生能源高效利用逐渐成为各领域中技术发展的重要趋势，为更好地利用阳光照明、改善室内的视觉体验，阳光导入器由此诞生。

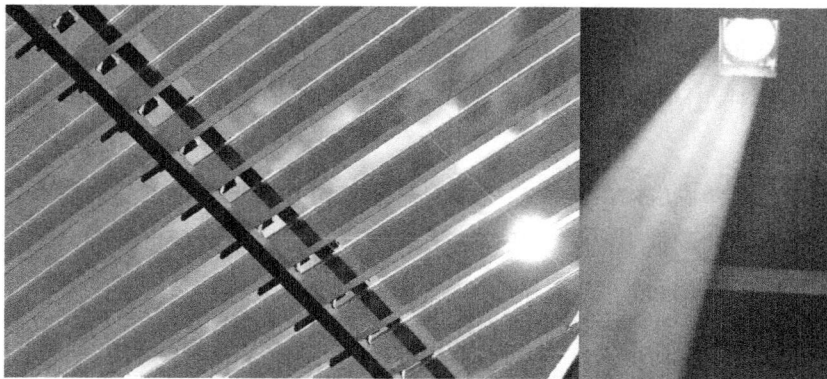

该导入器是世界上第一个联网的智能阳光跟踪器，通过系统自带的 GPS 定位和三个步进马达控制由超白玻璃制成的百叶型反射窗全天候跟踪太阳，无论地理纬度、季节更替的变化如何，保证跟踪的太阳光角度控制在 ±1° 之内。

它可以把可见光的全光谱无损地反射进室内，增强室内物品的外观显示级别，是一种革命性的照明产品。该阳光导入器于 2013 年就已在位于德国柏林的加拿大使馆投入应用。

引入国内并实现量产

一项高新技术产品能否赢得广阔的市场、具有持久的市场生命力，不光取决于其研发技术是否先进、所解决的问题是否切合实际需求，更与其是否具备高效、完善的采购链密切相关。

在阳光导入器这一项目的开展实施中，为快速推进公司产品的市场化进程、占据市场优势，我们制定了两个目标，分别为 6 个月内实现产品量产化，且制定优化的采购方案，将采购件成本控制在 800 美元内。

结合公司的当前状况及已有的软硬件基础，可以看出，项目目标的实现需要克服几个难点，给项目实施人员带来了一些挑战。

第一，新项目领域对于公司的主营业务来说是一个完全未知的领域，公司没有相关的技术和管理人员做过类似的项目，缺乏实施经验，也没有建立起适应于该领域的进度、成效管控体系；另外，公司的供应商资源里几乎没有相关的供应商，需要寻求并建立新的供应商合作关系。

第二，阳光导入器各部件的设计图纸精度要求高，甚至很多都高于国家标准和行业标准，增大了供应商的加工难度。这不仅限制了供应商的可选范围，而且即使针对相同的供应商，也会因加工难度而抬高价格，从而增加采购件成本。

第三，在新供应商的开发过程中，需要与国外客户保持密切的联系，进行即时沟通。器件及供应商的认证均需要客户认证，这也对项目的推进速度及成本造成了一定的影响。

全新领域，全新解决办法

针对以上难点及挑战，项目团队分别提出以下相对应的解决措施。

首先，针对全新专业及领域，公司项目团队分析项目实施过程中的团队成员职能需求，合理选调人员，搭建新项目团队；进行新项目量产化流程分析，制订项目实施方案，对项目进展进行预估；进行 BOM 分析，开发新供应商。

其次，在图纸精度高、增大供应商加工难度方面，公司项目团队严格审核图纸，评估图纸的合理性，判断其是否满足使用要求；分析并帮助供应商改善加工工艺，从而达到图纸要求。

最后，在器件及供应商认证方面，项目组提前做好功课，了解不同器件的认证项目类型，并寻求国内外认证机构，确保与客户沟通的准确性与及时性，提升项目实施效率。

在这里，我重点介绍针对全新的陌生领域，公司项目组采取的具体解决措施。

一是 NPI 职能划分。

在 NPI 项目组中，涉及的职能包括研发 / 工艺、PM、销售、质量及前期采购。

研发 / 工艺人员的主要职能为学习产品，转化图纸，确认物料的公差标准。

PM 人员主要负责协调整个项目的进展，和客户沟通具体需求。

销售人员的主要职能是保持与客户的沟通，及时了解客户需求。

质量人员的职能主要为控制新产品和新物料的质量，以使其完全符合客户需求。

前期采购人员的主要职能为集合各个部门的信息和客户的需求开发新的供应商，采购下单，跟踪到货。

在各职能人员之间，主要以前期采购部门为核心，各部门协调工作，以确保项目顺利实施。

二是量产化流程分析。

综合项目组各部门的职能及分工，分析项目实施全过程将包括的具体任务，并对其执行时间进行规划梳理、合理分配，制定项目实施流程，这对于更好地实现项目目标具有重要意义。

因此，项目实施中的量产化流程分析，主要可分为以下四点：

1. 建立项目实施流程，设置流程关键点。

2. 细化、完善阳光导入器的器件认证和测试条件，形成书面的测试、检验标准。

3. 转化客户图纸，调整非关键物件的公差尺寸，帮助供应商改变生产工艺以满足器件图纸要求。

4.调查国内对应行业市场情况，针对目标供应商进行开发。

据此，公司制定的具体采购实施流程为：

迅速成立项目组→分析产品和 BOM，对原材料市场进行调查→定义关键物义，如 Mirror、CNC、Motor→开发新供应商→进行器件、供应商认证→制作样机→进行试产→进行量产，这样的步骤符合采购专业流程。

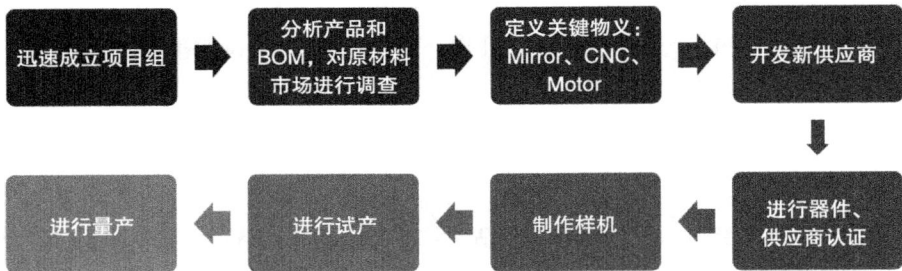

事实证明，科学的采购及生产、质检流程保障了项目的成功实施，应为采购人员所重点关注。

三是 BOM 分析。

经过 NPI 项目组的前期分析和产品准备工作，项目组发现有四类材料对产品的性能参数非常关键。这四类材料分别为 PCBA、机加工部件（Mechanical Parts）、镜子/玻璃（Mirror/Glass）以及电机（Motor）。然而，对于这四类材料，公司目前没有相应的供应商可供选择，因此，需要完全重新开发新的供应商。

为解决这四类重要材料的供应商问题，项目团队特制订了以下解决方案。

对于 PCBA 材料，项目组将采用外包的方式，这是因为公司的主营业务为钣金加工，对于电子物料并不熟悉，无法生产，只能选择外包以获得最大性价比。

对于机加工部件，公司产能已经饱和，而且器件精度要求高，无法自制，因此选择外部合作供应商帮忙加工小批量产品，也方便沟通合作。

对于镜子/玻璃，公司需要深入了解玻璃行业的原材料价格和生产工艺，向现有供应商学习，与研发及工艺部门和质量控制部门一起，帮助供应商提高产品良率、加大产能。

对于电机，客户设计、使用型号价格高，交货时间长，需要实现供应商本土化，因此，也需要找到新的合适的供应商。

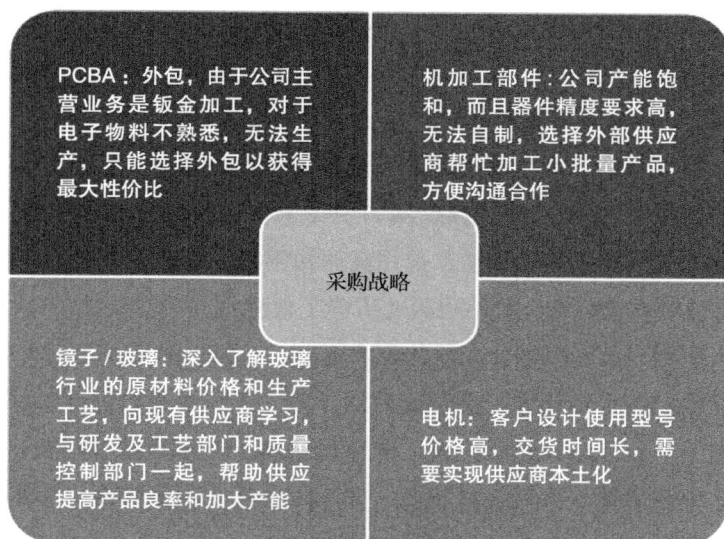

其中，在寻求机加工外部供应商的过程中，也有几个注意事项。为保证机械运转的流畅性和精确性，研发方将图纸的精度严格控制在 ±0.1mm 的范围。因此，在这样高精度的要求下，项目组应寻找具备高精尖 CNC 能力的加工厂进行合作。我们利用目前公司的外部厂商，充分发挥原来具有的合作基础且更利于开发小批量、多品种的业务的优势，经过小批量试产、装配验证和最后的总装调试，放宽非关键器件的公差尺寸，找到了可以操作但又不影响产品性能的接收方案。

另外，反射镜阵列有如下参数要求。在材质方面，选用 1.1mm/3.0mm 超白玻璃无铜镜，保证反射率大于 91%；背漆在 -40℃～ 80℃温度范围内，且能确

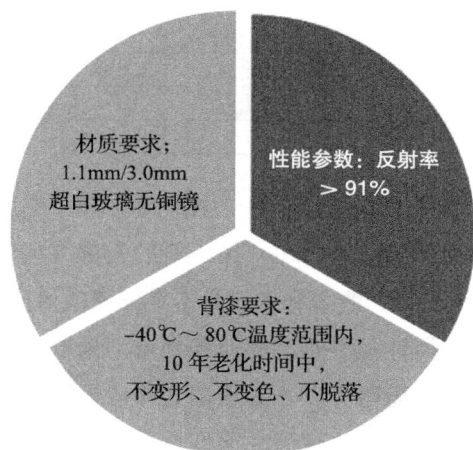

保 10 年老化时间中不变形、不变色、不脱落。根据这些具体要求，项目组对上海周边的玻璃加工厂进行了筛选，首先主要寻找的是加工方式为单纯水切割且喷漆方式为手工喷漆或者淋漆的工厂。

然后，项目组将寻找范围由建筑行业转为工艺玻璃加工行业，将切割生产工艺的需求转变为 CNC，并选择丝网印刷技术。经过多次寻找和验证，最终，项目组锁定了电子玻璃加工行业，选用高速切割机，保证切割之后不需要 CNC 即可实现目前的质量标准，价格也因此下降了很多。

在电机控制方面，阳光导入器的要求更高，它要求电机能实现大启动扭矩，而且能很好地控制运行速度。基于这两点要求，公司在原始设计时选用的马达供应商是瑞士一家高端马达供应商，产品价格高，交货运输时间长，而且对于我们的产品应用来说，有些大材小用，并不太合适。根据解决方案中所说的本土化，项目组寻找了当地技术研发能力强的电机厂家，引入供应商 ESI，跟客户技术人员直接对接，在供应商现有产品的基础上做一些小的更改，实现了与之前马达同样的功能，价格和交付周期都有了很大改善。

实施效果比预期更理想

经过整个项目组的努力，阳光导入器项目的实施取得了很好的成效，在完成时间及采购成本两个指标上均优于项目目标。**在 5 个月的时间内实现量产，采购成本总计 738 美元**，比预期更加理想。

	时间	MC 成本
目标	6 个月	800 美元
结果	5 个月	738 美元
节省	17%	8%

此外，项目组还建立了目前公司第一条非钣金加工生产线，成立了专门针对 NPI 项目的快速响应团队，为公司开拓了新的发展方向，提升了公司的业务形象，并将业务拓展至北美、澳大利亚、日本等国家或地区。

在这个项目中，公司针对不熟悉的业务领域，采取了积极主动、谨慎前进的战略，在经过充分的市场调研后才着手阳光导入器项目的实施，并组织相关人员进行调研、研究和验证，并运用采购专业知识和技巧，开发新的供应商资源，分析项目实施情况，促使项目落地，实现产品量产，并超出预期目标。

经验总结

◆ 对项目进行总结提升：在新项目开始阶段，要完全了解客户的需求，细化到图纸中，并形成双方确认的书面文档，为以后开发供应商以及器件和供应商认证提供依据。

◆ 采购知识、技能、工具的运用：主要是依靠采购寻源前期开发的能力，帮助研发和生产把项目快速落地，并同时满足客户的要求。

◆ 采购人价值的体现：行业信息和技术的掌控能力，以及项目管理的协调工作能力，帮助公司实现利润最大化。

【点评1】

根据案例的内容我们可以得到的信息是，阳光导入器这个产品本身并不是本项目公司的发明，是引进图纸进行生产的产品，在公司并没有相关产品生产经验的基础上，整个项目得以在五个月内实现从图纸分析到量产，不能不说是非常成功的管理案例。根据案例的描述，我们首先应该肯定项目总体管理的价值，正是项目组相对合理的量产化流程安排，保证了项目的顺利实施。在此期间，我们也看到了采购所起到的巨大作用，我们认为本案例体现的零部件采购特征很好地体现了采购中"权变"的思想和主动跨前一步的合作意识。

权变是指"随具体情境而变"或"依具体情况而定"，即在管理实践中要根据组织所处的环境和内部条件的发展变化随机应变。权变思想在20世纪70年代发展成为一种管理理论，其核心概念是指世界上没有一成不变的管理模式，追求管理方式与管理目标之间的动态适应。在本案例中，由于产品并非从头研发，而是根据既有图纸进行量产，这就对零部件的采购构成较大的限制，即必须采购图纸所规定的规格和功能的零部件，从而造成需要重新寻找与考核供应商以及零部件采购成本居高不下的问题。在本案例中，对较好地解决这两个问题至关重要的就是权变的思想：项目组并未机械地完全按照图纸规定的零部件规格进行BOM分解和量产工艺设计；

采购团队及时提供了市场上相关零部件供应商的情况；由设计团队进行了产品设计的再创造，通过使用替代产品的方式，才在保证产品功能特征的前提下，降低了零部件采购成本，减少了产品量产化的时间。

可以看到，权变理论是具体的解决方法，而产生权变方法的是主动跨前一步的合作意识。在项目进行的安排中，采购人员不再是按单购买，而是主动跨前一步，与设计和工艺团队合作，提供市场相关原材料和零部件的供应信息，供技术团队灵活使用。这样不仅能够主动掌握原材料采购的技术和时间要求，也能够更好地提前准备对目标供应商的考察与管理，实现产品交付周期的保障和采购成本的控制。

在工业品的采购中，对于成熟产品所需的零部件采购，由于有相对成熟的 BOM 清单可供参考，采购就相对程序化，但对于案例中提及的新产品的原材料和零部件的采购，就需要在产品设计和研发的过程中，主动掌握与提供相关供应商的情况，提前进行供应商的培养、考核和管理，主动进行产品成本、交付周期的控制，只有这样，采购才能更好地体现其管理价值。

丁磊

北大纵横管理咨询集团高级合伙人

【点评2】

本案例展示了该公司在阳光导入器项目中，实现从无到有，克服完全未知，缺乏技术和管理及相关经验、相关供应商体系，以及图纸精度要求高等困难，实现了完成时间及采购成本两个指标上均优于项目目标的好成绩。

本案例整体展现了一个项目管理的过程，从搭建项目组织机构、职能划分、量产化流程分析到 BOM 分析，实现采购成果，总体上结合了项目管理和供应链管理的知识体系，思路清晰，措施有效。

另外提几点建议：

1. 自制或外包决策。

在物料清单（BOM）分析中，对于 PCBA、Mechanical Parts、Mirror/

Glass 以及 Motor 的自制或外包决策可以再做一下细化分析，比如"Mechanical Parts 由于产能已经饱和，而且器件精度要求高而无法自制"，是不在对经济性和可行性做了充分论证和分析的前提下做出的 MOB 决策。

2. 寻源范围。

通过本案例的描述，没有发现在寻源过程中，进行大范围的国际对标、信息收集和处理的过程。从总体上分析，在寻源定厂方面，可能会存在视野受限、选择范围狭窄从而限制资源选择的潜在问题，并有可能在当前项目状态尚可的情况下忽视此问题，进而影响后续的产量提升、产品线的扩充乃至项目和公司的更好发展。

3. 质量规划和控制环节。

马达应该是产品的核心零部件，原供应商是瑞士一家高端马达供应商，由于价格和交付周期问题，开展了本土化工作。这里建议在核心零部件做本土化之前，做好详细的分析，对产品全生命周期的成本和质量方面都要进行全面的评估。一旦出现核心零部件质量问题，可能会对产品后续的销售造成极大的风险。

郭斌

一汽 – 大众汽车有限公司采购经理

【点评 3】

现在世界各个地区各个行业的生产者与消费者之间的关系更加紧密，经济环境和市场的变化速度加快。多级时速变化的世界和市场环境给全球职业采购人和企业都提出了巨大的挑战。如果十几年前采购经理人还可以用"这市场太不可预测"和"客户要求时间太紧、变化太快"作为没完成任务的借口，当今的采购经理人已经不能再继续使用这样的借口了。因为世界"很难预测，变化很快"已经是全球采购的常态了。

作为全球采购和供应链管理者，处理与应对这种常态必须具备敏捷驾驭供应链的能力。在本案例中，相关采购团队充分展示了这种敏捷力，包括针对公司发展中新的机遇敏捷制定出相关的策略和计划，组织协调各个部门和团队快速执行等。其中更为宝贵的是团队快速学习和应用新的技术与市场知识，针对期间发生的新情况敏捷做出反应。在全球化多极时速快速发展的今天，任何人都不可能先把所有知识都装到肚子里，从容应对一切。所以快速学习能力显得特别重要，尤其是对于要应对不同地区不同行业和技术领域的全球采购经理人来说。

在本案例中，特别值得一提的其他亮点还有：

1. 采购团队在时间紧、没有现成供应商的挑战面前能够保持冷静，没有盲目地乱打乱冲锋，而是科学地应用采购工具和方法去计划、优化、执行和调整，在项目中起到了领导作用。

2. 在项目前期注重优化，肯于花费宝贵的时间做技术准备，用前期的"慢"换来了整个项目的快，有战略眼光。

3. 因为项目做得有序，能够制定出相应的策略，建立相关流程和供应体系以及帮助提高供应商能力。这个项目为把整个公司打造成更有能力应对快速变化的市场，提高整个公司的敏捷能力打下了好的基础。

建议相关团队和有关部门及公司高层进一步沟通，以更好地理解市场的特点和未来发展方向，把能把握、能预见的趋势把握好，战略性地提前准备管理供应链应该具备的相关能力，并和相关供应链伙伴进行充分沟通。

另外，如果企业的未来市场不断发展，甚至涉及全新的领域，采购人员就要更加完善采购的知识体系和基本能力，如"专业采购的四大核心能力"，以扎实、全面的职业知识和能力应对千变万化的采购需求。

杨文生

美国商会上海董事

中国物流与采购联合会采购委核心专家

讨论与思考

○ 在进行新品采购时，难免遇到"急"的情况，采购人员怎样才能又快又好地找到所需要的供应商，完成这些又急又新的采购任务呢？

TOP PURCHASER
IN CHINA

采购体系重建，通过战略采购赢得价值

（2015 年三等奖　邓金海　锦丰矿业）

推荐语
TOP PURCHASER IN CHINA

"中国好采购"大会上有人问专家：什么是战略采购，好像很玄？

近几年，"战略采购"不断被人提及，有人说 TCO 所有权总成本是战略采购，有人说品类管理是战略采购，有人说与公司战略相关才是战略采购。我在一家公司设立战略采购岗位，结果公司的笔杆子在报纸上撰文称"明明就是个采购，偏偏要说战略采购"。

其实没必要纠结战略采购的内涵和外延，大家就是想探讨，采购不能只是着眼于当下，要有未来，不能只是砍价，要有总成本，不能只是部门，要站在公司战略高度。

宫迅伟

我的微信订阅号

我的个人微信

说起采购，这里面的门道可多了，绝不是去市场买东西那么简单。怎么能买得好，既能让公司满意，又能产生价值？这一直是我们采购人员常常需要思考的问题。

看似科学的采供业务体系

ELD 是一家总部位于加拿大温哥华的跨国集团公司，是全球 15 大黄金生产企业之一，2014 年销售额达 11 亿美元，而 JF 公司是 ELD 在中国的四大子公司之一，也是其在中国的旗舰项目，营业额占据其在中国总额的 45% 以上，2014 年销售额达到 2.14 亿美元。

这么一家成功的庞大的跨国集团公司，有着较为完整的采供业务体系。

其一，有完备的采购组织。

在采购方面，拥有 1 名高级主管、7 名专职采购员以及 1 名库存控制，这 9 名员工负责公司所有物料（包括：机械、电气、工程设施生产设备，MRO 备件，生产耗材，食品，后勤耗材等）的 ERP 再订购管理、寻源、订单签发、催缴、供应商管理以及质量跟踪。

在仓储方面，拥有 1 名高级主管、1 名主管、12 名库管员以及 2 名叉车司机，负责公司所有物料的收货、发料、仓库管理、盘点。

在物流方面，除了 1 名高级主管和 1 名主管外，还有 2 名物流专员和 1 名证照专员，他们负责公司运输供应商管理、进口清关管理、场外仓库管理、特殊物流采购许可证照办理。

其二，有完整采购政策流程。

JF 公司运用的采购流程是由中国区统一制定的，中国区项目之间的相同物料实行统一谈判的规则；除特殊情况之外，所有品类要求三家比价；要求不断扩大供应商数量，强调供应商淘汰制；要求采购部门完全服从使用部门的需求，以保证生产为主要目标；此外，强调采供是成本中心。

其三，有良好的成本管理控制。

整个采购部门对于成本控制得很好：采购人员的教育背景为本科学历，以非管理类文科专业为主，英语专业占多数；除经理外，几乎无培训；采供人员级别普遍低，属于非技术岗位，尤其是库管员和物流专员，其级别仅高于保洁人员。

其四，有过得去的绩效管理。

由于产品市场好，公司利润保持增长，总部也对此表示满意；生产从未因供应问题而受影响，年底绩效通过评估。

其五，有先进的管理信息系统。

公司有 SAP 系统 / 线上审批系统，这个系统能很好地帮助采供业务体系完成公司下达的采供任务和目标。

采购部门的尴尬与苦楚

这个采供业务体系看似科学而完整，但是置身其中的我们有着大家想不通的尴尬和无奈的苦楚。

比如，我们常常被日常订单事务所淹没，人手紧张，效率低下，只能以简单完成订购任务为目标；采购人员对产品与市场行情信息了解不够，议价能力差，采购价格高，饱受生产部门的诟病。

采购部门对供应商的管控有待提高，订单准时交付率低，虽未影响生产进度，但还是常因此被指责埋怨；常常因质量问题受到生产部门抱怨，采购物料退货频率高，难以控制；供应商数量多，但参与度不高，单一供应源采购多，供应商难以管理。

使用部门计划性差，紧急采购多，采购成本高；库存金额高，周转率低下；曾出现后门采购现象，导致公司管理层对采购部门信任度较低；具体采购人员有着强烈的委屈感，工作劲头不高，士气低下。

透过现象探索问题根源

这些都是浮于表面的现象，那么造成这些现象的原因是什么呢？经过仔细探寻，我们找出了根源所在，那就是被动、分散、内部导向的"小采购"。

何谓"小采购"？它主要体现在以下几个方面：

● 采购太分散，未能发挥杠杆作用，采购成本高。

- 品类不分，造成采购策略不合理。
- 围绕订单转，过多的订单操作，造成资源分配不合理。
- 价格导向，缺乏战略考虑，供应商选择不合理。
- 订单管理模式采购，其他部门参与度较低，相互信任度低。
- 管理水平低下，团队受累，但不被认可。
- 供给导向，需求管理有限，未能发挥采购潜力，采购地位低下。

既然找到了问题所在，那么该如何解决呢？我认为，应该采取战略性的解决方案，将"小采购"转向"大采购"，比如：可以以需求为导向，邀请多方机构及人员参与决策，逐步建立起跨团队的信任；以品类为基础，实施差异性寻源战略；应着眼企业长期效益，以总成本为导向；采购人员需围绕供应商，建立共赢的供需关系；进行战略资源管理，平等对待业务伙伴；借鉴行业实践，应用一流的系统、流程和工具。

这些思路总结起来就是四句话：

战略寻源为本；

持续改进为势；

供应商管理为魂；

质量管理为器。

一年实践见真章

问题明确了，解决思路也研究出来了，剩下的就是实践了。我们根据前述的四个宗旨，针对具体问题，设计出了具体的解决措施，并在自己公司进行了长达一年的实践，事实证明，取得了不错的效果。

战略寻源为本

我们认为，将"小采购"转向"大采购"，最根本的就是将战略寻源作为采购的根本。

在相关政策上，所有管理团队共同认可寻源政策。

在组织上，优化组织架构，支持战略业务。

在策略上，品类特征决定寻源策略。

在业务上，将寻源业务与日常订单管理业务分离。

具体的实施方案如下：

首先，管理层批准"JF 寻源政策"。

其次，组建专门的寻源团队。

再次，基于品类分析，制定差异化的寻源策略与计划。

最后，在业务上，梳理寻源业务与日常订单管理业务，制定 SOP 与不同团队的考核指标。

在具体实施措施方面，我们是这样实践的，比如团队搭建：

一是增设战略寻源岗位，增加 1 名战略寻源主管与 1 名副经理，他们专门负责战略采购，直接向采供经理汇报。

二是调整采购团队职能分工。把整个采购团队分成寻源团队与日常采购团队，它们分别负责寻源工作与日常订单管理工作，被独立考核，由不同高级主管领导，向采供经理汇报。

三是组建跨部门的多层级寻源决策委员会。由总经理担任委员会主席，采供经理担任副主席，相关请购部门、财务、技术及 CI 部门经理担任委员会成员，并聘请第三方采购顾问参与决策建议。

在文化建设方面，一是要注意将战略寻源理念向企业各层员工渗透。我们通过公司战略研讨会，将供应战略作为公司三大可持续发展战略之一，而战略寻源是实施供应战略的核心，这个想法获得了管理层的认可，对此利用公司内刊进行宣讲。二是加强采购专业技能培训。我们邀请采购专家对采供团队进行战略寻源相关技能培训，鼓励高级主管以上的人员进行 CPSM 认证。此外，部门内部每周召开一次分享会，总结在战略寻源过程中得到的经验与教训。

持续改进为势

战略采购该如何持续改进？我们感觉在策略上应分成政策、组织、策略及业务四个方面。

- 在政策上，将采供纳入公司战略组成内容，将采供持续改进作为公司持续改进的三大任务之一。

- 组织上，将持续改进融入部门组织。
- 策略上，通过绩效分析寻找持续改进的机会。
- 业务上，以项目管理的方式推进改进项目。

通过相对应的方法、措施来执行，在策略上，请管理层批准"JF 战略业务计划"，组建专门的持续改进团队，部门配备持续改进推动者，定期进行开支分析和内部审计，寻找持续改进计划；在业务上，实施 TOP5 成本节省和流程优化项目。

对此，我们借项目管理模式推动持续改进。请采供副经理担任持续改进小组组长，成员涵盖采购、仓储与物流所有团队，加强持续改进项目的沟通与协作。在成立采购持续改进小组的基础上，进行全方位、系统性改进思考。从成本节省、流程优化、风险控制、效率提高等方面入手，系统性地思考采供业务，寻找不足，并提出改进方案，形成具体改进项目，指派专人担任项目经理，确保项目实施，并在公司范围内进行宣传，扩大影响力。

在公司大宗材料的固定价格协议（FPA）采购项目上，我们简化采购流程，提高订购效率；对关键耗材进行 VMI 管理，以月结形式，降低订货频率，减少订单数量；开展定期品项分析与开支分析，发现成本节省机会，制定品项策略；建立跨部门项目管理体系。

此外，我们还对持续改进项目激励措施予以明确。这些措施包括对成功项目组成员在公司层面与中国区层面的刊物上进行宣传，设立绩效考核等级、专项奖金等。

供应商管理为魂

在供应商管理方面，从政策层面确定了供应商战略是战略采购的核心，是战略寻源的基础；在组织上，由跨团队供应商管理支持；建立由"猎人"到"牧人"的供应商管理文化，追求共赢的管理策略；在业务上，建立供应商准入、分级、绩效与培养机制，从而更好地管理供应商资源。

在实施方面，与前几项一样，也需要管理层批准"JF 供应商管理政策"，由采购、仓储、物流、使用部门共同组成供应商管理小组，实施战略供应商合作关系计划，签订战略合作协议，降低成本，提供绩效，实现共赢；制定供应商管理 SOP 系统，定期对供应商进行审计，培养优秀的供应商，适度淘汰不合格的供应商。

对此，我们进行了"规范式"与"共赢式"供应商管理。我们在明确供应商管理政策、构建公开公平的供应商业务环境、提高供应商积极性与参与度的基础上，建立了全过程的规范化供应商管理流程，确保供应商绩效可控，并达到期望要求（包括供应商准入、选择、分级管理、考核与审计、激励与退出等机制和流程）。

我们重视战略供应商关系管理，通过战略寻源，优化供应商基库（supplier base），减少供应商数量，确定战略合作供应商，加强高层互访，着眼未来与长期合作效益，强调"合作共赢"，共同实施持续改进项目。我们还对供应商进行培训与辅导，以达到公司要求的水平，并启动十大供应商提高项目。另外，我们加强市场信息的研究，拓宽供应商寻源渠道，并长期保持自己的良性竞争机制。我们还培植优秀供应商，在业务量、付款、窗口宣传等方面对其进行激励，提高与供应商的合作度。

质量管理为器

质量管理是战略采购的工具。要做好战略采购，需要全面质量管理思想，需要跨团队、跨部门、买卖双方共同支持供应质量管理；将供应质量管理前移，对供应商实施质量控制，质量团队实施质量保证；在业务上建立采供质量保证体系进行质量保障。

在实施时，我们在管理层批准的"JF 采供质量管理政策"下，联合采购、仓储、物流、用户、技术、供应商共同组成质量管理小组；制定出供应商质量控制体系，让供应商签署质保协议，定期对其进行质量审计；制定采供质量保证体系，涵盖政策流程、供应商、文档标准、质量验收反馈、质量审计；通过四级体系（政策、流程、操作指南与表格工具）进行质量管理保障。

在这方面，我们进行了全面的、全过程式的采供质量管理的实践，确立了体系化采供质量管理政策，质量管理围绕着采购业务为中心的各项业务职能，涉及采供部门内外与公司内外两个方面。从采供政策流程、供应商质量管理、物料质量管理、质量文档管理、质量审计等五个方面，建立四层级（政策、流程、操作指南与表格工具）式采供质量保证体系。

我们明确了供应商管理的责任划分，将采供质量风险前移，通过具体控制体系，采取主动措施规避采供质量风险。我们采取的具体措施如下：

- **供应商分级考核标准。**
- **第三方供应商考察与审计。**
- **供应商质量管理体系与协议。**
- **供应商绩效保证金体系。**

我们将供应商质量作为供应商考核核心指标之一，跨团队收集供应商质量绩效数据；成立质量改进小组，建立供应质量反馈体系与流程，定期对质量问题进行分析，提出解决方案，并更新或制定相应流程与操作指南。

实施效果

经过一年的实施，战略采购措施效果显著：实施之后，订单与供应商数量实现大幅度下降，质量投诉率、进货换货率、采购价格有所下降，准时交付率、库存周转率以及前十大供应商占采购金额比率实现较大幅度的增长。从数据来看，实施战略采购，从小采购转变为大采购带来的良好效果非常明显，可以为更多企业所借鉴。

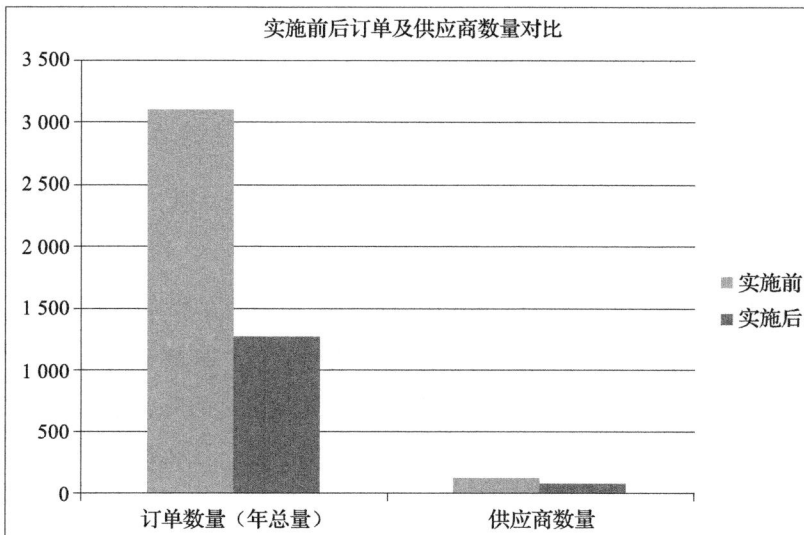

实施前后订单及供应商数量对比

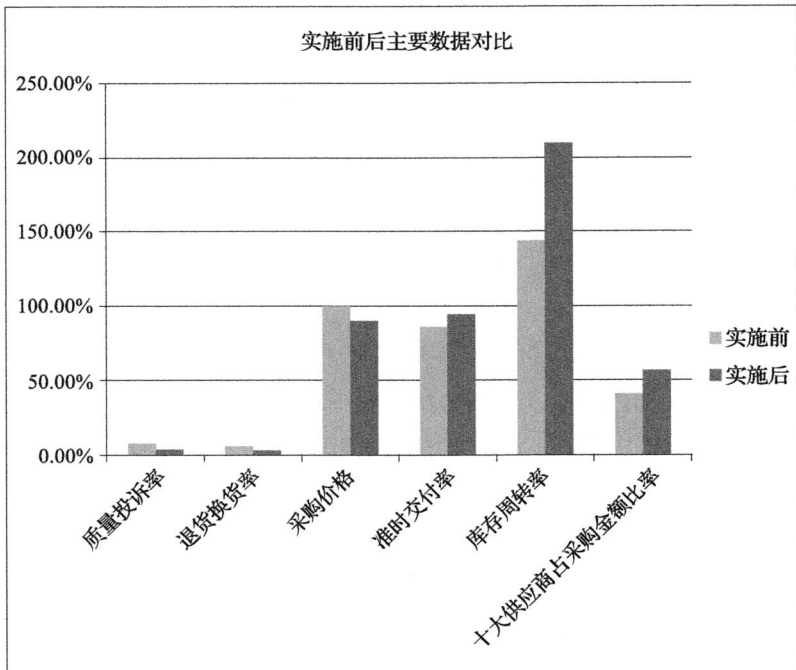

经验总结：

我总结的"战略采购四金句"如下：

◆ 战略寻源为本。

◆ 持续改进为势。

◆ 供应商管理为魂。

◆ 质量管理为器。

【点评1】

　　从以上案例可以看出，JF公司近年针对采购运营环节开展了非常扎实、有效的管理建设活动。不过，案例标题中既然提到"战略采购赢得价值"，我们关注的重点就会是：这些管理提升是"战略级"的吗？很多企业在管理提升中会犯一个常见的错误：把"战略"当个筐，什么都往里装；似乎贴上了"战略"的标签，管理建设的层次就显得高些。以本案例为例，企业的确在采购运营层面做了许多改进工作，动静也不小。但若从公司整体视角来看，"战略级"的改进有哪些？目标和举措是什么？似乎缺少考虑，或语焉不详。

如果 JF 公司采购管理欲实施战略级采购管理提升，或应遵循以下思路：

1. 与"公司总体战略"相联结

采购战略是公司总体战略的一部分，故应以支撑公司总体战略为第一要务。采购管理者首先应深刻理解公司总体战略，识别公司产品与服务差异化的核心竞争能力，体会公司总经理最焦虑的问题，并以此为出发点对采购工作提出要求。而在以上案例中，我们没有看到采购工作者对公司总体战略的判断与理解，采购改进的出发点多是自下而上的，以弥补现有工作的缺陷与不足。此点虽体现了采购管理者的责任心与主动意识，但这种就事论事式的改进很容易陷入部门的"自娱自乐"。

2. 基于采购品类，采取"差异化"采购管理策略

战略级管理举措的共同特征是：在有限资源约束条件下，识别重点突破领域，实施差异化管理策略。案例作者对此问题已有觉察，并提出"以品类为基础，实施差异性寻源战略"。如有细化落实措施，将是企业采购系统改革最精彩和生动的部分！但案例中似乎对此语焉不详。

3. 制定供应商战略"目标"

案例中反复提到"供应商战略"，并称公司"确定了供应商战略是战略采购的核心"。那么"供应商战略"有目标吗？或者说，5～10 年后，公司的供应商群体长什么样？彼时公司的供应商管理能力应达到什么水平？对于此点，案例中也几乎没有论述。

应该强调的是，供应商发展战略目标不是采购部门的目标，而是在各部门达成充分共识的基础上，由公司作为一个法人整体的管理意图表达。只有在这层意义上，采购部门才可真正在相关管理建设项目中发挥组织与领导者的地位，否则，在所谓的采购跨部门小组里，其他部门只是"配合采购部工作"而已。

总结一下，本案例实质论述的是 JF 公司对过往采购运营管理缺漏项的补齐过程。客观地说，能做到此点非常不易，以上的点评论述也不是为了

否定或贬损这种改进的成绩——持续改进是管理中的永恒话题，但它不是战略。战略是外部视角，是长远目标，是边界与模式的突破，是构建差异化核心竞争力，是预判大概率事件并下狠注。企业中战略思维较强的往往是销售和投资部门，这与它们的工作属性有关。采购人如果高看自己一眼，还需更加努力修炼才是。

汪亮

北大纵横管理咨询集团上海运营中心总经理、高级合伙人

【点评2】

企业战略采购是许多企业忽视或没有想清楚的地方，JF公司能够把采供工作放在整个企业有效运营的战略角度加以考虑并在实际工作中加以运营改善，难能可贵。

一家企业的采购成本往往占到整个成本的70%，企业与企业之间的竞争往往就是供应链的竞争，那么供应链能够提供的优势是什么？除了价格以外，质量、效率都是要考量的方面。即便是价格因素，也不是采购部门简简单单就能完全决定的事情，影响价格的诸多因素都是由采购以外的部门决定的。因此，一个优于其他企业的供应链的建成必须是企业的意志，而不是采购部门的意志，必须被纳入企业战略的层面来考虑。

另外，采购本身并不产生直接的价值，只是一种简单的钱、物的交换，而采购本身的价值，就是能否把企业与供应商之间的优势很好地进行互补，从而创造出附加价值。这种企业间可以互补的优势点，源于企业运行的各个方面，比如：中间在库的减少，付款条件的改变，物流损失的改善，因此没有多部门的联合作战，这种优势根本整合不出来。

从案例中可以看出来，对于以上两方面，JF公司无论在企业采购战略的明晰方面，还是在采购战略落地的实际工作中，有着足够的思考，并且能够形成跨部门的项目团队进行落实，取得了明显的效果。对于这种有益

的实践，其他企业可以参考、学习。

孙飞

一汽丰田（长春）发动机有限公司管理部长

【点评3】

战略采购在现代供应链管理中的作用越来越突出，无论是身处哪一个行业。

贵州锦丰矿业有限公司是迄今为止外商在华投资最大的黄金矿山，也是国内第二大单体黄金矿山。作为一家相对传统的资源型企业，能够从上到下运用战略采购思维实属不易，这也是它能够最终收获结果的基础保证。

作为成功的第一步，战略采购应该从目标设定入手。许多人可能会问：难道有了战略采购就可以解决之前采购不能解决的问题吗？要打消大家的疑虑和取得最高管理层的信任，首先要基于目前的状态设定合理的战略采购目标KPI，如文中谈到的质量投诉率、采购价格、准时交付率、库存周转率等。

目标清楚了，第二步是如何实现的问题，即从资源配置、实施计划、工作流程与方法上如何保证。或者说如何执行落地，任何一个环节的疏漏都可能导致目标无法达成。

此案例：

1. 在资源配置上：通过组建跨部门的多层级寻源决策委员会，从总经理，到相关部门，包括第三方采购顾问都参与其中；组建独立区分与一般采购的战略采购小组。

2. 在实施计划上：从组织架构搭建、文化建设及培训宣导、供应商过程质量监控体系搭建，到持续改进式的项目改进遵循PDCA原则。

3. 在工作流程上：协同相关部门从成本节省、流程优化、风险控制、效率提高等目标入手，系统地形成具体的持续改进项目；建立全过程的供应商管理流程体系，增强战略供应商的关系管理。

以上措施的推进实施才是保证战略采购能够长期持续开展的保证。

战略采购绝不是一个看似高高在上的光环，而是结合公司长期产品规划与供应商资源做出的可以**逐步从中收益的、可持续的且基于公司发展全生命周期**的采购策略。

任何一家追求短期利益的企业不可能真正去实施战略采购，所以也不会真正感受到战略采购带来的收益。在未来成本竞争更加激烈、精细化采购、用户定制化采购、更强调供需关系管理的采购趋势下，要想走得远，战略采购无疑是一堂必修课。

蔡炜

前途汽车（苏州）有限公司采购部总监

【点评4】

该采购视角非常重要，在实践中，很多企业不一定能够关注到。其原因多是基于以下两点：①采购管理层站的位置不够高，属于视角问题；②采购决策层对于采购管理不够专业，属于权责问题。

战略采购的思考出发点是：沿着企业发展战略方向，整合企业优势资源，为企业在外部环境中寻找合适的外部资源，以支持企业在市场竞争中相关质量、成本、效率、文化发展的需求。

所以，从我们以往的采购管理实践中，总结出以下三点：

1. 采购管理的领导的立足点要高，并且企业的高管必须参与并理解企业战略规划的制定。

2. 采购管理的目标设定要基于企业战略、年度目标的分解，并且要围绕企业产品战略做功课，争取最佳的外部资源，支持企业竞争发展。

3. 采购为企业争取最佳的外部资源的抓手就是供应商管理。供应商管理的核心就两个词"选择"与"评价"，"选择"比"评价"更重要！

例如，在我们的企业建设之初，采购问企业：要建设什么样的企业？

企业答："百年行业领先企业。"那么，采购立即由此经公司明确：主要的关键的（A类）物资一定要首选市场上的一流产品。在一流的企业选择中，不仅要考察其成本、效率，我们还要看其技术的领先程度及技术的发展，以及其企业文化是否"门当户对"，是否同样在持续追求行业领先。

4.选择好后，采购必须能够实现与供应商企业（不只是销售）高层达成战略共识：相伴相随共同发展，并落实合同与执行。

5.战略采购的观念基础必须是：双赢概念。此外，双方赢在哪里做到明算账，这样才能牢固维护持久的合作。

芦金波

宝丰新能源集团采购总经理

【点评5】

1.从ELD公司的案例可以看出，其原有的小采购通过实施战略采购，实现华丽转身，发展成为了"大采购"。战略采购之所以为"战略采购"，在于其高度，在于其价值，在于其执行，当然其实施的主要难点在于自我剖析和精准定位。

2.有关高度。战略采购作为一种系统性的采购方法。其关注重点不仅仅在采买上。作为公司组织中的重要一环，采购人员既要了解公司的战略、采购的目标，又要有专业和深入的分析与判断，即对内需要关注内部需求（眼前及长远），对外需要了解外部供应市场状况（现有及新产品/技术），同时对供应商的生产能力、双方合作关系进行评估，通过建立有效的人员分工、系统流程和合作方式来降低采购总成本，如果意识不到这一点，采购人员将仍关注眼前利益，无法聚焦长远利益。

3.有关价值。采购部如果想要提升采购在企业中的地位，由成本中心转向利润中心，必须要体现出采购的自身价值。它一方面需要根据不同的品类确定不同的合作方式，如杠杆效应降本，控制所有权总成本，推行VMI/JIT，采购/供应商早期参与设计（EPI/ESI），获得响应、服务和合作关系上的优先权等；另一方面通过选择合适的供应商，以获得上面提及的响应、服务和合作关系上的优先权等。所选的合作伙伴好不好，是否获得更及时的响应和服务，双方合作关系是否融洽，合作的深度如何等都会影响采购的地位。

4. 有关执行。在采购实践过程中，可能会遇到种种障碍，比如采购人员专业和能力限制、高层和内部其他部门的支持、系统流程局限、供应商的不配合甚至趁火打劫等。如果要彻底推行落地，则需要充分评估，制订计划各个突破。没有哪种方式可以放之四海而皆准，也没有哪种策略是一成不变的，战略采购执行是一个长期的过程，因此需要不断定期分析、回顾、总结和纠偏。

钱兆刚

万华化学集团股份有限公司采购部总经理

讨论与思考

○ 企业为什么要做战略采购？

○ 开展战略采购需要把握哪些关键点？

TOP PURCHASER
IN CHINA

应对井喷式需求，确保户外柜出口项目

（2015 年三等奖　柯建　上海复珊）

推荐语
TOP PURCHASER
IN CHINA

我看过《我是特种兵》三部曲，每次处理突发事件，特种兵总是冲锋在前，化险为夷。特种兵之所以有这样神奇的能力，在于平时有针对性的刻苦训练。采购有时需要应对很多"突发事件"，突然一个"急单"，突然市场"井喷"，突然供应商"断货"，要想具备特种兵所具有的神奇的能力，平时就必须有针对性地"训练"，这样才能战时不乱，有条不紊。

这个案例之所以成功，我想案例主人一定养成了非常好的工作习惯和"套路"，如任务分解，责任到人，建立跟踪，定期回顾。只有这样，处理各种突发、急难险重任务时，才能有序推进，高效达成。

宫迅伟

我的微信订阅号　　　　　我的个人微信

我们这个出口户外柜的采购项目与 2016 年的澳大利亚大选息息相关。

2015 年 9 月 14 日，澳大利亚原联邦通讯部长马尔科姆·特恩布尔（Malcolm Turnbull），在自由党内部以 54 票比 44 票战胜了艾伯特，出任澳大利亚下一任总理。在接下来的 2016 年澳大利亚大选中，自由党是否能战胜工党？这个由我所带领的 4 人采购团队所执行的项目，关系到澳大利亚自由党的政绩、名声和选票。

这是为何呢？一家中国的精密制造企业，如何关系到澳大利亚的大选呢？别急，且听我细细道来。

中标项目，需求井喷

事情源于我们的一个客户。这个客户非常幸运，在激烈的招投标中，中标了一个大项目，于是产品需求量瞬间呈井喷式增加，短期内需要大量户外柜出口，但交付的时间很短，成本要求也很高。

在我们看来，目前公司产品销售价格的年度降价幅度累计达到 13.78%，已经是比较高的了，所以，若不改善成本，针对这个客户，我们公司就是白忙活一场，没有任何利润可赚。

经过公司领导层的仔细研究，公司设定了成本改进目标，即在 1 个月内，既要迅速提高供货能力（缩短交货期），又要实现成本下降 10%，从而实现公司目标，并完成最终的项目任务。

这样的目标对于公司来说，真的是挑战大于机遇啊！我们分析了实现目标的主要挑战和难点，一共有六个：分别是物料种类多，器件认证需要客户认可，在全球范围内选择供应商，质量很难在短期内得到认证，交货期长的关键物料多，受时差影响追踪难度大。这真可谓是困难重重，单靠由于量的增加而要求供应商提高效率、谈价格，远远达不到目标，这可难坏了我们这一帮采购人员。

解决方案三步走

在公司领导的带领下，我们将学习到的采购理论运用到实践中，找出应对挑战与困难的解决办法，并经过向上汇报和理论分析与研究，逐渐找到了应对措施，我们感觉应该可以较好地解决前述提到的那些困难。

我们制订了这样的一套解决方案，主要分为以下三个部分：

一是主要花费的分析和交付总项目启动。我们了解到，在出口户外柜项目中，主要涉及的 20 项产品占据整个 BOM 表总成本的 81.7%。针对花费的分析，我们迅速建立起了任务团队，并不断上汇总经理和其他部门领导（该团队由采购部门牵头，其核心成员由研发、设计、质量、计划等部门人员组成），并建立了任务里程碑，以确保在重要时间和流程节点能够保质保量完成任务。

二是产品的再谈判、持续改善（CI）项目迅速启动。这一部分也是由我们采购部门牵头，核心成员有研发、设计、质量、计划等部门人员，同时，也建立了任务里程碑，以保障持续改善项目的完成进度。

三是建立交货期的每日跟踪制度。这个制度是项目执行的关键。能否顺利完成任务，关键是看能否按时交货，并保证产品质量始终如一。因此，我们由团队领导确认公司最终的交货时间，建立统一的跟踪文件格式，使内部各组织部门和供应商各组织部门同步，避免产生错误，并提高运营效率。

其中，该制度规定了项目执行的具体时间和计划，并要求每天更新对那些交付期太长或交付期不确定且不能满足项目计划的一些关键部件的交货状态进行跟踪确认。在项目开始的前两周，清单上的部件数量从 23 个减少到 11 个；第三周，减少到 4 个部件，两个供应商；从第五周开始，只有一个供应商，3 个关键部件的交货状态还未确认。为确保交货，采购负责人与该关键部件的供应商保持密切的沟通，进行多次管理会议，保持一周两次电话会议，直到最后确认。

五个降本增效具体措施

我们设计了改善成本的方法与降本增效的行动类型的理论模式，通过这个模式具体执行项目。

这里我要说一下，前面提到的整体解决方案，关乎我们整个项目团队开展的三个部门的工作。其中，有五个方面是解决方案里边关乎降本增效的关键步骤和环节，这五个环节执行得好，降本增效的目标就容易实现，反之则会影响最终执行效果。此外，这五个环节也是我们项目团队花大力气要解决的五个困难。接下来，我会详细介绍一下我们的做法。

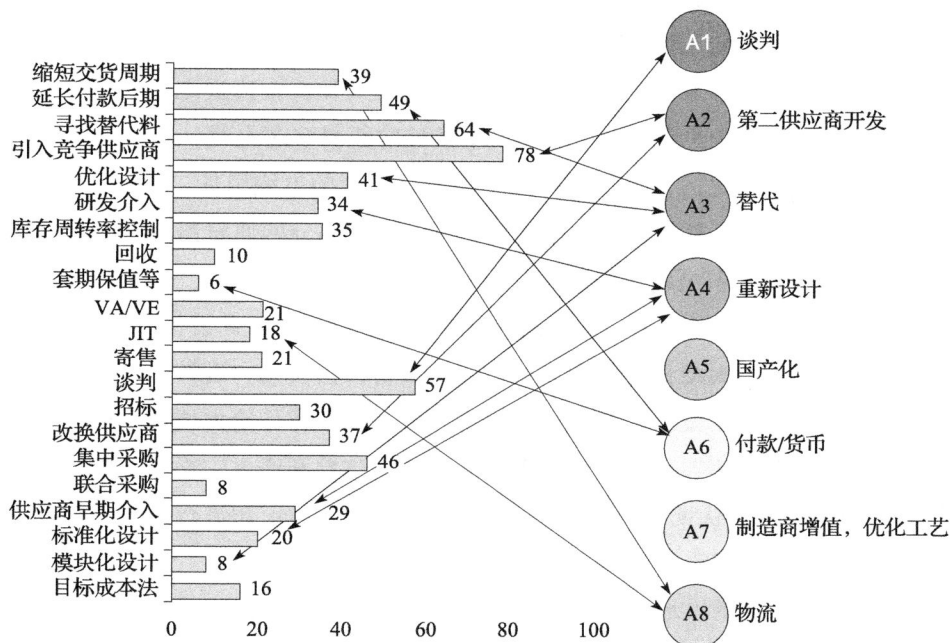

其一，对于占项目总数 80% 的主要项目的行动类型的解决措施。

我们采取了重新谈判的方式，以降低原料成本。代表物料是铝板，在项目执行期间，铝锭的市场价近几个月来降幅巨大，这对我们是个利好，而且我们这次的用量又上升了几倍，所以，我们决定跟供应商重新谈判，最终大幅度地降低成本，降幅达到 11.4%。

其二，寻找泡棉的第二供应商资源。

为解决这个难题，我们建立了跨部门的临时团队，开发新的供应商资源，通过走正常程序，即供应商审核、产品认证、风险管理等，寻找新的第二供应商。我们考虑到在泡棉供应商领域中，新旧供应商应该按比例进行配置，新供应商的比例小，为更好地解决供货问题，应积极与现有供应商进行价格谈判，最终，我们实现了公司 8 种泡棉降低成本幅度达 24.5%。

其三，针对产品的过度包装，我们进行了包装材料的替换。

在项目执行过程中，我们发现客户在现场安装时把包装扔掉了，并不进行二次利用，浪费现象很严重。在国家提倡低碳环保发展理念的大形势下，这是不符合要求的。为此，这些过度包装的纸箱应该被换成低碳环保的可二次利用的塑料袋，我们的想法得到了客户的同意。用塑料袋替换原本的纸箱，在效果上和原来一样，包装成本却降低了。

在节约包装成本方面，我们有相关数据可做对比：在改进之前，每个机柜需要8根同样长度的电缆组件，需要2.1米长的原料多芯电缆，根据接线的位置裁剪使用。替换之后，每个机柜的8根不同长度的电缆组件，只需要1.2米到2.0米之间的原料多芯电缆避免了裁剪掉的那一部分的原材料浪费。这一改进节约了25%的原料电缆，效果非常明显。

其四，在产品设计方面，我们的产品需要根据换热器重新设计。

我们首先做了大批量的研发和生产过程准备，由研发、设计和采购三部门联动进行产品的重新设计，并在检验合格后将该技术转让给大规模生产的转包商。最终，根据换热器重新设计的产品样品主测试顺利通过，得到了验收方的认可，配套的PLC认证和大批量生产过程的巩固CI也正在进行中，后来核算成本时，我们发现节约了43%的成本。

其五，供应商的本地化和零部件的自制。

在项目进行中，我们发现一个编号为3B××××的电源分配部件一直是从外地采购，供应商离我们距离较远，在运输过程中成本较高。此外，这个零部件对主要设备并联过电压保护，与竞争对手和客户之间不存在IP的问题。

为了解决这个问题，在做了多方调查和咨询后，我们得到了两套解决方案：

一是使现有供应商降价，如果订单量超过2000，可以得到10%的降价。

二是佛山供应商的有竞争力的价格从现在开始有效，如果数量超过4000，可以再降10%。

这两套方案各有所长，也各有所短。我们经过了一年内3000套配电面板的成本模拟，最终得出结论，即本地化和自制方案比现有供应商好很多。这个改进成本的机会很好，但在行动时还需要得到研发部门的大力支持。对于所有的讨论，我们都邀请研发部门的负责人参与，让研发部门产生相应的责任感和成就感。所以，我们实现了供应商本地化，并实现了零部件的自制，降低了成本，提高了效率。

难度大，效果好

这个项目执行期很短，大概有两个月的时间，一个月做设计，一个月执行。这个项目的目标也很明确，就是既要迅速地提高供货能力，交货期要小于两周，又要实现成本下降10%，难度颇大。但是，在公司上下的通力协作下，我们很好地完成了这项任务：项目执行结束后，实现了材料的及时交付。在项目完成后，交货时间不超过两周，核心部件按照预测准备。此外，在一个月内，我们实现了持续改善项目12.1%的成本降低；下一步，3% ～ 5%的降价正在进行中。

成本把控最重要

项目成功完成后，我们进行了深入的总结。从项目中，我们感受到，一个项目若是看起来很难完成时，请不要担心，可以尝试着将这个项目拆分为多个简单的小项目类型，针对每个项目明确主导责任部门，细分并落实责任人。将项目拆分，简单明了，同时完成效率也会提升。

此外，要逐步建立起企业降本增效的良性循环体系：确定公司里拥有总成本的计算，通过行动类型、部门、发起者、供应商和产品来分析所有成本节约，通过专用软件持续改善该系统，建立长期持续的良性循环。

我们可以用算式计算一下总成本。

总成本 = 成本价格 + 付款周期 + 物流成本 + 质量成本 + 加工成本
+ 认证成本 + 来料检验成本 + 库存持有成本

其中，成本价格 = 标准价格 × 实际需求；付款周期 =（新付款周期 – 老的付款周期）× r%/360（r% 为年利率）；在物流成本中，如果是进口的产品，物流成本是老的物流费用减去新的物流费用，一般物流成本则等于运费与装载费、保险费、接收费（包括清关费、仓储费、文件费、货物检验费、报检费、反恐仓储费、重新包装费等）的总和；质量成本项主要计算质量问题导致的损失，包括返工和管理的人工成本、报废材料成本、运输成本、设备／产品损坏成本等的费用总和。上述成本再加上加工成本即工装成本、认证成本、来料检验成本（包括人工成本、设备成本、消耗的材料成本）以及库存持有成本，这所有的一切加起来的总和，才是我们的总成本。总成本所包含的项种类繁多，计算复杂，一不小心就难以把控，成本涨上去也就成了顺理成章的事儿。

因此，对总成本的把控非常重要，作为采购专业管理人员应牢牢掌握这一技能，因为它关系着整个公司的成本把控。我们应该在做好采购专业工作的同时，学会计算成本，运用多种方式降本增效，为公司谋利益，同时要有主人翁精神，把控成本，把控全局。

澳大利亚参议员格伦·拉扎勒斯（Glenn Lazarus）在 Twitter 上公开表示，他将支持马尔科姆

昆州自由党主席 Wyatt Roy

Queensland Liberal MP and tiny boy Wyatt Roy has announced he'll be backing Malcolm Turnbull in the leadership spill. Here they are on a family trip to a phone-box.

此外，由于这个项目的成功实施，积极支持了澳大利亚宽带项目的民心工程，自然也增加了前通讯部长马尔科姆竞选总理的砝码，最后他成功当选了新一任的总理。

经验总结：

这个项目历时两个月，在成本方面节省了 1380 万元（不含增值税），为公司年度利润的完美实现立下汗马功劳，这是我们采购人价值的完美体现。在这里，我个人有几点想和大家分享的感慨，写出来希望与朋友共勉：

◆ 项目管理在采购行为中的重要性显而易见，采购人要学会掌握项目管理技能，提高管理能力。

◆ 在项目执行过程中，成本分析、正确选择降价方法非常有效，采购人必须熟练掌握此项技能。

◆ 这也就要求我们采购部门的骨干人员，需要有较为深厚的技术背景和很强的学习能力，在工作中学习，在学习中成长，逐渐成长为一个优秀的、技术过硬的采购专业人员。

【点评 1】

企业在努力运用理论进行实践，在保证目标顺利完成的同时，还有提升的余地，例如"在一个月内，我们实现了持续改善项目 12.1% 的成本降低；下一步 3% ～ 5% 的降价正在进行中"，具体体现如下：

目标牵引下的系列举措。"数量大、交期短、降成本"，项目管理、时间节点、成本目标贯穿案例始终。

领导支持下的部门配合。在公司领导的支持下，由采购部门牵头，研发、设计、质量、计划密切协作。

链条思维下的主导协作。作为客户的供应商，还拥有自身的供应商，为保证任务完成，企业主动作为，主导协作。如与供应商协作"由团队领导确认公司最终的交货时间，建立统一的跟踪文件格式，使内部各组织部门和供应商各组织部门同步，避免产生错误，并提高运营效率"；如与客户协作"想法得到了客户的同意，用塑料袋替换原本的纸箱，在效果上和原来一样，包装成本却降低了"。

管理工作中的数据分析。在日常工作中，重视成本计算，如"总成本＝成本价格＋付款周期＋物流成本＋质量成本＋加工成本＋认证成本＋来料检验成本＋库存持有成本"；在方案选择过程中，"成本模拟"提供了决策依据；在持续改善方面，借用专用软件构建"降本增效的良性循环体系"。

本案例探讨的是为满足"井喷式需求"所采取的应对方案。尽管完成了任务，但方案中所包含的各种措施还有值得商榷和进一步提升的空间。

1. 原料市场降价，实属幸运。

铝锭供应市场状况的变化提供了与供应商重新谈判的理由，但这样的机会不会常有，难以成为应对"井喷式需求"的企业常规动作，尤其是在因"环保风暴"引发的原材料价格上升常态化的背景下。

2.企业降本空间，确实巨大。

"纸箱电缆长度""产品过度包装"这样明显的问题是在"井喷式需求"逼迫下被发现的，并且后者是在客户现场发现的。这充分说明"压力之下才有动力"，才能发现司空见惯的浪费，才会从链条角度考虑降本。企业可以以此为契机，调动员工的主观能动性，挖掘降本的可能性。

3.采购牵头降本，严重错误。

为应对"井喷式需求"，公司成立了由"采购部门牵头"的任务团队。尽管"任务团队"面临着"交期、质量、成本"三项任务，但从案例来看，由"采购部门牵头"来"改善成本"，这种定位存在严重错误。尽管这是多数制造企业惯有的做法，但一定要改正。产品成本的70%～80%由研发设计部门决定，采购对成本的影响能力非常有限，采购部门的首要任务是"保障供应"，即便要考虑成本，也是"以合适成本保障供应"。在这里的"合适成本"中，"商务成本"占大头，可受采购部门影响。在案例中提到的"五个降本增效具体措施"中，降本幅度最大的是第四项"产品设计"，而这怎么可能让"采购部门"牵头呢？因此，对于"产品降本项目"应由"研发设计部门"牵头并主导。

当然，"采购部门"在"产品降本项目"中的作用还是无法替代的，从"专业"角度看，可以有很大的作为。比如"重新进行价格谈判"尽管不能成为企业整体的常规举措，但它一定是采购部门的"常规动作"——采购部门可以密切关注原材料的价格变化，在价格大幅下降时，完全可以"与供应商谈判"，为企业降本提供"额外"的空间；再比如尽管下游链接中的"产成品包装"是"别人"的地盘，但类似于"原材料包装"的上游链接确实是"自己"的地盘，尽管很多时候不具有主导权，但起码具有"建议权"。

另外，"井喷式需求"是不同于"通常"情况的"特殊"情况，企业整体及"采购部门"可以采取"合理范围内"的"特事特办"措施。

邓恒进博士

南通大学商学院副教授

【点评2】

从本案例中不难得出一个结论：降本增效是一项长期的系统工程，其贯穿企业生产经营全过程。

近年来，受国内外形势的影响，企业经济运行中库存积压严重、应收款项上升、流动资金紧张、成本费用上升、盈利水平下滑等问题尤为突显。为推进全员、全过程、全方位成本管理与控制，所以开展降本增效活动，即降低产品的总体成本，增加经济效益，不断提高产品成本优势和市场竞争能力，提升企业盈利能力及经济运行质量，增强核心竞争力。这是企业当前乃至长期工作的重点，势在必行。

本案例中的公司正是在大型项目中标的情况下发现了企业经济运行中的这些问题，明白了降本增效的重要性，并在这种情况下积极研究，以目标为导向，进行全方位分析。该公司对于目标实现中的困难进行分解，从而逐个突破，针对不同的问题利用更科学、有效的理念提出针对性的解决方案，从各个环节中加强成本的费用管理与控制，最终克服困难，完成了项目。

从这个案例中不难发现采购管理在项目管理中的重要地位，优秀的采购管理模式对于一个项目来说是全方位的提升，其不仅仅是影响项目利润，对于项目进度以及项目质量的提升更是显著的。

曹宇

北大纵横管理咨询集团行业中心总经理、高级合伙人

【点评3】

上述案例是对一个采购组织比较经典的挑战："时间紧，任务急，成本要求高"，公司为了拿下项目在无奈的情况下以超出现有能力的低价中标。因为产品成本的80%以上由采购的材料和零部件所占据，为了可以盈利并满足客户的需求，公司只能找采购挑起优化成本和交付期的大梁。相关采

购团队临危受命，不慌不乱，在困难面前展示出了足够的职业勇气和定力，有效使用相关采购工具和策略，出色地完成了任务，彰显出"好采购的本色"。通过这样的项目，采购团队可以在整个公司树立起威信，赢得其他部门和公司领导的尊重，为未来采购更好、更主动地促进公司发展，有更多机会贡献"采购价值"奠定了基础。

在本案例中特别值得一提的具体亮点有：

1. 采购职能在项目中发挥了关键作用，即在协调其他职能部门的过程中没有靠上级和老板的指令，而是靠自身的组织能力、职业技能、有效的项目管理手段及沟通能力，驱动项目的进展和其他部门的支持和参与，并且积极对上级施加影响。

2. 综合利用各种采购方法和策略，即没有单一依靠市场原材料价格下跌趋势的谈判压价，而是进行本地化，引入新供应商，改进包装和设计，与供应链合作供应商分享技术等，确保在短时间内取得显著效果。

3. 在复杂问题面前展示出实干精神（Can Do）和思维方法，并及时将复杂问题分解成容易解决的任务分配给相关部门，以进行各个击破。这三个亮点与我们常见的"碌碌无为"的采购人员和组织的被动思维，领导或其他部门推一下动一下，单靠"砍价"和用采购量"诱惑"供应商的两板斧解决任何问题形成了鲜明的对比。

在这次胜利之后，借这股东风，建议相关采购部门总结该过程中的成功经验和一些磕绊、教训，对公司的相关流程和策略进行改善。比如，在采购额占较大比例的竞标过程中是否可以让采购更早地参与？虽然采购的积极态度和卓越的职业技能促进了这次问题的最终解决，但是如果经常未经一定的评估就用超出能力的低价竞标，企业就会陷入不可控的风险中，所谓"常在河边走怎能不湿鞋"。

杨文生

美国商会上海董事

中国物流与采购联合会采购委核心专家

【点评 4】

这是一个由突发事件引发成本降低的成功案例：原本赔本赚吆喝的业务，经过多重优化与改进，节省成本 1380 万元人民币，为公司年度目标利润的实现做出了突出贡献。

纵观全文，该项目的成功之处主要有以下六点。

1. 领导重视：话虽老套，但深思之后，还是觉得若领导不重视而直接交由各部门执行的话，相信各部门会依照惯例进行操作，也就不会取得如此优异的成果。因此，领导重视是项目成功的首要因素。

2. 部际协作：正是由于采购、研发、设计、质量、计划等部门发挥团队合作精神，密切配合，通力合作，才完美地完成了该项目。尤其是这种期限短、任务重的项目，部际协作若出现问题，后果将是灾难性的。

3. 目标管理：实施目标管理责任制是项目成功的重要保障措施，将目标任务层层分解，责任到人，各负其责，定期跟踪。各个细小环节的成功，组合起来，有力地促进了项目目标的实现。

4. 流程优化：通过研发设计工艺流程与管理流程，有效地降低了成本、提升了效益。

5. 供应链管理：替代供应商的优选、换热器新设计技术的转让、外地供应商的本地化等措施的实施，优化了供应链管理，切实保障了项目的顺利实施，并极大地降低了成本、提升了业绩。

6. 精细化管理：对 BOM 物料清单进行逐项分析、逐项落实，找出节能降耗的主体物料，有的放矢，精准发力，有效降低成本。

通过该项目的实践，发现该公司有待提升之处主要有以下两点：

1. 持续改进方面有待提升：该公司惯性思维非常突出，若没有该项目的突然实施，相信很多浪费现象还会持续相当长的一段时间，节能降耗应作为日常成本管理的重要工作，时时关注，持续改进。对新材料、新工艺、常规材料价格变化等的关注度也有待进一步提升。

2. 投入产出分析有待提升：该项目分析没有涉及投入产出分析，降本点的查找分析缺乏科学、系统的工具，这可能与高等数学在企业管理中应用严重不足有关。

综上所述，该项目虽有瑕疵，但瑕不掩瑜，不失为一个成功案例，很多地方值得借鉴。

王建洲

伟浩建设集团副总经理

讨论与思考

○ 市场可能会出现井喷，需求量陡增，也可能出现迅速下滑，需求量锐减，采购应该怎么应对这种需求量的大起大落呢？

○ 如何评估供应商供货的柔性？

TOP PURCHASER
IN CHINA

"'8·12'天津港爆炸"采购风险控制纪实

（2015 年优秀奖　王文　霍鹏瑜　中立集团）

推荐语
TOP PURCHASER
IN CHINA

采购风险如何控制，供应风险如何控制，现在企业对此越来越重视。

风险如何控制，尤其是风险发生后，采购人员如何处置，也越来越成为专业采购必须具备的技能。

因此，很多企业都有风险管理流程，也就是要进行风险识别、风险评估、风险管理，制定各种预案，如风险避免、风险降低、风险转移、风险对冲等，以期降低风险发生的可能，或风险发生时能够处置有序，降低风险损失。

宫迅伟

我的微信订阅号　　　　我的个人微信

2015年8月12日深夜，位于天津滨海新区塘沽开发区的天津东疆保税港区瑞海国际物流有限公司所属危险品仓库发生起火爆炸。这起突发事件惊醒了人们，震动了整个区域的生产经营，给当地的社会经济造成了极大的影响。

在这场爆炸中，除了人员伤亡，还有一万多辆进口汽车在事故中损毁。大众、雷诺、路虎等企业受损严重，据估算，受损新车价值超过20亿元，成为中国近年来代价最高的灾难事件。

这一场爆炸，对于天津港，甚至对于物流行业来说，都是一个震惊中透露着警醒的一件事。事故的发生，给天津港所在区域的社会经济带来了非常大的影响，特别是对一些供应物品需要从海上运输进港的加工企业来说，直接影响到了生产经营的正常进行。

如果你是该地区的采购主管，又该如何应对呢？

灾难的到来从来都是始料不及的，灾难的影响也不只是局限于某些行业，而是任何一个行业都可能会遇到的状况。因此，遇到了突发事件，如何做好应急处理尤为重要。

我们是汽车轮毂制造企业，为世界众多著名汽车厂做配套生产服务。集团年产量约1400万件，在国内处于前两名的位置。我所就职的分公司位于滨海新区。

不可避免地，我们公司的采购供应也在这次爆炸事件中受到了影响。作为采购经理或主管，我们需要判断危险程度有多大，属于几级风险，需要什么资源，后果有多严重，从而尽最大可能规避风险，保护企业利益。

分析判断，启动应急方案

突发事件发生以后，天津港口业务暂停，我们的采购供应形势严峻，危机已然来临。

当下，我们公司立即启动了事态升级程序。在对突发事件应急处理措施进行分析后，我们认为，作为公司物流采购团队，所实施的应急处理，应主要基于组织风险、社会资源风险、供应链风险三种风险类型的分析和判断。

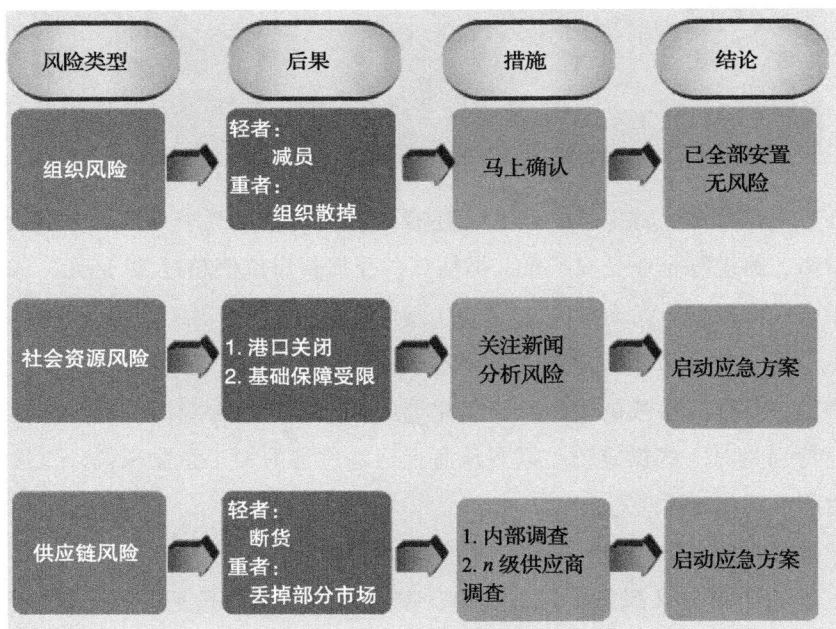

风险类型	后果	措施	结论
组织风险	轻者：减员 重者：组织散掉	马上确认	已全部安置 无风险
社会资源风险	1. 港口关闭 2. 基础保障受限	关注新闻 分析风险	启动应急方案
供应链风险	轻者：断货 重者：丢掉部分市场	1. 内部调查 2. n 级供应商调查	启动应急方案

首先，从组织风险来说，突发事件带来的主要影响，程度较轻的话，意味着减员；程度较重，则可能会导致组织解散。

其次，从社会资源风险来说，突发事件导致港口关闭，港口区域内基础保障受到限制。

最后，考虑供应链风险，影响较轻，会断货；影响情况较重，企业将会丢掉部分市场份额。

我们根据实际情况，经过缜密的分析判断，已经十分清楚地认识到突发事件带来的严重后果，那么接下来我们该怎么办？针对组织风险，我们马上与相关责任方确认情况，得知已全部安置，没有风险；针对社会资源风险，我们密切关注新闻，分析风险，同时启动应急方案；针对供应链风险，我们进行内部调查以及 n 级供应商调查，同时也启动了应急方案。

这是突发事件发生后，我们公司所做的应对分析过程以及主要采取的措施与应对结果的判断。实际上，这也可以被采购供应部门当作日常应对突发事件的主要应对思路来用。

我们在后来的事故报告中知道，当时在火灾爆炸事故发生的中心区有 7641 辆商品车在事故中全部损毁，邻近中心区几家物流公司的 4787 辆汽车受损，这只是严重事故中其中一小部分经济损失，短时间内对于汽车行业产生了一定的影响。

突发事件，供应链风险巨大

我所在的公司是一家汽车轮毂制造企业，公司具体情况如前所述。公司就位于发生火灾爆炸的天津滨海新区。

众所周知，天津港是北方的重要港口之一，是华北、东北等区域重要物资的主要进出口港。天津港爆炸事故导致一些社会资源的紧张，使得各公司产生了货物滞留费用。突然发生如此重大的事故，港口在短时间内不能恢复作业。港区停止工作，员工歇假、撤离以及货运工作的暂停，意味着企业在仓储、物流分拨等方面的工作将受到阻碍，甚至会出现停滞现象。对于物流企业来说，会因货物无法卸载而产生大量的滞留费用。虽然进出货物可以选择其他港口，但海运周期较长，有些物资在短期内成为紧缺的瓶颈物资。

我们知道在本次火灾爆炸事故中，烧毁和损坏的汽车累计超过 10 000 辆。距离爆炸源最近的汽车厂，也受到事故的一些影响，但我们公司的客户遍布全球，总体需求上不会受到本次爆炸事件的影响。然而，在汽车行业的供应方面有着特殊的协议，假如因为你的产品未能按时交付，造成组装线停产，那么客户将按照分钟计算非计划停产的罚款。这个数额巨大，对于供应商来说，保障压力非常大，压在我们采购人员身上的压力也很大。

其实，在供应链方面，遭遇突发事件将造成减产、停产等十分严重的后果。这样的事例并非少数，而不同的应对措施导致的结果也有着天壤之别。

多年前，在美国墨西哥州，雷电引发了 D 公司芯片车间着火。突发灾难事故后，D 公司芯片车间停产，影响了手机 N 公司的产品生产计划。幸运的是，N 公司立即启动了风险应急预案，到 D 公司的芯片生产现场进行调研，分析风险后开发了备用产品供应商，从而保证了新产品的正常上市，市场份额得到大幅度的增长。

同期，手机 E 公司也出现同样的情况，然而，E 公司的采购部门只是继续催促交货。这样持续三个月后，采购部门实在坚持不下去了，才去现场进行调研。这时候，芯片的停产已经造成了 E 公司新产品不能如期上市，错过了销售旺季，市场份额大幅度下滑，最后，E 公司被迫停止了手机生产。

这件事令全世界所有人都为之震惊，一家持续生产了 100 多年的电话企业、老牌的手机生产商，竟然从此以后不再生产任何手机！

应急处理，抓好事件后前三天黄金期

为避免出现这样的情况，在天津港火灾爆炸事故发生之后，我们的采购部门面临着多方带来的重重压力：

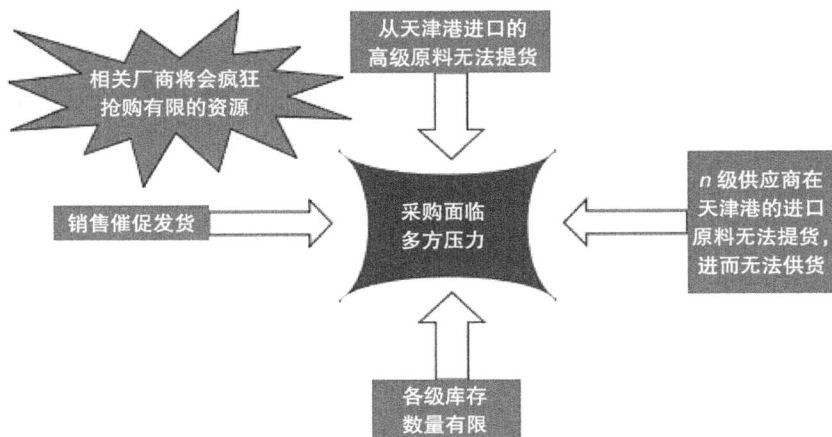

- 销售部门催促着产品发货。
- 从天津港进口的高级原料无法提货。
- n级供应商在天津港的进口原料无法提货，进而无法供货。
- 各级库存数量有限。
- 相关厂商又疯狂抢购有限的资源。

当时的情况真可谓是"一团乱麻"！怎么办？我所在的分公司采购部门立即开启了应对这次突发事件的风险应急处置。和抢险一样，采购应对突发事件也要抓住事件发生后的前三天黄金期，否则可能贻误时机，导致后续的供应产生问题。

第一天

我们统计了确定时限内的生产需求，要求计划人员根据 9 月 12 日之前的生产计划安排生产，要在当天 12:00 前完成采购计划的编制。同时，我们马上实施对一级供应商的在库原材料、产成品以及在天津港的高级原料进行调查，申请预留货品。与供应商保持信息联络，每 4 小时更新一次。

分公司高级采购主管亲自控制瓶颈物料，启动应急预案之后，马上给已成为瓶颈物资的供应商高管打电话，按照本公司 9 月 20 日前的生产用量，申请立即安排车辆发货。同时，对风险期内的一般紧张物料进行控制。各采购员，根据计划员的安排，对预计紧张的物资，马上组织供应商发货，要求三天内必须到货。

在爆炸事故发生后的第 15 个小时：所有采购团队继续关注新闻，跟踪事态的发展变化。与此同时，采购供应部门给公司领导班子发邮件，实时汇报工作进展，确认供应情况。截至第一天结束，我们的保障工作暂时没有出现问题。

第二天

整个公司的采购部门认真、严密地落实监督计划。

根据采购部门对供应的控制要求，我们首先考虑对于预估的损失公司是否可以承受，风险是否受控，对于有风险的要控制到 n 级供应商。

　　在爆炸事故发生后的第 33 个小时：我们汇总事件的最新信息以及发展动向、各个供应商的最新供应信息，以及确认到货情况；与二级供应商（一级供应商的供应商）乃至 n 级供应商进行联系，确认其原料供应情况；针对一级供应商中再下一级的关键供应商，根据其原料供给情况，对其供应商进行调查。

　　在爆炸事故发生后的第 36 个小时：采购部门向领导班子、集团采购本部、集团客户发出保证通知，通报采购物品供应保障没有问题，我们可以保证订单的正常交付。之后，向销售部的主要领导汇报工作进展，请销售部的领导转告交付。

　　在爆炸事故后的第 39 个小时：我们开始制定"较长一点"的应急预案。对我们公司的凡是在天津港有进口业务的供应商均要求制订紧急预案，包括联系青岛、烟台、上海港口报关、清关，如有必要将采用空运业务等，并随时关注我们自己公司的发货情况，确认已经改到青岛港发运，生产秩序正常。

　　在爆炸事故后的第 41 个小时：我们公司开始陆续接待重要客户的来访。我们充分展现自己的供应保障实力，让客户放心，更加有利于争取到长期订单。

第三天

　　在爆炸事故后的第 62 个小时：我们分公司采购团队再次发邮件，向领导班子、集团采购本部、集团销售部的主要领导汇报工作进展，说明我们的保障工作没有问题。

总结验证，完善应急预案

　　爆炸后的第 26 天（9 月 6 日）：行业中的一些其他友好公司，开始找我们寻求支援，希望可以协调调拨一些生产物料。我们公司在考虑互惠友好的基础上，将少量物料临时性借出一部分用于协助它们进行应急。

　　爆炸后的第 27 天（9 月 7 日）：天津港开始恢复进出港工作，但进度与爆炸事故发生前相比慢得多。然而，此时至少已经不需要再进行应急供应了，在这之后，危机解除，公司回到了正常状态下的采购供应生产。

　　爆炸后的第 50 天（9 月 30 日）：我所在的采购团队开始总结这次应急供应

采购的经验。把通过这次经历新取得的经验记入原先的预案中，使其不断完善。此外，我们还设定了一个新的目标，即使采购主管在外地出差，也能够通过电话指挥，指导本企业抓住黄金时机，确保风险受控，将对企业生产经营产生的影响降低至最小。

经验总结：

◆ 危机距离我们并不遥远，网上随意可以查到 n 个危机，所以必须做好应对预案。

◆ 建立合作伙伴关系。高层之间密切联系，掌控稀缺资源；与同行企业展开友好合作，进行信息共享。

◆ 要有备用供应商，不要将鸡蛋放在同一个篮子里。

◆ 站在经营的角度，机会成本必定会影响公司的经营成果。

【点评 1】

当发生如 2015 年天津港爆炸事件那样的突发事件后，采购部门的应急管理应该怎样进行呢？很多公司都制定了应对突发事件的采购预案，若真出现这种情况，就按照预案中的步骤、方法进行。或者，可以按照如下的步骤进行。一般来说，如下的步骤也是采购预案所包括的内容。

首先，分析、评价一级供应商中有哪些受此突发事件的影响，程度如何，也即对本公司的供货的影响程度如何，包括供货是否会延后，延后多久，是否会减少供货量，减少的量是多少，何时能够恢复正常的供应。类似地，还要分析各一级供应商的供应商（二级供应商），是否也受此次突发事件的影响，以及程度如何？依此来判定一级供应商的供应情况。之后，还可以分析、评价二级供应商的供应商（三级供应商）的情况……追索到哪一级，要根据企业的具体情况、物料的具体情况来定。

其次，弄清楚公司各种物料的存货数量，根据公司的生产计划，判断能满足公司正常生产经营活动多长时间。

再次，结合上述两点中的情况，就做到了知彼知己。由此，针对每一种物料，制定出相应的措施：是否需要应急采购？若是，则制订具体的采购与补货计划。是向原供应商订货，还是需要向替代的供应商订货？如果现有供应商、之前预备的替代供应商都无法及时供应某物料，就需要寻找新的供应商。这里需要注意几点。

对于采购价格较高的情形，是否超出了采购经理的权限？如是，则需要向企业财务甚至 CEO 报告。

不管怎样努力，最后还是没能采购到足够数量而缺货的物料。这时需要与公司生产部门、企业高层沟通，是否调整生产计划？

又次，落实所制订的应急采购计划，并随时跟踪各供应商的情况，根据所掌握的新的信息，调整剩余时段的应急采购计划。同时，要与公司领导、相关部门保持沟通。

最后，随着时间的推移以及所有供应商恢复正常供应，终止应急采购，恢复正常的采购计划。

对之前制定的应急采购预案，重新审查、修改，以改进之。

胡奇英

复旦大学管理学院教授、博士生导师

【点评 2】

在一些突发事件来临时，怎样迅速有效地采取行动，最大限度地消除突发事件带来的影响？本案例提到在位于天津滨海新区塘沽开发区的保税港区的危险品仓库发生起火爆炸，造成大量的财产损失和人员伤亡，给周边居民的生产与生活带来了严重的影响。作者所在的公司———家汽车轮毂制造企业就位于火灾爆炸的天津滨海新区。这次突发事件给该公司的供应链带来了较大的影响，公司采购部门及时迅速地行动起来，紧急处理，抓好危机发生后前三天的黄金处理时间。本案例中做得比较好的是：

1. 在灾难发生的时候，公司上下予以应对的一件事就是**抢时间**。

在事件发生后的前三天黄金期里，采购部门中的每一个成员争分夺秒地向每一个供应商了解原材料、半成品、成品的库存、生产和发货情况，积极与公司各相关部门协调，编制新的物料采购计划和生产计划。每四小时更新一次供应商的物料信息，并且将最新情况及时汇报给各相关部门和公司管理层。各部门通力合作，与时间赛跑，高速、有效地进行行动计划和安排，在最短的时间里，恢复正常的物料供应和生产。

2. 在灾难发生的时候，快速、有效的**沟通**大大提高了行动效率。

a. 与供应商的沟通。

第一时间与各供应商沟通，包括一级供应商、二级供应商甚至是 n 级供应商，尤其是瓶颈物料的供应商，每一个采购人员和采购部负责人与各供应商快速、有效地沟通，搜集最新的物料信息，并得到供应商积极有力的支持，最大限度地确保交货，为公司下一步安排采购计划和生产计划提供信息基础。

b. 与相关部门和管理层沟通

积极地与计划、生产、物流、报关等相关部门沟通，并及时将最新进展向公司管理层汇报，公司上下一盘棋，信息共享，协调一致，保持信息流的准确畅通，确保行动方案的快速有效。

在本案例中，我们更多的是在灾难发生后，及时采取有效行动来将影响降低到最低。如果我们能在风险发生前做好各种风险分析及准备好相应的应急预案，在突发事件发生时，我们就可以针对不同的事件立即启动应急预案，更加快速、有效地化解危机。通常，很多公司都会做风险分析并且针对潜在风险制定突发事件应急预案（business contingency plan）。风险分析包括供应商风险（交货风险、质量风险、地缘政治风险、财务风险、单一供货源风险等）、公司内部风险（工伤、事故、传染性疾病、断电、设备故障、罢工等）、自然灾害风险（地震、台风、火灾、爆炸等）、地缘政治风险（恐怖袭击、种族冲突、限制性政策、贸易保护等）。若能提前做好各种风险评估和分析，制定相应的应急预案，在危险来临之时，我们就可以镇定自若地按照事先准备的各种方案有条不紊地去应对。

刘成

施耐德电气（中国）有限公司采购总监

【点评3】

采购风险是任何一个组织、管理层、采购部门都无法回避的问题，小到公司停产，大到公司破产。所以，在一个成熟且有远见的组织里，睿智的管理层往往把采购风险的控制作为公司治理的关键要素之一。本案例讨论的是2015年天津东疆保税港区瑞海国际物流有限公司所属危险品仓库爆炸后，产生的一系列连锁反应。这一爆炸造成的不仅仅是可以看得见的数字上的直接损失，更多的还是对人们的正常生活、企业的正常运营、社会的正常运转造成的无法估量的影响。

案例作者所在的公司在火灾爆炸的附件区域，是一家汽车轮毂制造企业，为世界众多著名汽车厂商做配套生产服务。公司年产量约1400万件，在国内汽车零部件企业中处于该行业前两名的位置。可以想象，假如此公司的供应出现问题，会波及世界诸多著名的汽车企业，除了此公司自身的损失外，还一定会给中国制造带来负面影响。但是这家公司的采购部门抓住了采购的核心职能之一——保证供应，从风险应急处置、黄金72小时、上下游沟通、经验教训总结、应急预案完善等各个方面发力，这些都是值得在汽车行业推广学习的。

在汽车行业中，不管是世界知名的大公司，还是区域性的小企业，随时随地都面临着采购风险。近20年前，福特汽车因为Explorer轮胎事件，差点造成了百年福特的破产；2017年上半年，因为博世零件的供应问题，导致宝马在德国、中国和南非的工厂临时停产事件，受影响的车型就包括宝马的热销车型3系轿车。此类消息每天都在出现，从采购从业者的角度，至少要从以下几个方面去控制采购风险。

- 寻源阶段：在进行供应商评估的时候，必须对可能发生的供应风险、质量风险、财务风险、不可抗力风险进行详细的分析和评估，制定相应的对策。
- 供应商合作阶段：定期对供应商进行风险评估，同时关注外部经济环境以及政治状况、国内外局势，甚至天气状况等，以期预判风险，尽早做出合理安排和规划。

- 采购风险控制程序：公司必须建立采购风险控制程序，对风险进行等级排序，按照不同的等级采取不同的措施，以及规定响应的速度，同时对不同职级的人员，从采购工程师、采购主管、采购经理、采购总监、公司副总到公司总经理等在不同采购风险处置中赋予的权利、承担的职责、应尽的义务、相应的惩罚等界定清楚。

- 采购风险控制程序完善：经历了采购风险之后，一定要总结经验教训，并完善相应的采购风险控制程序。

只有这样，不管何时采购风险的来临，公司都能依据程序有条不紊地采取应急措施，尽可能避免损失的发生或者把损失降低到最小限度。

陈亚军

斯太尔动力（常州）发动机有限公司采购总监

讨论与思考

○ 你觉得有哪些风险可能会导致供应中断？

○ 你遇到过供应中断事件吗？你是如何应对的？

TOP PURCHASER
IN CHINA

运用信息系统，再造采购流程

（2015 年优秀奖　陈刚　复医天健）

推荐语
TOP PURCHASER
IN CHINA

采购管理信息化，是发展趋势。它不仅仅有助于实现阳光采购，让采购工作公开、公平、公正，也有助于提高采购工作效率、降低劳动强度，还能产生很多未来采购决策需要的"大数据"。

在信息化的过程中，不仅涉及烦琐的基础工作，如编码等，还涉及人员权责变化、岗位变化，推进起来会产生观念冲突、习惯冲突、利益冲突。

对于采购信息化，采购人必须直面它、善待它、拥抱它，并想方设法去推进它。

宫迅伟

我的微信订阅号　　　　　我的个人微信

变革中诞生的公司

我公司主要从事类似于医院物业的后勤管理，主要服务于各医院。公司成立于2003年下半年，最早是从复旦大学系统的医院剥离出来的，磕磕绊绊开始起步，但公司的领导信心十足，在公司成立之初就把目标定位于成为行业领头企业。

由于公司之前是附属于医院的，属于国有体制，2003年，政府考虑把医院的医疗工作专业化，决定把行政工作从医院各个环节中剥离出来。医院后勤方面的工作人员从这时起不再有编制，劳动关系全部从医院转到公司。

这项政策涉及一个打破体制的问题。这些员工原来都是医院的员工，吃大锅饭，对他们来说，干得好与不好一个样，原本打算就这样一直安安稳稳地干下去，一直到退休，然后领退休工资。但现在这个现状被打破了，他们的铁饭碗没了，以后也享受不到医院的福利了。此外，如果干得不好，还会面临下岗，要自己重新找工作。

因此，在面临这样的问题时，员工的情绪很激动，反应很激烈。记得同事在回忆当时的场景时提到，员工的抵触情绪非常严重，现场人员的接收情况受到很大阻碍。

为了安抚员工，公司总经理当时亲自赶到现场，进行解释和协调，可这些员工不愿接受事实。

但是，不管怎么样，一定要按照政策执行。

我是2007年加入公司的，当我进入公司的时候，全公司的工作人员已经达到2000人，已经将业务开拓到同济大学的附属东方医院、交通大学的儿童医学中心和中山医院制药厂的后勤业务。到2015年，我公司的业务项目已经在江浙地区站稳脚跟，比如张家港第一人民医院、昆山第一人民医院、宁波康宁精神病医院、宁波二院、宁波李惠利医院，同时通过股份合作的方式，将业务扩展到四川、重庆、武汉与厦门地区的儿童医院。2015年9月，公司获得中国百强物业公司的殊荣。

采购管理中的困难

长期以来，民营企业老板对于采购这个岗位有很多共同的看法，突出体现在两点上，这也是国内著名的采购专家宫迅伟老师多次提到的。我相信绝大多数采购同行都深有体会。

第一，对于采购工作，是个人就能干。

第二，采购就是肥差，有油水。

既然如此，公司采购部的负责人之前是老板的司机，也就不难理解了：一是，司机跟随老板多年，深得老板信任；二是，司机对老板很了解，易于沟通。

由于采购部负责人是司机出身，没有接受过专业的培训，缺乏采购方面的专业知识和管理方法，不懂得需要制定相应的采购操作流程和供应商考评的流程。他通常的做法是，把各个项目营运点的采购需求进行汇总，下采购单，通知供应商进行送货。营运点如果对供应商送来的货不满意，采购部也只是象征性地打个电话问一下情况，基本不会跟进，所以供应商不会有什么实质性的改善，长此以往，营运点也就懒得再去提意见。

近几年来，通过多样化的经营方式，我公司已经走出上海地区，把后勤经营业务拓展到宁波、张家港、昆山等周边地区，并以参股的形式与武汉的物业公司开展合作项目，以及通过品牌合作与重庆的两江医院和重庆第一附属医院有经营项目。

随着公司业务的不断扩大，各营运点采购物资，需要提交申购单，由总部统一采购，再由供应商发货到指定营运点；各营运点需要确认收货，收集物料送货的单据并将其快递到公司总部；财务进行核对并录入系统。这样会出现以下两个问题，让大家越来越意识到，如果继续按照传统的方式进行，会给公司运营带来了很大的麻烦。

1. 申购单与送货单的差异。

由于营运点的工作人员疏忽或者实际需求的变化，已经提交的申购单在实际操作中经常会有一些变化，如物料规格、种类、数量发生变化需要更改，或者临时补货。这时营运点的工作人员往往会越过总部，直接通知供应商更新送货的数量和规格，事后将补充的申购单提交给总部。由于公司营运项目越来越多，物料数据的差异也就越来越大，各营运点都普遍有这种事后再修改申购单的做法，但常常会因为事后问题解决了，就容易拖延或者忘记补申购单。这导致财务对账的时候，申购单与送货单经常对不上，再去跟各营业点联系核对，也不能完全对上，特别是当有人员流动时，更加困难，让财务部门很头疼。

2. 盘点和审核困难。

物料管理包括这样几个环节：从申购数量、向供应商下单的数量、供应商送货入库数量，到项目领料出库数量，再到最后财务部门对项目仓库进行盘点。要做好对仓库的物料进行细致的盘查和清点工作，不但要看申购数量和下单数量是否一致、下单数量和到货数量是否一致，更要看出入库数量差额是否和仓库里实际数量一致。目前，我公司在上海地区已经有 30 多个医院的营运项目，包括在多个郊区的营运项目，比如南汇卢漕港六院、宝山华山北院、松江中山医院制药厂、金山人民医院和公共卫生中心。这些偏远的营运项目都是通过传递手工入库单、领料单和库存报表到公司总部，以便财务部门核对，让这么多营运点做到盘点的时间一致和理解一致，是有一定难度的，这也对工作计划有很大的影响。

启用仓库管理信息系统

作为一家以上市为目标的公司，管理层对于这样的运作效率显然是不满意的，现任总经理上任之后，做了一些变革，使公司进入了电子化办公时代。首先，各个职能部门的报告和合同都要通过系统进行提交审批；随后，公司为了加强库存的管理，又引入了一套电子仓库管理系统。

既然有了操作系统，就需要建立一套操作流程和制度，让所有人都按照流程遵守和执行。为了实施这个方案，就需要成立一个项目小组，并确定角色和职能分工。

首先，发起人，即财务总监，财务人员掌管着公司财政大权，需要对库存账目明细充分了解。

其次，项目组长，由总经理挂帅，这样大部分员工会积极响应，不会有太多的抵触情绪。

再次，实施人，即技术部门和相关部门的代表，负责系统的设计和数据提供。

最后，执行人，即操作人员的代表，对于系统的可操作性最有发言权。

应该说，这样的组合是比较典型的，非常具有代表性。这样做的优点是集思广益，让更多的人参与其中，集合大多数人的意见共同完成。不管最后能不能尽如人意，都是大家集体的付出、共同的责任，不会有什么抱怨。

物料编码和信息系统的建立

采购部主要是与物料打交道，所以首要的任务是对物料的信息做全面的统计和收集，对每一个具体规格的物料都需要制作物料编码，实现一个物料编码对应一种具体物料的效果，规避物料之间的串号。

但事情并没有想象得那么顺利，在工程工具这类物料上，我们整理起来的工作难度相当大。第一个原因是我这个物料信息管理员对繁杂的工程物料根本不懂，要理顺需要花大量的时间；第二个原因是负责工程工具类的供应商是董事长的发小，对于我们的要求并不积极配合。物料编码工作要具体化、细致化地推进需要供应商提高配合度。

刚开始实施仓库系统的时候，物料名不副实的现象有很多，即有些物料虽然有着同样的名称，但实际上并不相同，而有些物料有着不同的名称，但实际上是完全一样的，这就是一个巨大的漏洞。如果要理清楚这个问题，需要很大的工作量，经过我和采购经理多次沟通，终于得到了他的支持，由他直接出面，让采购员与仓库收料人员逐一核对，通过数据的呈现，物料名称得到了统一。而对于供应商，我们也要求他们统一物料名称，督促他们配合我公司的工作，进行相应改善。

我之前在家乐福工作过，对家乐福的操作系统比较熟悉：他们是把与物品有关系的各项内容和信息都录入仓库信息系统，在企业内部建立一个信息公开的平台，而且并没有因为信息的公开而使违规的发生率增加。开放同时也是一种监督，使用人的操作是通过权限控制来限制的，所以在设计仓库系统的时候，我把家乐福的这种理念和方式引入进来，通过一年多的使用，这种理念和方式也得到了广泛的认同。

细节的磨合

从使用者到参与制度与流程的制定者，对于大多数小组成员来说，都是第一次。大家都是在摸着石头过河，当然也不可避免地夹杂着个人的利益和情感因素。

对于申购日的确定，经过了多次探讨和修改，最后经大家一致同意并经总经理批准，每个月有两次提出采购申请的机会：每月1日为正常申购提交日，如果错过，当月10日还可以补提申请一次。

　　一开始我将数据权限设置为对采购部内所有使用者开放，虽然明知道这样不合理，但是为了避免造成让外人看来一个人专断独大的嫌疑，还是需要这样一个过程。果然，不久之后就出现了一些采购员进入系统改动物料的数据的情况，从而造成系统中有了一些错误的物料信息。但这很快就被财务部门发现了，在财务部提出了强烈的投诉之后，我们及时进行调整，根据使用者自己的分工进行操作权限的管制，把对数据的设置权限集中在我这个物料信息管理员一人身上，而其他人只可以查询，这样也就顺理成章地解决问题了。

经验总结

收获与感悟

员工技能的提升

　　对于操作层面的基层员工来说，能够加入公司业务流程再造的核心小组，共同推进这个过程，可以在新的业务中占据一个有利的地位。为了具备操作新事物的能力，他们需要快速地充电，熟练地掌握技巧，同时需要和多个业务部门共同探讨，以便于在操作环节有利于采购部的操作。

变革之不易

　　一家拥有自身运行轨道的公司去创新和变革，是会遇到很大阻力和困难的。业务流程的变革，也是一种对原有流程的推翻和再造，需要对新事物掌控能力强的管理者下定决心，时刻在推动变革的过程中占据主导地位。

　　在推动这个改革项目的时候，那些习惯于旧制度并对新事物不熟悉的管理者，总是带有抵触与不合作的情绪，所以暴风骤雨似的变革，往往都会遇到强烈的抵抗并会在抵抗中夭折。此时，管理者要运用手中的资源，使项目小组增加凝聚力，提高员工的认知水平和参与的积极性。

　　我们对业务流程的改造，是希望通过对现有流程的改善来达到提高工作效率这一最终目标，既能克服目前的困难，又能让每个人的工作变得既轻松又有效。在明确了上述内容后，操作人员在认知上发生了改变，对于业务流程改造给予了认可与支持。

不足与困难

系统的不足

　　由于公司是第一次全面使用仓库软件，我们都没有实际经验，对该软件的了解仅停留在理论上。在使用的过程中，我们逐个步骤进行调整。由于财务、采购、IT和仓库多方共同开展，我们已经从原先的财务和IT技术层面逐渐调整到采购与仓库使用条件层面，这是一个摸着石头过河的过程。仓库系统中存有大量垃圾信息，会与正常的信息发生冲突，这一问题等待我们解决。

另外，由于系统用户数量的增加需要向系统供应商购买，为了节约成本，营运项目是使用硬盘操作的，通过同步器传输、更新和修改，这样就会有一个时间差，所以存在一个数据上传滞后的情况，这样就会导致有时候申购单进行了改动，而采购部还是拿着原来的申购单向供应商下单。

升级的困难

基于以上不足，IT部发起了仓库系统的升级工作，把现在的仓库的数据全部平移到更专业的用友U9操作平台上，从根本上解决遗留的问题。

然而，升级面临的最大困难在费用上。用友公司作为一家成熟的软件公司，其盈利空间不是在软件系统的开发上，而是在用户的使用量上，这点是非常隐蔽的。在采购系统时，价格包含提供十多个用户使用数，这些用户已全部被分配到职能部门（主要是采购部与财务部）。然而，运营项目增加需要更多的用户。目前累计项目上共有50多个仓库，如果购买用户数的话，使用数每增加一个就要2000多元，又是一笔费用。

为了解决这个问题，我们引进了OA办公软件，做一个中间表，这样对于仓库的用户数在OA软件上操作，OA软件再到用友去调取数据。但是这又面临新的问题，即OA软件的操作有一个滞后期，一天才同步一次，对于同步之后的操作，采购和财务是收不到的，最终又会影响财务数据的准确性，而且有些好的方法也不能使用了。因此，随着公司业务的发展、大量技术手段的应用，仍然需要不断地弥补和完善，需要不停地变革和打破旧有的格局。

【点评1】

本案例通过实施仓库管理信息化项目解决了保持库存物品的正确性、库存数量更新及时性及准确性，从而帮助采购部门按申购部门的准确需求结合库存实际情况及时进行采购，避免重复采购，降低库存风险，更好地服务于客户，提高服务水平和客户满意度。

在实施供应链信息化项目过程中，所有公司都会遇到与本案例相类似的情况。信息化项目实施不仅仅是IT部门的项目，而是一个一把手工程，如果没有公司高层的亲自挂帅和参与，很难实现良好的效果。原因是信息化的实施其实不仅仅是上了一套软件系统，而是通过信息化项目实施的手段优化现有的管理架构及管理流程，并把优化后的管理流程固化至IT系统，以系统促管理。所以，在实施过程中会牵涉公司内部各相关部门的责、权、利的重新分配和组合，只有公司高层的亲自参与才可以对流程优化快速决策，保证项目的顺利推进及IT系统的落地。本案例由总经理亲自担任项目组组长，是项目成功的保证基础。

物料编码问题也是在实施信息化项目时特别让人头痛的问题，特别是对于集团化公司或有很多分支机构的公司而言。各个子公司或分支机构在整合前会有各自的编码规则，其产品名称都是根据各自的习惯进行命名的，无统一的编码规则，这经常会导致集团不同子公司或分支机构内从同一供应商处购买同一产品，但是物料编码不同，价格也不同的情况。管好物料编码，保证一物一码，需要从集团或总部层面设立专门的编码部门来统一标准化各子公司或分支机构的编码规则，并归口管理及审核。编码工作是信息化的基础，但是很多公司在开始实施信息化项目时没有对此足够重视，从而在后期花费更多的精力和成本去纠正。本案例在实施时意识到了这一点，并花费很大的努力进行梳理，建议设立专门的部门或岗位进行管理，以避免随着时间的推移，编码逐渐混乱。

对于本案例中的公司来说，库房信息系统仅仅是供应链管理信息系统的一部分，信息化工作才刚刚开始，随着贵司业务的快速扩张，公司应更系统地、有前瞻性地去规划IT系统架构，以支持公司发展战略。

武建军

亨通集团有限公司供应链管理中心副总监

【点评2】

自动化、信息化伴随着工业4.0的概念，近些年成为了热门话题。各行各业都在大力推动企业生产运营的自动化、信息化，推动制造业的转型升级。电子化采购也有利于采购工作实现信息化，有利于整合和规范采购程序，有利于提高工作效率。作为一种新兴的采购手段，电子化采购在增强采购透明度、提高采购效率方面发挥着越来越重要的作用。

本案例介绍的是一家医院后勤管理公司，由于缺少必要的信息系统，采购部负责人也没有接受过专业的培训，且随着公司业务的不断扩大，各运营点物资采购方面的问题不断增多，主要体现在两个方面：①申购单和送货单经常有明显的差异；②盘点和审核困难。公司新一届管理层适时做出决定，积极推进电子化办公并引入电子仓库管理系统。公司在建立新系统、新的操作流程中有一些好的做法值得借鉴：

1. 建立由各部门参与、总经理挂帅的项目组。

仓库管理系统是标准化、智能化过程导向管理的系统，能够准确、高效地管理、跟踪客户订单、采购订单以及仓库的综合管理。公司使用该系统后，仓库管理模式将发生彻底的转变。条码管理促进公司管理模式的转变，从传统的依靠经验管理转变为依靠精确的数字分析管理。这是一个重要的变革项目，需要最高决策层领导的支持以及各部门的积极参与和配合。实现这些管理模式的转变，需要自上而下的观念的转变，需要从总经理到每一个具体实施的员工都能敞开胸怀来拥抱新的系统，配合和支持相应的转变。另外，不管是管理层还是基层员工，都要与时俱进，不断学习，不断提高自身的业务能力和专业水平，熟悉和掌握新的系统与管理体系。要做到这些，就一定要由公司最高管理层、总经理挂帅，同时各部门负责人参与的项目组要大力地推动和支持。

2. 循序渐进地推进新系统的建立。

新的系统和管理体系的建立一定会遇到很多苦难和问题，尤其是对于使用者和决策者来说都是摸着石头过河，都是第一次。新旧观念、新旧系统、新旧管理模式的转变，都需要时间，是一个循序渐进的过程。改革不是一朝一夕的事，变革也不能一蹴而就，欲速则不达。在本案例中，管理者深知变革之不易，在系统推进过程中，从大处着眼、小处着手，循序渐进地推进，通过细节的磨合、各部门的全员参与，最后顺利地完成了新系统的上线和业务流程的变革。

在本案例中，如果我们再加上新旧系统运行结果的比较，就是我们常说的"变革前""变革后"，让大家能够一目了然地看到新系统、新流程给公司带来的变化，让案例的成果更具有说服力和指导意义。企业在自动化、信息化的征途上，不断地发生着巨大的变化。因此，我们在本案例最后，可以再加上后续企业自动化信息化的规划和愿景，突出显示企业将以此次变革为新的起点、新的契机，推动公司不断提升、不断进步。

刘成

施耐德电气（中国）有限公司采购总监

【点评3】

仓库管理的核心就是确保物料的准确性和周转信息的有效性、实时性，尤其是多仓库管理系统，存在采购与物料分配的协同性、资源使用的精准性，近乎物流配送中心的管理级别，对于人、机、料、法、环的要求都非常高。本项目从多仓库管理、物料采购、物料管理、配送管理、平台管理、信息管理等做了里程碑式的探索，对于一家成立之初就把目标定位为行业领头企业的公司而言，是具有战略意义的。

多客户、分散客户的供应链体系，具有高度的复杂性、多变性，更具有强关联的时空要求，而手工管理是不可想象的，无法响应用户的要求；供应链过程信息化平台的实现，有利于保证数据的有效性和实时性，从而更好地支持业务，为企业的快速发展提供动力。

供应链上的核心仓库与配送服务一体化、信息化，说易行难，原因之于：

第一，信息平台的结构与逻辑需要结合企业业务发展需要来进行梳理。

第二，管理流程与过程参数需要依据不同区域、不同医院、不同客户、不同品类、不同供应商来设定。

第三，内部管理的团队成员（采购、计划、仓管、客户服务等）需要相应的管理素养。

第四，基础数据（比如物料编码、BOM、配方表等）必须是精准的。

第五，在实际管理与运行过程中，必须保证执行力和对于规范的遵守覆盖率……

如此方具备了将供应链—采购—物流—配送一体化、信息化的基础和发展的可能性与可得性。

本项目正好找到和找准了以下几个切入点：

1. 明确的公司定位（为医院提供后勤服务的公司，并且是行业领头的企业），这样的企业需要有相对合理、先进的管理理念和手段。

2. 仓库管理系统需求分析到位（特别强调了传统的管理痛点），提出信息化的必要性和有效性，并且在实施过程中考虑了企业的个性化要求与特色。

3. 包含全国的医院服务的管理要求和流程分析。

4. 采购与物料管理痛点诉求。

5. 在线管理与透明化管理达成（"网络系统可以跨越地域上千山万里的距离，其实我们相互连接的心灵却只隔着一层电脑屏幕的距离"）让传统日常管理的那些"难念的经"直接灰飞烟灭。

6. 为未来采购信息化、物流智慧化、供应链一体化的发展提供了可能，甚至为医院物流数据化、数字化管理提供了无限的想象空间。

邱伏生

中国物流工程学会供应链专业委员会主席

上海市政府供应链－物流投资咨询评审专家

天睿咨询创始人

讨论与思考

○ 你所在的公司，是否遇到过类似的问题？

○ 你是否经历过公司的流程再造或者创新与变革？遇到了哪些困难，是如何克服的？

TOP PURCHASER
IN CHINA

商务与技术协同，实现专项降本目标

（2015 年优秀奖　张志强　康明斯）

推荐语

TOP PURCHASER
IN CHINA

成本领先、差异化和专一化是美国学者迈克尔·波特于 1980 年在其出版的《竞争战略》(*Competitive Strategy*) 一书中提出的三个卓有成效的竞争战略。

不管你多么讨厌价格战，价格、成本总是企业关心的重要话题，总是采购必须完成的重要任务。

面对竞争对手、市场定位，企业往往会首先确定一个目标价格，然后由采购去完成（当然不仅仅是采购，还包括研发、质量、生产等各个部门）。我工作过的一家美国公司，是由采购部门牵头，去协同各个部门，开展各种头脑风暴、工作坊活动，组织各种价值流（VA/VE）分析，千方百计去完成这项成本方面的目标。我还因此获得过这个 500 强总部总裁特别奖呢（小小炫耀一下，嘿嘿）！

总之，采购在成本活动中，大有可为，也是最容易出业绩的地方，很值得为此多动动脑筋。

宫迅伟

我的微信订阅号　　　我的个人微信

　　成本关乎企业生命，高成本会带来负面影响，不利于企业发展与竞争，而低成本则会使企业竞争力增强，但或存在质量风险，所以如何更好地平衡成本就成了一门学问。对采购专业人员来说，把控成本、掌控价格，是一项基本技能，一旦掌握这个技能，对工作和生活均有益处。

　　每家企业都希望自己的成本越低越好，利润越高越好。对此，我们不例外，我们的客户也不例外。本案例提到的这个专项降成本项目，已于几年前顺利完成，其起因、设计和执行都来自客户的需求。

客户提出降价要求

　　我所在的公司从事的是商用车的发动机生产，主要生产中重型发动机。从行业目前的情况来看，在国内主要的竞争对手中，同平台竞品比我们有 9% 的成本优势，同时，其成本每年有近 2% 的降幅；随着国四、国五排放标准的严格执行，以及未来国六排放标准的执行，市场竞争将更加激烈。对于未来本公司的主打产品，客户认为我们的产品在价格方面没有竞争力，要求我们给予大幅降价，并提出了较为激进的降价要求，为此，我们需要采取一定的措施加以应对，即大幅降低外购件的成本，从而减少生产成本，降低产品价格。

　　针对客户要求，为提升企业综合竞争力，公司管理层经过市场调研和认真研讨，制定对策，要求公司采购部门大幅降低采购成本，并开展专项降成本项目，以期完成客户的要求。后来，我们与相关部门一起，经过多轮讨论和沟通，对标国内竞品，确定了降成本的目标机型，并锁定了机型型号。

制定专项降成本目标

　　我们为本次专项降成本项目定下了一个总目标，即三年内降低 15% 的成本，具体来说就是，平台机的成本在第 N 年 M 月锁定，第 N+1 年 M 月实现 4.6% 的降幅，第 N+2 年 M 月实现 6.4% 的降幅，第 N+3 年 M 月实现 4% 的降幅，**最终实现总目标——三年内降低 15%。**

	N 年 M 月	N+1 年 M 月	N+2 年 M 月	N+3 年 M 月
平台机	锁定成本	4.6%	6.4%	4%

为了使总目标能够顺利达成，满足客户的需求，专项小组将目标分解为三个阶段，即

◆ 第 N 年 M 月到第 N+1 年 M 月为第一个阶段。

◆ 第 N+1 年 M 月到第 N+2 年 M 月为第二个阶段。

◆ 第 N+2 年 M 月到第 N+3 年 M 月为第三个阶段。

分阶段执行，确保任务顺利完成。

内外兼顾实现目标

在公司管理层的指导下，成立跨职能项目组，组织针对对标机型的头脑风暴，得到 300 多个降成本建议。经过梳理，项目组认为，要想实现降成本的最终目标，并不能采用简单的直接降价的方式，**而必须通过商务降成本与技术降成本相结合的方式**。同时，项目组认为必须兼顾整个供应链成本，对外降低采购成本，对内降低物流、包装、转运等生产性成本，将产品价格降下来，最终才能使整个平台的成本降低。

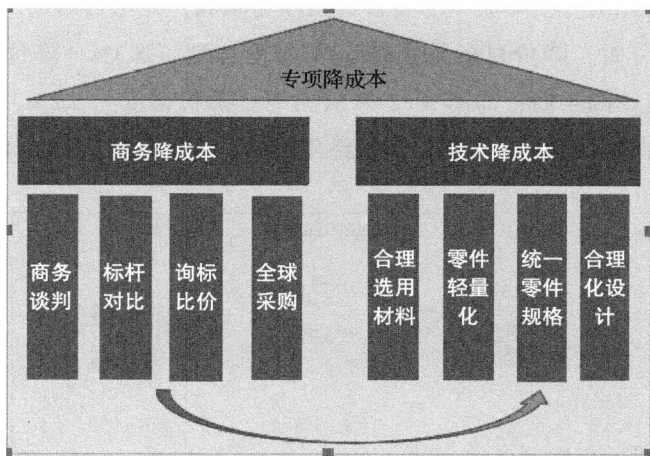

商务降成本与技术降成本相结合的方式实现整个平台的成本降低

在商务方面，我们通过商务谈判、标杆对比、询标比价以及全球采购等方式，逐渐实现产品生产原料成本的降低。

在技术方面，采用合理选用材料、零件轻量化、统一零件规格以及进行合

理化设计等方式实现。

为此，我们制订了以下详细的项目计划。

在第一阶段中，按计划进行询标比价、标杆对比、商务谈判等商务降本方式，同时对技术降成本项目进行月度跟踪，保证项目按节点顺利完成。

在第二阶段中，持续开展商务降成本业务，对头脑风暴产生的 300 多个技术降成本建议逐个评审，整理出 57 个可行的项目，对其中 12 个易于实现的项目确定立项。

在第三阶段中，在商务降成本方面，委托研发机构分析头脑风暴中产生的难度较大的 18 个零件的成本合理区间，为商务谈判提供依据，最终确认有 10 个项目将在国六平台升级时考虑；在技术降成本方面，继续跟踪各个项目的台架试验和货源发放进度，向最终实现三年内降低 15% 的专项降成本目标努力。

项目进展的机会与风险

实际上，此次专项降成本的项目进展颇为顺利，在项目启动一年后，即在第 N+1 年 M 月时，降价目标是 4.6%，实际上达到了 5.3%，降价幅度比计划高；在项目启动两年后，即第 N+2 年 M 月时，降价幅度为 5.2%，远比原计划的 6.4% 低；在项目启动三年后，即最终年限时，降价幅度达到了 4.5%。

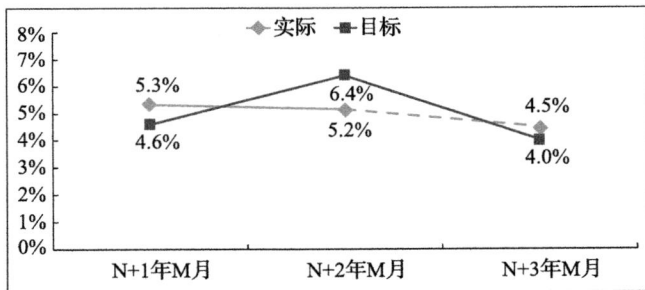

在执行过程中，虽然第 N+2 年 M 月未能完成计划的项目目标，但该目标后来在当年年底也已实现。鉴于当时市场上的一些好机遇，我们分析，N+3 年达到总目标已在计划之内。

那么，当时是什么样的市场环境呢？

第一，生铁、铝、铜等原材料市况在逐渐下降，促进了商务降成本幅度的增加。

第二，在汇率变动方面，欧元区汇率贬值，使得供应商进口原料及生产零配件价格下降，根据汇率协议价格自然同步降低。

第三，在全球采购方面，我们与印度 JV 实现了零件的互相直采，省去了贸易公司的加价，也省去了诸多人力、物力成本和时间成本。

第四，在竞争方面，公司奉行双货源原则，大部分供应商产能富余，通过询标比价确认供货比例的方式让供应商之间的竞争逐渐加剧，有利于我们商务谈判的成功。

第五，在联合采购方面，我们与兄弟单位实现了联合谈判，通过合并需求预测，增加对供应商的吸引力，为企业带来了大幅降低成本的好机会。

第六，在成本分析方面，公司对典型零部件进行成本分析，形成价格模型，对类似零件横向拓展实现降价，这样对该项目中的目标机型形成一个大的降价环境，在类似零件同时实施降价的过程中，此机型也更容易实现降价。

以上是我们采购部门在成本分析及降成本过程中遇到的有利机会，然而，万事不是一帆风顺的，当然也存在一定的风险。

比如，原材料价格的偶尔小幅回升，影响了降价幅度的增加；技术降成本项目在台架试验中失效，技术方面需要重新开发、试验，增加了降价难度；大范围的询标比价的行为，导致供应商忠诚度下降，多多少少影响了供应商关系的维护；市场经济环境差，供应商风险管控难，尤其是财务风险、经营风险等，以及降成本势必带来的质量风险，都是影响公司该平台降成本的较大风险，需要特别关注，随时给出应对方案。

项目执行有问题也有收获

经过长达三年的项目启动、计划和实施，我们总结了一些运营经验，也得到了启示和教训。

首先，谈谈我们存在的问题。

在项目实施过程中，在技术降成本方面，我们完成的项目，没有得到客户的认可，需要重新提交变更申请，效果打折。

再加上项目组对技术降成本风险评估不足，部分项目计划延期，头脑风暴识别的项目立项率太低，不足10%，严重影响了技术降成本的收益。

在商务降成本方面，询标比价的结果是需要开发新货源，其进度较慢，难以在项目期间内完成，影响了项目进展速度。

在信息资源方面，我们对行业信息搜集不足，对竞品、行业信息和成本分析不到位，也影响了对项目降成本的判断和实施。

虽然项目最终得到了完美的实现，但以上列出的这些问题增加了我们项目实施的难度，影响了实施的效果，还需要我们进一步完善和改进。

其次，在经验方面，我们也积累了很多。

比如，在技术降成本方面，我们分析了技术降成本项目失败的原因，主要是由于项目组未能提前与客户实现联动，导致完成的技术降成本项目，未能得到客户的认可；头脑风暴识别的项目中大部分项目是因为人力和台架资源不足所致，缺少与兄弟单位的资源共享；企业高层之间也未能在项目前形成有效的高层合意，不能联动，影响了协作和最终效果。以上原因导致了问题的产生，在未来的项目实施中，我们应该对此给予高度关注，并尽力避免和解决。

在商务降成本方面，我们为商务谈判总结了十字方针，分别是：**诚（真诚）、信（信任）、礼（尊重）、义（公平）、智（专业）、帮（帮助）、扶（扶持）、评（评价）、审（审核）、集（信息收集）。** 这十字方针指引着我们的谈判活动，令项目组在商务降成本方面取得了阶段性的显著成果。

在商务方面，还要对信息、情报大量搜集，深入分析，特别是与公司及项目有关的原材料信息、标杆信息、竞争对手信息、行业信息等，都要进行收集，组织专家和市场人员多次分析、讨论，准确把握信息，预判发展形势；此外，在实施中，项目组还对零部件的价格进行了合理的理论探索，研究、建立了零部件价格模型，如冲压件等，通过模型的研究和探索，分析了零部件价格下降的各种因素，并进行相关试验，有利于项目的实现。

在项目管理方面，我们特别建立了月度跟踪回顾制度。以月为单位，我们项目组对工作进展进行跟踪、汇报，得到了公司相关领导的支持。月度报告每月按时被送至正副总经理处，从而得到了高层的大力支持。

此外，我们还向外借用了不少资源，比如，项目组绕开了中间贸易，实现 JV&JV 直接对接，组织多家企业联合谈判，通过资源整合，顺利完成商务谈判。

经验总结：

采购的价值不仅体现在工作上，同样适用于生活，大到购房置业，小到日常生活。例如，在购房置业的采购中，基本流程为：购房—装修—出租等环节，每个环节都是一个采购流程，整个就是一个供应链成本控制项目。因此，采购可以应用于工作和生活的方方面面，掌握采购技能，将给你带来无限的机会。

具体经验有：

◆ 为商务谈判总结了十字方针——**诚、信、礼、义、智、帮、扶、评、审、集**。前五个字是基础，后五个字是方法。注重信息搜集与分析，深入分析，研判形势，建立研究模型。

◆ 在管理方面，建立月度跟踪回顾制度，及时总结，及时汇报，随时解决新问题。

◆ 借助外部资源，实现资源整合，完成项目目标。

【点评1】

本案例的背景，源于企业难以绕开的一大课题——成本管理。

成本领先战略是波特三大基本竞争战略之一，通过成本领先塑造竞争优势，对制造业来说尤为重要。本案例中的主角企业，正好面临着成本劣势，其同机型比竞争对手要高出较大的成本，而成本加成到客户端后，客户并不买账，向公司提出降价要求。由此可见，公司的产品在技术领先方面的优势也不明显，未获得因技术先进或差异化战略而形成的价格优势。

既然是成本管理，那么我们面临的自然是全面成本管理策略，应该紧扣本公司与主要竞争对手的整体分析，同时关注内部的整体提升，通过内外结合，高层充分支持、中层分工负责、基层循序渐进，形成组织内的良好配合。

从案例中可以看出，项目组成功实现了降成本的目标，其中也从各方面进行了降成本的努力，形成了一些优秀的经验，比如商务"十字方针"等。虽然预期目标达到了，但是我们复盘时还是发现了效果达成中的风险因素：在商务降成本中，一是迎来了原材料降价和汇率有利变化这些外部环境的因素，正好具备降成本的外部机会（但一旦这些因素不存在，项目能否完成则存在一定的疑问）；二是在商务谈判议价过程中，并没有形成和供应商的"战略同盟"类的关系，而是利用供应商行业内的"产能过剩"形成价格压制，这容易造成供应商对公司的忠诚度和信任度不足，一旦市场回稳，或者行业去产能成功，未来商务谈判的压力将急剧加大，从这方面来说，我们和供应商到底形成什么样的合作关系，有待分析和改进。在技术降成本上，也有一些波折，有些过程并没有取得预期效果，甚至也产生了不被客户认同的结果，因此，在此项目继续推进和维持中，还存在一些优化和提升的空间。一般说来，这类整体降成本的项目，适于分成几个阶段，环环相扣，有序推进。

在立项界定阶段，需要找出成本的关键影响因素和主攻方向，形成总体的项目指导。在策划优化阶段，成立项目团队，安排项目计划，设定项目目标，对具体实施方案进行分解，如技术改进上，有哪些需要解决的问题，需要配置哪些资源，需要进行哪些内外部沟通；在材料应用上，有哪些新材料的应用，或者如何进行采购管理优化，推进原材料降价；在劳动效率上，如何提高劳动生产率，比如提高工时利用率，加强人机功效应用和自动化设备投入等；如何进行工艺改进，原材料开发；如何通过设备降低能耗，以及如何对闲置产能进行处理等；如何关注质量改善，解决重点质量问题。在实施跟踪阶段，是否建立和良好地执行了定期的每月督查、统计业绩、持续改进等措施，及时和客户、供应商等反馈沟通；降成本项目一般会涉及有效推进精细化管理、精益生产工具（**如流程再造、U 形生产线、TPM 全员设备保全、5Y 分析法、因果图、流程图、目视管理**）、安全库存法、企业文化建设等。在降成本的控制固化阶段，适时总结经验、固化成果、持续提高降成本的能力。案例中的公司在整个降成本项目中，能分解重点因素和任务，并应用了一系列管理工具和方法，体现出了一定的管理水准，但整体的系统性统筹上还存在可以进一步优化的空间，需要分解得更细致、各环节更紧扣、内外部沟通反馈更及时。

借势成事，是本案例的一大特色；因势利导，是未来需要重点加强的方面。关注相关利益者的诉求，对专项降成本项目来说，风险将更加可控。

周定

北大纵横管理咨询集团行业中心总经理、高级合伙人

【点评2】

降成本实践，做法上完整

企业以"项目组"形式运作，从"商务、技术"两方面进行降成本。

在项目运作方面，有专项项目的开展，有目标机型的确定，有降本目标的分解，有项目计划的制订，有"跟踪回顾制度"的执行。

在商务降成本方面，有零部件直接采购，有联合采购、联合谈判，有典型零配件的成本分析。

在技术降成本方面，有"对标国内竞品"，有"合理选用材料、零件轻量化、统一零件规格以及进行合理化设计"。

案例编写，结构上合理

有降成本动因描述，"客户提出降价要求"。

有明确的降成本目标，不仅有数量目标，而且有时间节点。

有成功原因阐述，不仅提及企业内部的主观努力，而且不回避外部环境的有利变化。

有潜在风险分析，客观、中肯地提及商务降成本行为对"供应商心态"的影响，一味降成本所带来的"质量风险"、难以把控的"供应商风险"可能引发的"公司降成本目标"泡汤。

有对失败环节的反思，"项目组未能提前与客户实现联动""头脑风暴识别的项目立项率太低"的主因是"人力和台架资源不足，缺少与兄弟单位的资源共享"，还提及企业高层的责任（"也未能在项目前形成有效的高层合意，不能联动"）。

有对成功经验的总结，商务谈判的十字方针为："诚、信、礼、义、智、帮、扶、评、审、集"。

不过企业的降成本实践，尚需"深究"以下两个问题。

1. 采购在商务方面的降成本成果如何持续？

平台机型三年降成本目标的完成，很大程度上依赖原材料价格下降、欧元区汇率贬值等外部环境的变化，案例中也提及这样的依赖是极其不可靠的，需要进一步"深究"能保证降成本成果可持续的方案。

事实上，产品成本的70%～80%在研发阶段就已经被决定了，从研发和技术角度考虑降成本才是长久之计；不过需要特别注意，产品成本的70%～80%是在供应链阶段实现的，从研发和技术角度考虑降成本应该早期就引入供应链管理，包括工艺设计、供应商开发、采购提升等。

2. 采购部门如何在"技术降成本方面"发挥作用？

案例中没有描述清楚采购部门在项目运作中承担的角色和发挥的作用。在商务方面应该是主导角色，但在技术方面应该扮演什么角色，则需要进一步明确。事实上，在降成本方面，"技术"相对于"商务"尽管空间很大，但实现难度也特别大，远超采购部门的职责范畴。

为了增加采购职能的重要性，采购有一种"过多地介入或承担应由其他内部职能承担的事务"的倾向，即干起了不该采购干的事。实际上，这是对采购的职能和专业性认识不足，或者是采购自身缺乏自信心的表现。这里以"专业的人做专业的事"为标准，对采购职能在"技术降成本方面"应发挥的作用尝试做出界定：

- 执行研发和技术职能对物料质量的要求。
- 向研发和技术职能提供新技术、新工艺、新材料、新服务等前沿信息。
- 以服务心态主动接触研发和技术职能部门，关注采购相关事宜。

- 以协调人的角色，运用已有的供应商成本分析资料，帮助研发和技术职能部门对供应商提供技术支持。

另外，由于"项目组未能提前与客户实现联动"而导致了"完成的技术降成本项目，未能得到客户的认可"。为什么会发生这样的低级错误呢？有必要进行深究。是不是习惯于"商务降成本"，而对"技术降成本"陌生所致呢？

还有，降成本是企业整体层面的系统工程，不应只局限于"商务"和"技术"两个方面，还应拓展到"流程降成本""文化降成本""上下游协同降成本"等其他方面，应让"降成本举措"成为一种企业常态，而不应是运动式的"专项降成本"。

仅从案例呈现的材料，提出自己的一些想法，不足之处还望海涵！

邓恒进博士

南通大学商学院副教授

【点评3】

1. 产品降成本是公司行为，是一项系统工程。

应由所有围绕产品本身的相关组织或个人，在一个具有权利及责任心的团队或个人领导下，对降成本工作进行全方位分析，并分解和提取各自的任务，分配给相关责任小组或个人，期间还需做聚焦及过程部署。正如毛主席的名言：谁是我们的朋友，谁是我们的敌人，这个问题是革命的首要问题。

2. 脱离客户真实需求谈降成本，本身就是问题。

文中提到，客户要求降成本，只是客户需求之一，并非全部。如何与客户保持充分的互动且萃取真实需求并及时准确提供非常关键。两年前，在我公司的主动请求下，我公司为一位客户做产品开发，客户坦言：就算开发成功，也未必会采用我公司的产品。现在该客户已全面切换为采用我公司的产品。究其原因：我们比对手更了解客户的真实需求，且在互动过程中，客户更了解我们，信任我们；我们的综合价值输送超过对手。

3. 产品的价值

诚如宫老师所言：成本领先，差异化，专一化。对于产品而言，我们的排序会是这样的：专一化，差异化，成本领先。专一化可译为专注，专注才会专业，专业才能有所差别直至优异，成本只是量的附属物。

陈志国

厦门科艾斯塑胶科技有限公司 CEO

讨论与思考

○ 案例中三年的降本指标分别为 4.6%、6.4%、4%，你认为是否合理？

○ 如果你来操作这个项目，你会如何制定指标？

后　记

　　中国采购商学院（中国采购与供应链工作坊）举办的"中国好采购"，已经成功举办两届了。不同于传统论坛，它包括两个部分：论坛和案例大赛，不仅邀请了采购经理人、专家、教授，还邀请了总裁、人力资源、猎头、销售、供应链，甚至开发人员，让大家从不同角度，谈谈自己心中的好采购，让采购人有个 360 度的认知。

　　"中国好采购"还广撒英雄帖，邀请全国各个采购协会负责人参会，让大家共同见证"中国好采购"的诞生，共同推动中国采购专业化。

　　"中国好采购"的成功来自大家的支持，我们要感谢义务参加中国好采购的那些演讲嘉宾，感谢现场的专家评委，感谢到场的各个协会负责人，感谢幕后提供赞助支持的各位企业家，尤其要感谢参与组织"中国好采购"的刘沁等100 多位辛勤付出的志愿者同仁。

感谢名单

演讲嘉宾：

陆林奎，中国一汽集团原常务副总、一汽大众第二任总经理

孙国武，中国一汽集团原副总经理、长春市委常委

顾建党，德国菲尼克斯电气（中国）投资公司总裁

刘红旗，卧龙电气股份公司总经理

Glen Walter Blo（霍可龙），可口可乐装瓶投资集团中国首席执行官 CEO

Lockstrom Martin，DSM 亚太区卓越采购主管，德国欧洲商学院运营管理博士

Rob，ILE 常春藤 CEO

．购

Charlie Liu，海德思哲（猎头）合伙人
Mike Gao，资深猎头和职业经理人
颜家平，500强汽车零部件外资企业供应链总监
朱宁，北大纵横合伙人、独立早期投资人，原外资公司销售总监
胡珉，中国物流与采购联合会采购委核心专家组长评委

评委：

胡珉，中国物流与采购联合会采购委核心专家组长
汪希斌，中国物流与采购联合会采购委核心专家
杨文生，中国物流与采购联合会采购委核心专家，美国商会董事
邱伏生，中国机械工程学会供应链委员会主席
胡奇英，复旦大学教授、博士生导师
郝皓，上海财经大学教授、博士生导师
颜家平，中国机械工程学会物流分会理事，原世界500强外资物流总监
崔洪，500强佛吉亚汽车零部件公司采购总监
邓为民，博士，著名实战派供应链专家
周国来，北大纵横管理咨询集团副总裁、第八事业部总裁
张云华，北大纵横管理咨询集团合伙人、测评研究院院长
李磊，博士，耐克森中国公司董事长、集团亚太区人力资源副总裁
许小强，上海申彦通讯设备有限公司总经理
陈文忠，上海加冷松芝汽车空调股份有限公司采购总监
林岚，上海蒂森克虏伯采购负责人，欧洲采购商学院原负责人

赞助商：

苏州宝新无缝钢管有限公司
苏州新天地影视有限公司
智造家
易招标
前程包装有限公司
万科七宝国际

- 以协调人的角色，运用已有的供应商成本分析资料，帮助研发和技术职能部门对供应商提供技术支持。

另外，由于"项目组未能提前与客户实现联动"而导致了"完成的技术降成本项目，未能得到客户的认可"。为什么会发生这样的低级错误呢？有必要进行深究。是不是习惯于"商务降成本"，而对"技术降成本"陌生所致呢？

还有，降成本是企业整体层面的系统工程，不应只局限于"商务"和"技术"两个方面，还应拓展到"流程降成本""文化降成本""上下游协同降成本"等其他方面，应让"降成本举措"成为一种企业常态，而不应是运动式的"专项降成本"。

仅从案例呈现的材料，提出自己的一些想法，不足之处还望海涵！

邓恒进博士

南通大学商学院副教授

【点评3】

1. 产品降成本是公司行为，是一项系统工程。

应由所有围绕产品本身的相关组织或个人，在一个具有权利及责任心的团队或个人领导下，对降成本工作进行全方位分析，并分解和提取各自的任务，分配给相关责任小组或个人，期间还需做聚焦及过程部署。正如毛主席的名言：谁是我们的朋友，谁是我们的敌人，这个问题是革命的首要问题。

2. 脱离客户真实需求谈降成本，本身就是问题。

文中提到，客户要求降成本，只是客户需求之一，并非全部。如何与客户保持充分的互动且萃取真实需求并及时准确提供非常关键。两年前，在我公司的主动请求下，我公司为一位客户做产品开发，客户坦言：就算开发成功，也未必会采用我公司的产品。现在该客户已全面切换为采用我公司的产品。究其原因：我们比对手更了解客户的真实需求，且在互动过程中，客户更了解我们，信任我们；我们的综合价值输送超过对手。

3.产品的价值

诚如宫老师所言：成本领先，差异化，专一化。对于产品而言，我们的排序会是这样的：专一化，差异化，成本领先。专一化可译为专注，专注才会专业，专业才能有所差别直至优异，成本只是量的附属物。

陈志国

厦门科艾斯塑胶科技有限公司 CEO

讨论与思考

○ 案例中三年的降本指标分别为 **4.6%**、**6.4%**、**4%**，你认为是否合理？

○ 如果你来操作这个项目，你会如何制定指标？

能分解重点因素和任务，并应用了一系列管理工具和方法，体现出了一定的管理水准，但整体的系统性统筹上还存在可以进一步优化的空间，需要分解得更细致、各环节更紧扣、内外部沟通反馈更及时。

借势成事，是本案例的一大特色；因势利导，是未来需要重点加强的方面。关注相关利益者的诉求，对专项降成本项目来说，风险将更加可控。

周定

北大纵横管理咨询集团行业中心总经理、高级合伙人

【点评2】

降成本实践，做法上完整

企业以"项目组"形式运作，从"商务、技术"两方面进行降成本。

在项目运作方面，有专项项目的开展，有目标机型的确定，有降本目标的分解，有项目计划的制订，有"跟踪回顾制度"的执行。

在商务降成本方面，有零部件直接采购，有联合采购、联合谈判，有典型零配件的成本分析。

在技术降成本方面，有"对标国内竞品"，有"合理选用材料、零件轻量化、统一零件规格以及进行合理化设计"。

案例编写，结构上合理

有降成本动因描述，"客户提出降价要求"。

有明确的降成本目标，不仅有数量目标，而且有时间节点。

有成功原因阐述，不仅提及企业内部的主观努力，而且不回避外部环境的有利变化。

有潜在风险分析，客观、中肯地提及商务降成本行为对"供应商心态"的影响，一味降成本所带来的"质量风险"、难以把控的"供应商风险"可能引发的"公司降成本目标"泡汤。

有对失败环节的反思，"项目组未能提前与客户实现联动""头脑风暴识别的项目立项率太低"的主因是"人力和台架资源不足，缺少与兄弟单位的资源共享"，还提及企业高层的责任（"也未能在项目前形成有效的高层合意，不能联动"）。

有对成功经验的总结，商务谈判的十字方针为："诚、信、礼、义、智、帮、扶、评、审、集"。

不过企业的降成本实践，尚需"深究"以下两个问题。

1. 采购在商务方面的降成本成果如何持续？

平台机型三年降成本目标的完成，很大程度上依赖原材料价格下降、欧元区汇率贬值等外部环境的变化，案例中也提及这样的依赖是极其不可靠的，需要进一步"深究"能保证降成本成果可持续的方案。

事实上，产品成本的70%～80%在研发阶段就已经被决定了，从研发和技术角度考虑降成本才是长久之计；不过需要特别注意，产品成本的70%～80%是在供应链阶段实现的，从研发和技术角度考虑降成本应该早期就引入供应链管理，包括工艺设计、供应商开发、采购提升等。

2. 采购部门如何在"技术降成本方面"发挥作用？

案例中没有描述清楚采购部门在项目运作中承担的角色和发挥的作用。在商务方面应该是主导角色，但在技术方面应该扮演什么角色，则需要进一步明确。事实上，在降成本方面，"技术"相对于"商务"尽管空间很大，但实现难度也特别大，远超采购部门的职责范畴。

为了增加采购职能的重要性，采购有一种"过多地介入或承担应由其他内部职能承担的事务"的倾向，即干起了不该采购干的事。实际上，这是对采购的职能和专业性认识不足，或者是采购自身缺乏自信心的表现。这里以"专业的人做专业的事"为标准，对采购职能在"技术降成本方面"应发挥的作用尝试做出界定：

- 执行研发和技术职能对物料质量的要求。
- 向研发和技术职能提供新技术、新工艺、新材料、新服务等前沿信息。
- 以服务心态主动接触研发和技术职能部门，关注采购相关事宜。

后　记

　　中国采购商学院（中国采购与供应链工作坊）举办的"中国好采购"，已经成功举办两届了。不同于传统论坛，它包括两个部分：论坛和案例大赛，不仅邀请了采购经理人、专家、教授，还邀请了总裁、人力资源、猎头、销售、供应链，甚至开发人员，让大家从不同角度，谈谈自己心中的好采购，让采购人有个 360 度的认知。

　　"中国好采购"还广撒英雄帖，邀请全国各个采购协会负责人参会，让大家共同见证"中国好采购"的诞生，共同推动中国采购专业化。

　　"中国好采购"的成功来自大家的支持，我们要感谢义务参加中国好采购的那些演讲嘉宾，感谢现场的专家评委，感谢到场的各个协会负责人，感谢幕后提供赞助支持的各位企业家，尤其要感谢参与组织"中国好采购"的刘沁等 100 多位辛勤付出的志愿者同仁。

感谢名单

演讲嘉宾：

陆林奎，中国一汽集团原常务副总、一汽大众第二任总经理

孙国武，中国一汽集团原副总经理、长春市委常委

顾建党，德国菲尼克斯电气（中国）投资公司总裁

刘红旗，卧龙电气股份公司总经理

Glen Walter Blo（霍可龙），可口可乐装瓶投资集团中国首席执行官 CEO

Lockstrom Martin，DSM 亚太区卓越采购主管，德国欧洲商学院运营管理博士

Rob，ILE 常春藤 CEO

Charlie Liu，海德思哲（猎头）合伙人

Mike Gao，资深猎头和职业经理人

颜家平，500强汽车零部件外资企业供应链总监

朱宁，北大纵横合伙人、独立早期投资人，原外资公司销售总监

胡珉，中国物流与采购联合会采购委核心专家组长评委

评委：

胡珉，中国物流与采购联合会采购委核心专家组长

汪希斌，中国物流与采购联合会采购委核心专家

杨文生，中国物流与采购联合会采购委核心专家，美国商会董事

邱伏生，中国机械工程学会供应链委员会主席

胡奇英，复旦大学教授、博士生导师

郝皓，上海财经大学教授、博士生导师

颜家平，中国机械工程学会物流分会理事，原世界500强外资物流总监

崔洪，500强佛吉亚汽车零部件公司采购总监

邓为民，博士，著名实战派供应链专家

周国来，北大纵横管理咨询集团副总裁、第八事业部总裁

张云华，北大纵横管理咨询集团合伙人、测评研究院院长

李磊，博士，耐克森中国公司董事长、集团亚太区人力资源副总裁

许小强，上海申彦通讯设备有限公司总经理

陈文忠，上海加冷松芝汽车空调股份有限公司采购总监

林岚，上海蒂森克虏伯采购负责人，欧洲采购商学院原负责人

赞助商：

苏州宝新无缝钢管有限公司

苏州新天地影视有限公司

智造家

易招标

前程包装有限公司

万科七宝国际

贵州茅台镇酱台王子酒

科勒发动机

上海上箭机械制造有限公司

上海申彦通讯设备有限公司

赛闻包装有限公司

昆山思凯乐有限公司

昆山发裁服饰有限公司

昆山普利斯仪器仪表有限公司

协会组织：

采购之家

SCOM 供应链与运营管理人俱乐部

标杆精益－益友会

苏州供应链机械协会

无锡采购与供应链协会

常州采购协会

苏州工业园区采购与贸易协会

三人行博友会

美国商会人才委员会

上海美国商会供应链委员会

复旦管院校友物流与供应链沙龙

无锡领英采购联盟

厦门采购师协会

海智在线

上海跨国采购中心

TOP PURCHASER
IN CHINA

附录 A 诗朗诵：中国好采购，我的梦

（2015 年全体志愿者）

当种子落入泥土, 当梦想注入心田,

种子发芽了, "中国好采购"诞生了,

当8位协会首领、22位专家、教授、老总来到这里, 当500采购人共聚一堂,

从此我们共同翻开了历史, 1212"中国采购日"出现了。

我们感恩到场的每一位朋友,

我们感恩默默付出的各位伙伴,

正是大家的共同努力, 才成就了今天中国好采购的美妙乐章。

"中国好采购", 在最好的年华遇见了你——这是郝皓老师的寄语,

"中国好采购", 你是供应链工作者的福音——这是颜家平老师的心声,

"中国好采购", 你是新高度的里程碑——这是高琛总监的祝愿,

"中国好采购", 你是播种文化的使者——这是佘莹总裁的褒奖。

一位专家说,

1815年聪明人去了伦敦,

1915年聪明人去了纽约,

2015年聪明人去了上海,

12月12日, 聪明的你来到了这里,

在这里我们与大咖互动, 看案例PK,

我们有了参照的标杆, 我们有了努力的方向,

为这一天, 我们小伙伴付出了多少汗水,

为这一天, 我们的点评嘉宾付出了不眠之夜,

有人说: "人不能没有梦想, 万一实现了呢?"

我们的梦想就是, "推动中国采购专业化, 助力采购创造更大价值",

在此, 我们共同感恩中国采购与供应链工作坊平台,

诞生了"中国好采购", 推动着采购专业化, 提升了采购地位, 为企业创造了更多价值,

让我们共同期待, "中国好采购, 越做越专业",

共筑中国梦, 相逢在明年!

TOP PURCHASER
IN CHINA

附录 B　中国好采购之歌

（2016 年全体志愿者）

你是不是像我走上采购之路

为了梦想、为了卓越而拼搏

你是不是像我常在四海奔走

从未放弃自己选择的工作

你是不是像我总是忙着救火

救火是我们正常范围的工作

你是不是像我经常放弃周末

强忍泪水默默坚强地工作

因为我很在乎

自己的工作

我从来没有忘记我

对卓越的渴求

和专业的执着

我骄傲我是中国好采购

供需双赢是我的追求

我是中国好采购

我的心跟着成本在跃动

我是中国好采购

我一直怀着卓越之梦

我是中国好采购

我的心跟着成本在跳动

跟着成本跳动

SCAN专业采购四大核心能力

书号	书名	定价	作者
978-7-111-51574-6	如何专业做采购	49.00	宫迅伟
978-7-111-58520-6	中国好采购	49.90	宫迅伟
978-7-111-61388-6	采购2025：数字化时代的采购管理	69.00	宫迅伟 等
978-7-111-64175-9	采购全流程风险控制与合规	69.00	宫迅伟 等
978-7-111-64176-6	全面采购成本控制	69.00	宫迅伟 等
978-7-111-64200-8	供应商全生命周期管理	69.00	宫迅伟 等
978-7-111-64267-1	中国好采购2	79.00	宫迅伟
978-7-111-65621-0	全情景采购谈判技巧	69.00	宫迅伟 等
978-7-111-65664-7	采购之道	89.00	宫迅伟 等
978-7-111-69564-6	中国好采购3	79.00	宫迅伟
978-7-111-70772-1	全品类间接采购管理	79.00	宫迅伟 等